사회복지실천기술론 3판

장수미 · 최정숙 · 박형원 · 김주현 · 홍현미라 · 이혜경 · 이영선 공저

Skills and Techniques for Social Work Practice (3rd ed.)

학지사

3판 서문

2010년 『사회복지실천기술론』이 처음으로 출판되었고, 2017년 2판이 발행된 이후 또 많은 시간이 흘렀다. 그사이 코로나19 팬데믹을 비롯한 경제, 인구, 사회 구조의 변화는 소득의 양극화, 세대 간 양극화 등 불평등의 문제를 더욱 악화시켰고, 1인 가구의 고독사, 고립 은둔 청년 등 신 복지사각지대 위기가구의 등장과 함께 외로움, 우울, 자살 등 국민의 정신건강 문제도 심화되었다. 이러한 시대적 변화 속에서 사회복지서비스를 담당하는 사회복지사의 역할은 그 어느 때보다 중요해졌다.

지식, 기술, 가치는 유능한 사회복지사가 되기 위해 갖추어야 할 3대 요소로서, 사회복지실천기술론은 실천기술을 배양하기 위한 사회복지학 교과과정의 기초 교과목이다. 3판을 준비하면서 저자들은 개정판의 방향과 내용을 다음과 같이 설정하였다. 즉, 기본서로서 사회복지실천기술론 교육목적에 충실하기 위하여, 한국사회복지교육협의회의 2018년 국가시험과목 교과목 지침 개발 연구와 2022년 발간된 개정 교과목 지침서의 사회복지실천기술론의 내용을 점검하고, 변경된 사항(예: 기록과 평가는 실천론에서 다룰 것으로 권고, 사례 연습과 역할극 강조 등)을 본 개정판에 반영하고자 하였다.

이 책은 3부 13장으로 구성되었다. 제1부 제1장 사회복지실천의 전문적 기반(박형원)은 사회복지실천의 기초가 되는 개괄적 내용을 다루었고, 제2부 제2장 사회복지 실천 모델의 이해(이영선)는 각 모델이 소개되기 전에 이론의 빌진 과정 등을 소개하였다. 이후 제3장 인지행동 모델(장수미), 제4장 해결중심 모델(이영선), 제5장 과업중심 모델(이혜경), 제6장 위기개입 모델(이혜경), 제7장 동기강화상담 모델(장수미)이 주요 이론과 모델로 포함되었다. 제3부는 체계 수준별 사회복지실천기술로서, 제8장 개인 대상 사회복지실천기술(박형원), 제9장 가족사회복지실천의 이해와 제10장 가족사회복지실천기술(최정숙), 제11장 집단사회복지실천의 이해와 제12장 집단사회복지실천기술(김주현), 제13장 지역사회복지의 이해와 실천기술(홍현미라)로 구성되었다.

역동적이며 급변하는 사회복지 실천현장의 사회복지사에게 요구되는 실천기술은 매우 다양하므로, 이 책의 범위와 내용이 담아내기에는 한계가 분명하다. 부족한 부분들은 개정을 통하여 계속해서 보완해 나가고자 하며, 앞으로도 사회복지 실천현장에서 필요로 하는 미래 기술(social work future skills)에 대한 고민을 통해 학교(ideal world)와 현장(real world)의 간격을 좁혀 나가고자 노력할 것이다. 개정판의 발행을 위해서 한결같이 수고해 주신 학지사 출판사에게 감사를 전한다.

2024년 1월

저자 일동

2판 서문

『사회복지실천기술론』이 출판된 지 6년이 지났다. 그동안 한국 사회복지 실천현장은 공공과 민간 전달체계의 다양화, 복합적인 욕구를 가진 클라이언트의 다양화, 사회복지 인력의 다양화로 전문적인 사회복지 교육을 받은 역량 있는 사회복지사의 배출이 더욱 중요한 시점에 이르렀다. 이와 같은 시간과 환경의 변화로 인해 저자들은 『사회복지실천기술론』의 개정이 필요하다고 생각하였고, 다음 몇 가지 영역에서 내용을 보완하여 2판을 출간하게 되었다.

첫째, '사회복지실천기술론' 교과목의 목표인 주요 사회복지 실천 모델에 대한 학습을 위해 최근에 소개되고 있는 모델을 추가하였고, 상대적으로 활용도가 낮은 모델은 제외하였다. 각 모델과 개입기술에 대해 학부생이 보다 쉽게 이해할 수 있도록 설명하고자 하였으며, 실제 사례에 대한 적용 과정을 소개함으로써 실천현장에서의 적용성을 높이는 데 초점을 두었다.

둘째, 개인 · 가족 · 집단 · 지역사회 개입기술 학습을 위한 내용을 보완하였다. 개인에 대한 개입기술은 사회복지실천론에서 자세히 다루고는 있지만, 연계를 위해 기술론에서도 내용을 추가하여 간략하게 정리하였다. 또한 가족 · 집단 · 지역사회의 체계 수준별 개입에서는 최근 유용성이 높아지고 있는 개념과 기술을 추가하였으며, 사례를 통해 사회복지사의 구체적인 개입 과정을 보여 주고자 하였다.

셋째, 사회복지 현장에 대한 이해는 개론이나 분야별 교과목에서 다루고 있으므로, 2판에서는 생략하였다. 그리고 현재는 증거기반 중심의 실천, 사회복지기관의 평가가 점차 중요해지고 있는 이유로 마지막 장에 사회복지실천평가에 대한 내용을 추가하였다.

이 책의 강점은 무엇보다 사회복지 실무 경험이 풍부한 교수진이 저술한 것이라고 볼 수 있다. 저자의 전문 영역에 따라 1장, 6장은 한인영 · 박형원, 2장, 4장은 이영선, 3장, 5장은 장수미, 7장, 8장은 최정숙, 9장, 10장은 김주현, 11장, 12장은 홍현미라, 13, 14장은 이혜영 교수가 집필하였다. 저자들은 개인 · 가족 · 집단 · 지역사회를 대상으로 사회복지관, 종합병원, 지역사회정신건강센터 사회복지사로 일하면서 쌓고 경험한 지식과 실천 지혜를 이 책에 담기 위해 노력하였으며, 앞으로도 지속적인 개정 작업을 통해 부족한 부분을 보완하고자 한다.

2017년

저자 일동

1판 서문

21세기 현대사회의 다변화로 인해 최근 사회복지 실천현장에서는 다양한 욕구와 문제를 가진 클라이언트가 점점 더 증가하고 있다. 이러한 상황에서 사회복지실천을 효과적으로 수행하기 위해 전문 지식과 기술을 가진 사회복지사의 역량이 더욱 중요해지고 있다. 특히, 사회복지사는 자신(self)을 도구로 개입하는 전문가이기 때문에 사회복지사가 갖추어야 하는 지식, 기술, 가치는 사회복지실천의 3대 요소라 불릴 만큼 강조된다. 따라서 '사회복지실천기술론'은 사회복지를 공부하는 학생의 실천기술 습득과 훈련을 위한 매우 중요한 교과목이라고 할 수 있다.

하지만 사회복지실천을 위한 지식과 기술을 명확히 구분하기는 어려우며, 현실적으로 이 두 가지는 함께 학습되고 훈련되어야 한다. 이 책의 저자들도 각 이론이나 모델의 개념적인 부분과 실제로 사례에 적용할 수 있는 기술적인 부분을 구분하여 설명하는 데 어려움이 있었고, 이에 여러 차례의 저술 회의를 통해 각 실천기술을 현장에서 활용되기 쉽도록 설명하는 데 초점을 맞추는 것으로 의견을 모았다.

이 책은 총 4부 14장으로 이루어져 있다. 제1부에서는 사회복지실천의 전반적인 개요와 구체적인 실천현장을 살펴보았다. 특히, 연령, 문화, 전공 등 다양한 배경을 가진 사회복지 학부 및 대학원생이 증가함에 따라 사회복지실천의 기초를 다시 한번 정리하는 것이 필요하다고 생각되었다. 제2부에서는 사회복지실천에서 반드시 숙지하고 있어야 할 모델 및 가장 보편적으로 활용할 수 있는 모델인 정신역동 모델, 심리사회 모델, 인지행동 모델, 과업중심 모델, 위기

개입 모델을 소개하였다. 대상이나 사례에 따라 사회복지실천에서 활용될 수 있는 모델이나 기술은 매우 다양하지만, 이 책에서는 한국사회복지교육협의회의 교과목 지침서에 근거하여 사회복지학 전공생이 반드시 학습해야 할 모델을 중심으로 선정하였다. 제3부에서는 가족, 집단, 지역사회를 대상으로 개입하는 사회복지사에게 필요한 기술을 제시하였다. 사례관리의 중요성이 점차 강조되고 있는 지금의 사회복지 현장에서는 체계 수준별 사회복지실천기술의 충분한 습득이 요구되므로 이 부분을 다루는 데 많은 지면을 할애하였다. 마지막으로 제4부에서는 사회복지 기록에 관한 내용을 소개하였다.

이 책은 집필진의 기획 회의를 거쳐 저자별로 적합한 주제를 분담하였으며, 이에 따라 1, 2장은 한인영, 박형원, 3, 4장은 이영선, 5, 7장은 장수미, 6, 14장은 이혜경, 8, 9장은 최정숙, 10, 11장은 김주현, 12, 13장은 홍현미라가 맡아 집필하였다.

사회복지실천기술에 관한 많은 책이 출판되고 있지만 이 책은 다음과 같은 측면에서 차별성을 가진다고 할 수 있다. 첫째, 이 책은 다양한 사회복지 실천 현장에서 사회복지사로서 임상 경험을 한 저자들이 모여 이론과 현장의 연계를 염두에 두고 저술했다는 점이다. 저자들은 학교에서 배운 지식이 개념 수준에서 머무는 것이 아니라 실제 사례에 적용될 수 있도록 구체적인 기술을 가능하면 쉽게 소개하고자 하였고, 특히 모델에 대한 장에서는 기술이 적용된 사례를 소개함으로써 독자의 이해를 돕고자 하였다. 둘째, 이 책은 지역사회에서 필요한 사회복지실천기술을 강조했다는 점이다. 사회복지 전공생이 졸업 후 가장 많이 활동하는 곳은 지역사회이지만, 국내에 소개된 대부분의 기술론 책은 주로 개인, 가족, 집단 중심의 미시적 접근으로 이루어져 있어 지역사회에서 활동하는 사회복지사에게 실질적으로 필요한 기술에 대한 소개는 미흡하였다. 이에 이 책에서는 지역사회에 첫발을 내딛는 사회복지사가 필수적으로 알아야 할 실천기술의 구체적인 내용을 알기 쉽게 정리하여 전달하고자 하였다.

이 책을 쓰면서 저자들은 전국 각지에서 활동하고 있는 8명의 집필진이 의견을 모으는 일이 생각보다 쉽지 않음을 체감하였다. 하지만 지역적 · 시간적 제약에도 불구하고 지난 2년여 동안 함께 한 작업은 사제 간의 정과 선후배, 동기 간의 지지를 나눌 수 있었던 즐겁고 소중한 경험이었다. 앞으로 이 책에 남아 있는 부족한 부분은 개정을 하며 수정 · 보완해 나갈 것이며, 이러한 과정에 많은 독자의 애정 어린 조언이 함께하길 바란다. 끝으로 이 책의 출판을 맡아 주신 학지사 김진환 사장님과 편집 과정에서 도움을 주신 학지사 편집부 여러 분께 감사의 마음을 전한다.

2010년 8월

저자 일동

차례

제2부

사회복지 실천 모델과 기술

제3부 체계 수준별 사회복지실천기술

제1부 … 사회복지실천의 기초

제1장 사회복지실천의 전문적 기반

제1장

사회복지실천의 전문적 기반

정치, 경제, 사회, 문화 전반에 변화가 빠르게 이루어지고 있는 현대사회에서 사회복지의 영역은 점차 확장·다양화되고 있으며, 그에 따라 사회복지의 고유 역할과 전문적 기반에 대한 논의가 계속되고 있다. 전문적 기반은 사회복지사의 실천에 본질적으로 포함되어야 하는 것으로서, 사회복지 전문직의 역사·목적·철학에 바탕을 둔 전문직의 지식·기술·가치의 통합으로 이루어진다. 지식은 실천의 인지적·사고적 요소이며, 가치는 사고의 요소뿐 아니라 감정적·정서적 요소도 포함한다. 기술은 사회복지의 행동적 요소이지만, 본질적으로 기술 역시 인지적이다. 사회복지실천에서는 실천 상황에 대한 사고능력의 개발, 즉 폭넓은 지식 기반의 활용과 상황에 적합한 지식을 선택하는 것, 신중하게 관련된 가치를 결정하는 것, 적절한 행동을 찾는 것 등이 창의적으로 조화를 이루어야 한다(Johnson & Yanca, 2004). 이 장에서는 사회복지의 전문적 실천을 위한 3가지 요소로서 지식, 기술, 가치와 이들이 통합된 사회복지의 전문성에 대해 살펴보고자 한다.

1. 사회복지실천의 지식적 기반

1) 사회복지사의 실천지식

모든 전문직은 실천의 기본적 바탕으로 지식체계를 갖는다. Bartlett은 사회복지실천은 탄탄한 지식 기반 위에서 이루어져야 하고, 지식이 실천을 선도해 나가야 한다고 했다(Johnson & Yanca, 2004 재인용). 사회복지실천의 지식은 인간과 사회체계에 대한 것으로서 사회체계와 상황 속에서 인간을 이해하고 개인의 사회적 기능을 증진시키고자 할 때 사회복지사의 행동을 이끌고 가는 것이다.

사회복지사는 클라이언트에게 만족할 만한 서비스를 제공하기 위해 사회과학 · 행동과학에서 도출된 실천 그리고 관련된 이론과 개념을 알고 이용할 수 있어야 한다. 또한 클라이언트에게 서비스를 제공할 수 있어야 하고, 클라이언트에게 서비스를 제공한 경험에 기초하여 개인적 실천지식을 발전시키며, 가치관 · 믿음 · 직관과 같은 자기 자신에 대한 것을 지식화할 수 있는 것에 민감해야 한다(조홍식, 김연옥, 황숙연, 김융일, 2009).

(1) 기초지식

사회복지는 개인과 개인을 둘러싼 다양한 환경체계, 그와 관련된 다양한 문제를 다루는데, 사회문제에 대한 폭넓은 시각과 관점을 갖기 위해 사회복지실천에서는 그만큼 다양하고 넓은 지식 기반이 필요하다. 사회복지실천에서는 기본적으로 생물학, 생리학 등 자연과학뿐 아니라 인류학, 정치학, 경제학, 사회학, 심리학 등 사회과학으로부터 온 복잡하고 깊이 있는 지식을 활용하고 있다. 다른 학문의 지식을 활용할 때에는 지식을 개발한 학문 분야의 입장에서는 과거의 지식이라는 점을 고려해야 하며, 지식을 차용함으로써 지식이 단순화되거나 부적절하게 사용되는 문제점도 있을 수 있음을 알아야 한다.

(2) 전문지식

Johnson과 Yanca(2004)는 사회복지실천을 관심사와 욕구에 대한 대응으로 보았다. 이들은 사회복지사는 어떤 상황에서 충족되지 않는 욕구를 확인하고 그 관심사에 대응하는데, 이를 위해 인간발달, 인간의 다양성, 사회체계, 생태체계, 강점 등에 관한 지식을 활용한다고 하였다. 충분한 지식 기반을 갖추기 위해서 사회복지사는 다음 사항을 필요로 한다.

① **폭넓은 인문교양학의 기초**: 인간 사회와 상황의 특성을 설명하는 광범위한 사회과학의 지식을 포함하며, 이러한 학문은 인간 상황의 본질을 이해하도록 돕고, 창의적이고 비판적 사고의 발달을 돕는다.

② **인간, 상호작용, 사회적 상황에 대한 충분한 지식 토대**: 인간의 정서적 · 인지적 · 행동적 · 발달적 관점의 지식을 통해 인간 상황의 다양성을 이해해야 한다. 일대일 관계, 가족관계, 소집단 관계와 현대사회의 일부분인 사회조직과 기관에 대한 이해, 인간 기능에 영향을 미치는 사회문제에 대한 이해를 포함한다.

③ **원조 과정과 돕는 과정, 다양한 상황과 체계에 적합한 개입 전략에 관한 실천이론**: 보다 적절한 욕구 충족을 위한 서비스 구조를 개발하고 원조가 필요한 개인에게 서비스를 전달하는 데 필요한 이론과 지식을 포함한다.

④ **특별한 상황에 처한 클라이언트 집단과 작업하는 데 필요한 특정 지식**: 사회복지사 개인이 일하고 있는 영역이나 특별히 관심 있는 영역에서 능력을 개발하기 위해 필요한 특정 지식이 있다.

⑤ **다양한 출처에서 가져온 지식을 반영적이고 창의적으로 사용하는 능력**: 다양한 지식을 자신의 것으로 만들고 더 발전시켜 다양한 상황에 창의적으로 적용할 수 있는 능력을 말한다. 이는 인간과 환경의 강점을 발견하고 이

러한 강점을 미래의 비전을 향해 활용하는 것이기 때문에 특히 중요하다.

보다 구체적으로 사회복지실천에 있어 필요한 지식은 다음과 같다(조휘일, 이윤로, 1999).

① **인간발달과 행동에 대한 지식**: 인간의 신체적·심리적 발달이 어떻게 이루어지며, 주위 사회체계와 거래하는 사회적 기능이 어떻게 발달하는가에 대한 지식을 습득해야 한다.

② **의사소통의 다양한 방법 이해**: 의사소통의 다양한 언어적 방법을 이해하고 이러한 외적 표현의 바탕에 깔린 내적 감정 상태를 이해하는 것이 중요하다.

③ **집단의 과정 이해**: 집단을 구성할 때 일어나는 개인의 역할과 집단의 상호작용에 의해 발생하는 집단역학을 이해해야 한다.

④ **개인·집단·지역사회의 문화적 요인 이해**: 개인, 집단 및 지역사회는 종교적 신념이나 영적 가치관, 법률, 사회제도 내에서 행동이 결정되는 경우가 많기 때문에 기본적으로 문화적 요인들을 이해해야 한다.

⑤ **인간관계에 대한 이해**: 인간은 부단히 상호작용을 하면서 살고 있기 때문에 개인 상호 간의 관계, 개인과 집단 간의 관계, 집단과 집단이 어떤 형태로 상호 연결되어 있는지를 이해해야 한다.

⑥ **지역사회의 본질에 대한 이해**: 특정 지역사회의 구조와 과정, 발달과 변화의 형태, 지역사회의 자원과 사회 서비스의 현황 등을 이해해야 한다.

⑦ **자기 자신에 대한 지식**: 사회복지실천은 자신을 도구로 활용해서 타인을 돕는 활동이기 때문에 자신이 지닌 성격상의 강점과 약점을 객관적으로 파악하려는 노력이 필요하다.

⑧ **개입 과정에 관한 지식**: 자료수집, 사정, 관계 형성, 개입방법 등에 대한 지식이 필요하며, 구체적인 개입 모델에 대한 지식과 문제해결 과정에 관

한 지식을 포함한다.

⑨ **조직행동 및 기관의 행정적 과정에 대한 지식**: 조직과 기관, 정부의 정치적 과정에 관해 알아야 하고, 변화를 위해 어떻게 개입하는가에 대해서도 알아야 한다.

⑩ **조사방법 및 평가에 대한 지식**: 사회복지사는 자신의 실천과 자신이 주도하거나 참여한 프로그램의 효과성을 평가하여 전문직 동료나 전문직 자체를 위해 보다 효과적인 이론 형성과 실천의 발달에 기여해야 한다.

사회복지실천지식은 타 학문과의 연계 및 과학적 연구를 통해 발전함과 동시에 사회복지사에 의해 개발되기도 한다. 이는 실천지혜(practice wisdom)로 불리는데, 실천현장을 통해 나온 이러한 지식은 과학적 방법을 통해 엄격하게 연구되지는 않았지만, 클라이언트의 삶을 공유하면서 경험으로부터 나온 유용한 지식으로서 사회복지실천에서 중요하다. 사회복지실천에서는 과학적 지식만이 인간에 대한 많은 부분과 변화를 만들어 내는 방법을 설명해 주는 것은 아니기 때문이다. 그러나 과학적 조사연구를 거부하며 실천적 지혜에만 의존하는 것은 과학적 지식에 비중을 두고 있는 현재의 추세에 반하는 것이다. 사회복지사는 과학적 지식과 더불어 경험적 지식을 공유하는 개방적 태도를 가져야 하며, 이러한 지식을 단순히 지식으로서 이해하는 데 그치지 말고, 자신의 실천에 대한 책임성 있는 연구를 통해 사회복지 지식의 발전에 기여해야 할 것이다.

2. 사회복지실천기술

기술(skill)은 사회복지를 비롯한 여러 전문직에서 다양한 의미로 사용된다. 기술은 '관심과 욕구에 맞춰 지식과 가치를 행동으로 전환하는 사회복지실천의 구성 요소'이며 '특정의 목표나 활동을 향한 복잡한 행위체계'다(Johnson & Yanca, 2004). 사회복지실천기술(social work skill)은 다음의 4가지 특성을 갖는다(Cournoyer, 2002). 첫째, 사회복지실천의 지식・가치・윤리・의무로부터 나와야 하며, 둘째, 사회복지사에게 필요한 핵심적 자질과 일치해야 하며, 셋째, 전문적 통합성의 특징을 반영해야 하며, 넷째, 실천의 단계나 과정의 맥락을 고려할 때 사회복지실천 목적과 일치하는 것이어야 한다.

사회복지실천에서 요구되는 많은 기술은 지식에 근거하기 때문에 사회복지실천기술을 이해하고 습득하는 것은 특정 상황에 있는 클라이언트에 대한 다양한 이론을 이해하는 것에서 출발한다. 또한 사회복지실천기술은 특별한 상황에 맞는 적절한 기법을 선택하는 것뿐 아니라 그것을 효과적으로 이용하는 능력을 필요로 한다. 사회복지사는 사람・문제・상황의 특성과 욕구에 적합한 기술들을 선택하고 조합하고 적용할 수 있어야 한다.

미국사회복지교육위원회(CSWE, 2001)에서는 사회복지사에게 기대되는 기술 수준을 규정하면서 인지적 기술과 상호작용 혹은 관계 기술이라는 2가지의 주요 기술 유형을 제시하였다. 첫째, 인지적 기술은 상황 속의 인간 개념을 기반으로 개인과 상황에 관한 이해를 발전시키는 데 필요한 지식을 확인하고, 개입계획을 세우고, 평가를 수행하는 데 사용된다. 둘째, 상호작용 혹은 관계 기술은 개인・집단・가족・조직・지역사회와 일할 때 이들에 대한 이해를 돕고, 의사소통하며, 공동계획의 수립 및 행동계획 수행에 사용되는 것이다(Johnson & Yanca, 2004).

미국사회복지사협회(NASW)에서는 노인, 아동 정신건강, 다문화 등의 영역에서 사회복지사의 실천에 대한 기준을 제시하고 있다. 그중 임상사회복지의 12가지 기준을 살펴보면 다음과 같다(https://www.socialworkers.org/LinkClick.aspx?fileticket=YOg4qdefLBE%3D&portalid=0).

① 사회복지전문직의 윤리와 가치 준수

② 개인, 가족, 집단에 대하여 효과적으로 개입하기 위한 지식과 기술
③ 지역사회 서비스 기관과의 협력과 의뢰
④ 클라이언트에 대한 접근성
⑤ 치료적 관계에서 사생활 보호와 비밀보장
⑥ 전문적 슈퍼비전과 자문
⑦ 전문적 업무 절차
⑧ 서비스 제공에 대한 기록
⑨ 개업실천의 권리
⑩ 문화적 역량
⑪ 전문성 개발을 위한 책임
⑫ 교육, 네트워킹, 자원개발을 목적으로 테크놀로지 활용

보다 구체적으로 미국의 사회복지교육에서는 사회복지사가 갖추어야 할 기본 기술로 공감(empathy), 의사소통(communication), 조직력(organization), 비판적 사고(critical thinking), 적극적 경청(active listening), 자기관리(self-care), 문화적 역량(cultural competence), 인내(patience), 전문적 헌신(professional commitment), 옹호(advocacy) 등이 제시되고 있다(https://socialwork.buffalo.edu/admissions/is-social-work-right-career-for-me/list-of-essential-skills-in-social-work.html).

사회복지실천기술은 실천현장에서 사회복지사의 행동에 의해 직접적으로 보이고 나타나는 것이지만 기본적으로 사회복지 지식에서 도출된 것이며, 사회복지사의 가치, 숙련성, 개인적 업무 방식과도 관련된다. Morales와 Sheafor는 "사회복지기술은 특별한 상황에 적절한 기술의 선택과 효과적으로 기술을 사용하는 능력을 요구한다."고 하였는데(Johnson & Yanca, 2004 재인용), 이러한 능력은 다양한 기술과 방법론을 사용하는 반복된 실천을 통해 습득된다. 예

술가가 이론의 학습과 더불어 복잡한 기술을 익히고 자신의 방식을 발전시켜 작품을 완성하듯이 사회복지사 역시 지식에 기반을 둔 실천기술의 훈련과 연습, 자신의 방식과의 조화를 통해 숙련된 실천가로 발전하는 것이다.

3. 사회복지실천과 윤리

1) 사회복지실천에 있어서 가치와 윤리

역사적으로 사회복지는 정의, 공정 등의 가치에 기반을 두어 발달해 왔고, 가치와 윤리는 사회복지실천의 주요 관심사였다. 가치는 바람직한 것에 대한 일반화되고 감정적으로 부하된 개념으로서 특정 대상층이나 그 대상층 내부의 집단이 공유하면서 행동 양식을 조직하거나 구조화하는 수단을 제공한다(Williams, 1968; Reamer, 2000 재인용). 가치는 인간의 본질에 대하여 전문직이 갖고 있는 신념으로서 이 신념은 전문가의 활동에 반영되며 전문직의 실천 방향을 제시한다. 다음으로, 윤리는 가치에서 비롯되며 무엇이 옳고 그른가를 판단하는 도덕적 지침이 된다. 즉, 사회복지실천의 가치는 사회복지실천이 추구해야 하는 이상적인 것, 방향성과 관련되며, 사회복지 윤리는 클라이언트와의 관계 속에서 전문가로서 사회복지사가 반드시 지켜야 하는 행동의 원칙이나 지침이라고 할 수 있다.

Lowenberg와 Dolgoff(1985)는 사회복지 전문직의 중심 가치를 제시하고 있다. 첫째, 사회복지사의 전문적 관계는 개인 존중과 인간 존엄에 바탕을 두고 구축된다. 그리고 이는 클라이언트의 참여, 가치 존중 및 수용, 비밀보장, 정직성, 갈등을 다루는 책임성 등의 가치에 의해 증진된다. 둘째, 사회복지사는 클라이언트의 선택 권리, 서비스 계약 권리, 서비스 개입을 인정하는 권리를 존중한다. 셋째, 사회복지사는 사회제도가 보다 인본주의적이며 인간의 요구에 반응하는 제도가 되도록 하는 데 기여한다. 넷째, 사회복지사는 다양한 인구 집단이 가진 고유한 특성을 존중하고 수용하는 데 솔선한다. 다섯째, 사회복지사는 질 높은 실천을 위해서 전문적 지식과 기술을 끊임없이 연마하고 자신의 윤리적 행동에 책임을 진다.

이러한 주요 가치에 대하여 사회복지사들은 동의하지만, 그 가치에 기반을 두어 선택하고 결정을 해야 하는 상황에서는 사회복지사의 가치관에 대한 우선순위와 목적 그리고 수단 등에 따라 다양한 윤리적 선택을 할 수 있다. 사회복지 실천과정에서 사회복지사가 윤리적 결정을 내려야 하는 상황은 다양한데 거의 모든 전문적 결정에는 윤리적 측면이 있고, 이러한 전문적 결정에서는 개인적 차원에서의 딜레마가 아니라 전문가로서 갖는 딜레마에 초점을 두어야 한다.

사회복지전문직 윤리는 사회복지실천이 도덕적으로 바른 방법이어야 함을 인식하도록 돕기 위한 것이며, 윤리적 결정이 요구될 때 어떻게 결정하며 어떻게 바르게 행동하는가를 배우도록 돕는 기준이다.

2) 사회복지실천에서 윤리적 딜레마

윤리적 딜레마는 2가지 이상의 갈림길에서 한 방향을 선택해야 할 때 혹은 선택하고자 하는 각 대안들이 한 사람 혹은 여러 사람에게 바람직하지 못한 결과를 초래하게 될 때 발생한다. 윤리적 딜레마는 일반적으로 가치의 상충(competing values), 상충되는 충성심(competing loyalties)에 의해 발생한다(Lowenberg & Dolgoff, 1985). 예를 들어, 비밀보장과 사생활 보호라는 2가지의 상충되는 가치로 인해 사회복지사는 2가지 가치 모두에 똑같은 책임을 느끼며 결정에 어려움을 겪는다. 또한 각기 상이한 요구를 하는 기관이나 클라이언트 모두를 대표해야 하는 경우에 사회복지사는 상충되는 충성심으로 윤리적 딜레마를 경험한다.

사회복지 실천과정에서 경험하게 되는 다양한 윤리적 쟁점은 다음과 같다(박세정 외, 2008).

① **클라이언트의 자기결정권:** 클라이언트의 연령이 너무 어리거나 스스로 결정할 수 있는 능력이 없을 때, 클라이언트가 결정한 것이 다른 사람이나 기관 및 사회에 해를 입힐 가능성이 높다고 판단될 때, 사회복지사는 어느 범위까지 클라이언트의 자기결정권을 인정해야 할지 고민해야 한다.

② **비밀보장:** 법에 따라 법적 판결과 관련된 정보를 관계 당국에 보고해야 하거나, 슈퍼비전이나 전문가 회의 등에서 전문적인 이유로 공개해야 하는 경우에는 클라이언트 개인의 권리를 충분히 존중하면서 사전에 동의를 받아야 한다.

③ **진실을 말할 의무:** 어떤 사람이 비밀로 클라이언트에 관해 말하거나 행동했을 때, 그 사실을 클라이언트에게 알려 주는 것이 좋은지, 만약 알려 준다면 그 사람의 비밀보장은 어떻게 되는지 등과 관련이 있다. 때로 사회복지사는 진실을 모두 알리는 것만이 최선이 아니라는 것을 고려해야 한다.

④ **제한된 자원의 공정한 분배:** 공평하게 자원을 분배해야 함을 의미한다. 그러나 한정된 자원을 똑같이 제공해야 하는 형평성 기준을 찾는 것은 매우 어려운 과제다.

⑤ **상충되는 의무와 기대:** 클라이언트, 동료, 상사, 기관, 사회 등이 상충된 기대를 가질 때, 사회복지사는 누구를 우선으로 의무를 행사해야 하는지 갈등하게 된다.

⑥ **클라이언트의 이익과 사회복지사의 이익:** 원조 과정에서 사회복지사는 자신의 이익을 위해서 행동해서는 안 된다. 그러나 자신을 위태롭게 하거나 희생을 강요당할 때 갈등할 수 있다.

⑦ **전문적 동료관계:** 동료 사회복지사가 전문가로서 권위를 남용해 클라이언트나 전문직에 해를 끼치는 행동을 했을 때, 클라이언트를 보호해야 하

는지 아니면 동료 전문직을 보호해야 하는지 갈등하게 된다.

⑧ **규칙과 정책 준수**: 고용되어 있는 기관의 정책 및 규칙을 준수해야 하지만, 클라이언트의 문제를 해결하기 위해 내린 결정이 기관 정책에 어긋날 때 사회복지사는 갈등 상황에 놓이게 된다.

이러한 윤리적 딜레마 해결을 위해 Mattison은 윤리적 딜레마를 해결하기 위한 단계별 과정을 다음의 7단계로 설명했다(백은령, 2006 재인용).

① **1단계–사례 이면의 사실과 사례의 세부 사항에 대한 수집 · 평가하기**: 윤리적 의사결정 과정은 사례의 세부 사항과 이면에 대한 명확한 이해가 우선되어야 하며, 사회복지사는 클라이언트와 그의 체계에 관계하면서 특별한 사례 상황을 수집 · 평가해야 된다.

② **2단계–실천에 대한 고려와 윤리적 요소를 구분하기**: 사회복지사는 자신이 습득한 윤리적 문제를 다루는 능력에 따라 실천과정의 문제에서 윤리적 문제를 구별해 낼 수 있다. 의사결정자의 선택을 정당화하기 위하여 실천에 대한 고려와 윤리적 고려를 모두 평가하여야 한다.

③ **3단계–가치 갈등에 대하여 확인하기**: 상충되는 책임 가운데 어느 것을 선택해야 하는 경우에는 의사결정자가 무엇에 우선권을 두어야 하는지를 결정해야 된다. 윤리적 딜레마를 해결한다는 것은 한 가지 의무에만 헌신함으로써 다른 의무가 희생되는 것을 인식하면서 여러 의무 중에 한 가지를 선택하는 것이다.

④ **4단계–사례에 영향을 미치는 윤리강령의 원칙들을 확인하기**: 사회복지사는 윤리강령을 참조하여 자신이 책임져야 할 윤리적 기준을 숙지하여야 하고, 어떤 기준에서 행동해야 하는지를 판단하여야 한다. 그리고 의사결정자의 판단에 따라 사례에 어떤 윤리강령 원칙을 적용해야 하는가를 결정해야 된다.

⑤ **5단계-가능한 행동 양식을 결정하기:** 사회복지사는 담당하고 있는 사례와 관련된 법 · 규칙 · 정책 또는 잠재적 위험과 혜택을 모두 고려하여 행동 양식을 결정하여야 한다. 어떤 행동 양식은 유익하기도 하고, 어떤 것은 해로운 결과를 가져올 수도 있다. 의사결정자는 클라이언트 체계, 사회복지사, 더 넓은 사회에서의 유익함과 해로움을 고려해야 한다.

⑥ **6단계-우선적인 의무를 선택하고 행동을 정당화하기:** 이전의 단계에서 얻는 정보를 바탕으로 어떤 순위와 의무 · 가치들이 다른 것보다 우선적인지를 결정해야 한다.

⑦ **7단계-해결과 반성하기:** 선택된 가치 선호에 대해 사회복지사가 성찰하는 기회를 갖게 된다. 여러 대안 가운데 어떤 가치나 윤리 원칙에 우선권을 부여했는지를 보고 사회복지사는 자신의 가치 선호도를 알게 된다.

4. 사회복지실천의 정체성과 전문성

사회복지사가 전문직인지에 대한 논쟁은 계속되어 왔고, 사회복지계에서는 전문직의 특성을 규명하고 사회복지사가 전문직으로서 발전할 수 있도록 노력해 왔다. Greenwood는 "모든 전문직은, ① 체계적 이론, ② 권위, ③ 지역사회의 재가, ④ 윤리강령, ⑤ 고유문화를 갖고 있다."고 설명했다(Johnson & Yanca, 2004 재인용). 사회복지직 역시 전문성을 갖추기 위해 내부적으로는 이론적 체계, 고유한 가치와 문화, 윤리강령을 갖추고자 노력해 왔고, 사회로부터 사회복지의 기능을 인정받고 전문적 권위를 갖추기 위한 외부적 노력을 기울여 왔다.

Cournoyer(2002)는 전문적 통합성(professional integrity)의 몇 가지 요소를 통해 사회복지사가 갖추어야 할 핵심적 자질을 언급하였다. 그 요소들은 정직성, 전문적 지식, 평생학습, 비판적 사고, 윤리적 의사결정, 자기 이해, 타인에 대한 수용, 자기통제 등이다. 이것은 사회복지사가 개인적으로 갖추어야 할 자질임과 동시에 사회복지 전문직으로서의 정체성을 발달시키기 위해 필요한 요소라고 할 수 있다. 이를 자세히 살펴보면 다음과 같다.

① **정직성**: 전문적으로 사회복지서비스를 제공할 때 정직성이라 함은 신뢰성, 성실성, 공평성을 의미한다. 개인적 견해를 피력하거나 실수를 알릴 때, 클라이언트에 대한 기만과 부정행위가 있을 때, 사회복지사는 고도의 전문가적 기준에 따라 정직해야 한다.

② **전문적 지식**: 사회복지사의 세팅, 문제, 서비스 대상, 기대되는 역할 등에 따라 다르지만, 모든 사회복지사에게 요구되는 전문적 지식의 공통 기반이 있으며, 사회복지사는 이러한 지식을 습득해야 한다.

③ **평생학습**: 사회복지실천에서 필요로 하는 지식의 폭은 매우 넓으며, 지식 기반 자체가 빠른 속도로 변화하고 있기 때문에 사회복지사는 평생학습의 자세를 가져야 한다.

④ **비판적 사고**: 비판적 사고란 신념과 행동에 대한 신중한 검토와 평가를 말하며, 사회복지사는 직면하는 다양한 사람과 이슈, 상황에서 명료하고 논리적이고 창의적으로 사고할 필요가 있다. 전문적 사회복지서비스를 위해 정보의 타당성, 신뢰성, 관련성을 검토하는 데 있어서 비판적 사고 기술은 필수다.

⑤ **윤리적 의사결정**: 사회복지사는 자신이 처한 전문적 상황의 법적·윤리적·도덕적 함의를 잘 고려하여 그 책임에 적합한 윤리적 결정을 해야 한다.

⑥ **자기 이해**: 원조전문직에게 있어 자신을 효과적으로 활용하기 위해서는 자신에 대한 철저한 이해가 있어야 한다. 사회복지사는 자신의 생태학적 환경이 자신의 발달과 기능에 어떤 영향을 주었는지를 파악하고, 서비스 제공에 영향을 줄 수 있는 부정적 사고, 감정, 행동방식 등을 인식하고 이

를 관리할 수 있어야 한다.

⑦ **타인에 대한 수용**: 타인에 대한 수용이란 타인이 어떤 상황에 있더라도 그 사람을 이해하고 존중하고 가치 있게 여기고 함께 하는 것을 의미한다. 사회복지사는 외모, 배경, 태도, 능력, 행동 면에서 다양한 사람들을 수용하는 능력이 있어야 하며, 그들에 대한 편견과 차별을 유지시키는 사고와 태도를 초월하도록 노력해야 한다.

⑧ **자기통제**: 자기통제란 자신의 생각, 감정, 말, 제스처, 행동 등을 스스로 관리할 수 있어야 하는 것을 말하며, 사회복지사는 자신을 통찰하고 검토하는 계속적 과정을 통해 자신의 습관적 사고나 감정, 행동을 관리해야 한다.

원조전문직으로서 사회복지사가 지식, 기술, 가치를 창의적으로 통합시키고 적용하는 능력은 매우 중요하다. 여기에는 적절한 지식과 기술을 선택하는 것뿐 아니라 이 요소들이 일관된 하나의 전체로서 원조 노력을 만들어 가는 것이 포함된다. 지식, 기술, 가치의 조화는 특히 다양한 클라이언트 집단과 일할 때 중요한데, 현대사회와 같이 다양한 클라이언트 집단과 일하는 사회복지사는 클라이언트에 대한 다양한 지식을 갖고 있어야 하며, 자신의 가치와 다양한 집단의 가치를 인지하면서 다양한 클라이언트의 기대에 맞는 서비스를 제공할 수 있어야 한다.

제2부 … 사회복지 실천 모델과 기술

제2장 사회복지 실천 모델의 이해

제3장 인지행동 모델

제4장 해결중심 모델

제5장 과업중심 모델

제6장 위기개입 모델

제7장 동기강화상담 모델

제2장

사회복지 실천 모델의 이해

1. 사회복지 실천 이론, 모델 적용의 의미

사회복지 실천현장에서는 다양한 실천지식과 기술이 적용된다. 실천지식과 기술을 선택하는 배경에는 실천현장에 대한 실천가의 가치, 경험, 지식을 바탕으로 한 분석을 근거로 한다. 현장에 대한 이해와 사고는 실천의 가치와 목표에 의해 지배되기 때문에 사회복지 실천 학문의 지식 기반은 사회복지 전문직이 추구하는 가치와의 연관성 속에서 고려될 수 있다. 실천가의 가치에 해당하는 사회복지실천의 궁극적 목적은 사회복지 분야의 교육과 전문화 과정을 통해 상당 수준 합의가 이루어져 있다고 볼 수 있다. 그러나 추상적인 수준의 가치를 주관적인 경험과 해석을 바탕으로 실천기술로 조작화시키는 과정에서 적용되는 실천기술에 일관성을 갖기 어렵다.

이는 인간과 환경이라는 이중적 관점과 다양한 수준의 체계에 개입하는 사회복지실천의 특성을 반영하는 것이나, 한편으로는 개인적 목표와 사회적 목표, 이상적 가치와 실천적 기술을 구체적으로 연결시킬 개념적 준거틀이 뚜렷하지 않는 문제로 볼 수 있다. 전문가 집단에서 현상에 대한 공통된 이해를 통해 해석하게 하는 개념적 준거틀(conceptual framework)은 타당한 이론을 선택하며 적용하는 과정에서 사회문제의 원인과 결과에 대한 시각이 구체적인 개입 방향과 방법에 일관되게 반영될 수 있도록 돕는 역할을 한다.

사회복지실천에서 이론 형성과 선택의 중요성은 다음과 같다.

첫째, 이론은 사회복지사가 현장에서 해야 할 일에 대한 지침을 제공해 준다. 사회복지사 사이에서 이론에 의해 공유된 개념은 상호 간의 이해에서 중요한 축이 된다. 현장의 사회복지사가 이론적 개념들을 사용하면 실무에 도움이 되는데, 이는 '이론'의 주요한 목적이 사회복지사가 해야 할 일과 당위성에 관한 지침을 제공하는 것에 있기 때문이다(Payne, 2005). 둘째, 이론을 통해 분석하고 적용하는 과정에서 클라이언트에게 효과적인 실천방법을 찾는 과정을 수행할 수 있다. 한편으로 이론에 대한 이해가 제대로 되지 않는 상태에서 이론을 적용하여 분석하고 적용하는 것은 클라이언트를 혼동시키거나 해를 입힐 위험성을 내포하게 된다. 실천현장에서 이론을 적용할 때 이론에 포함된 개념 간의 연계성과 차이점에 대해 충분하게 이해하게 적용할 필요가 있다(Payne, 2005).

2. 관점, 패러다임, 이론, 모델, 실천기술의 개념

실천에 영향을 주는 실천지식은 구체성의 정도에 따라 패러다임, 시각, 이론, 모델 등의 형태로 구분된다. 기능적으로 분류된 이들 지식은 세계관이나 사회문제에 대한 인식의 틀을 구성하는 것으로부터 구체적인 실천기술의 선택에 이르기까지 각기 다른 수준에서 실천에 영향을 미치고 있다. 이들 개념 간의 구분이 모호하고, 불규칙한 연결의 특성을 갖고 있으므로, 패러다임, 시

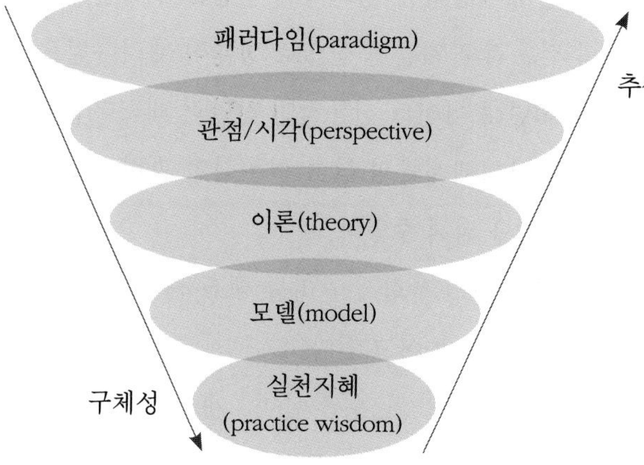

[그림 2-1] 사회복지 지식의 구성 수준

각, 이론, 모델을 각각 뚜렷하고 단절적으로 구분하는 것은 크게 의미가 없으나, 각 개념의 이해를 통해 구체적인 수준의 실천지식이 이론과 모델로 분류되는 과정에서 해당 관점이 갖는 흐름이 일관되게 유지되는가를 점검할 수 있다.

우선, 패러다임은 개념적 틀로서 세계관을 지배하고 현실에 대한 인식의 방향을 결정하는 데 영향을 미친다. 추상적인 수준의 패러다임을 이해하기 위해서는 시대의 역사적 흐름과 사회 분위기, 사상적 조류, 정치적 사건 등을 통해 그 사회의 주도적인 패러다임을 살펴볼 필요가 있다(홍선미, 2003). 예를 들어, 1920년대부터 1960년대의 사회복지사들은 진단적 패러다임의 틀 안에서 클라이언트의 문제의 원인을 진단하고 치료하는 과정과 개인 심리치료에 깊은 관심을 가졌다. 이러한 관심은 당시 자본주의 사회의 개인주의적 가치와 제1차 세계 대전 이후의 사회적 욕구에 배경이 있으며, 진단적 패러다임은 전통적인 사회복지실천의 주요 패러다임으로 자리하였다. 그러나 1960년대 이후, 도시 빈민의 복합적인 문제와 함께 늘어나는 가족과 아동, 청소년, 노숙자의 문제는 개인주의적인 가치를 넘어서 사회 조건에 대한 관심을 갖게 하였다. 상황을 고려하지 않고 개인 내면에 집중하는 심리치료적 접근에 대한 한계를 인식하며 인간과 환경 사이의 적응적 관계를 중심으로 생태적 패러다임으로 인식의 틀을 재구성하였다. 1960년대 이전의 전통적인 진단적 패러다임에 비하여 생태적 개념의 패러다임은 사회체계와의 상호 의존적인 관련성을 중심으로 개인을 이해하도록 인식의 틀을 넓혀 주었다.

1980년대 이후에는 정치적 · 사회적 권리를 강조하는 소비자 중심의 패러다임이 등장하여 점차 영향력을 높이고 있다.

관점/시각은 패러다임의 하위 수준이며, 개념적 준거틀(conceptual framework)로서 관심 영역과 가치, 대상들을 규정하는 사고체계다. 사회복지 실천의 관점은 보수주의적인 관점으로부터 급진적인 관점까지 다양하게 구성된다. 관점을 이분법적으로 단순히 나누어 볼 수는 없으나, 개인과 사회에 대한 기본적인 생각과 가치의 차이를 반영하고 있기 때문에 관점들 간에 다소 배타적인 경우가 많다. 가치 개입적인 사회복지실천의 특성을 고려할 때, 보수주의적 관점에서 개인의 적응과, 급진적 관점에서 사회변화라는 상이한 개입 목표 간에 균형을 유지하는 것이 쉽지 않으며, 사회복지실천에서의 생태체계적 관점에서는 인간과 환경에 대한 동시적 관심 속에서 어떠한 이론도 통합적으로 수용할 수 있다고 주장을 하기도 한다(홍선미, 2004).

이론(theory)은 특정 현상을 설명하기 위한 가설이나 개념, 의미의 집합체로서, 관점/시각의 추상성을 한 단계 구체화한 특성을 갖고 있다. 즉, 이론은 관점/시각에서 다루는 내용을 조작화시키고 경험적으로 검증하는 작업을 요구한다. 사회과학적 지식을 기초로 파생된 사회복지 실천 학문의 태생적 배경으로 인해, 사회복지 실천현장에서 활용되는 이론은 대부분 절충주의 형태를 띠며 타 분야의 이론들을 조합 또는 변형한 것이 많다. 특히, 개인이나 가족, 소집단을 대상으로 클라이언트의 심리사회적 역기능의 치료와 예방에 개입하는 심리이론들은 사회복지 전문직의 내적 욕구와 맞물려져 사회복지 실천 이론과의 구분이 없이 주요 이론으로 사회복지실천의 교과과정 내로 흡수되었다.

정신역동이론, 인지행동이론, 인본주의 이론과 같은 기초 심리이론은 사회복지 실천 모델의 형태로 구성되어 핵심적인 실천 이론으로 받아들여진 대표적인 예다. 최근에는 임파워먼트 이론이나 담론 이론(discourse theory) 등 클라이언트 문제에 대한 인식과 사회문제에 대한 상이한 시각과 분석을 제공하는 다수의 이론들이 소개되고 있다(홍선미, 2004).

모델은 추상적인 용어로 구성된 이론에서 더 나아가, 이론에 근거한 일관된 실천활동의 원칙과 방식을 구조화한 것으로 실천과정을 진행시키는 데 직접적으로 필요한 기술적 적용방법을 제시한다. 사회복지실천에서 활용되는 모델은 인간의 행동에 대한 이론(행동과학이론: behavioral science theories)을 배경으로 기술적 과정을 도출한 것(정신분석이론과 정신분석 모델, 행동주의 이론과 행동수정 모델, 인지이론과 합리적 · 정서적 치료 등)이 있는 반면, 이론적 기반과 무관하게 적용할 수 있는 모델(과제중심 모델; Reid, 1992)이 있다. 사회복지 분야의 실천 모델은 심리 이론을 기초한 것이 다수이나, 생활 모델(life model)과 같이 인간과 환경 사이의 상호 적응이라는 생태 체계적 시각에 기초한 모델이나(Germain & Gitterman, 1980), 절충주의적 성격으로 단일한 이론적 배경을 갖지 않는 모델(Goldstein, 1984)도 있다.

실천지혜(practice wisdom) 또는 직관(intuition)/암묵적 지식(tacit knowledge)도 실천현장에서 널리 활용되는 지식의 종류다. 이들은 의식적으로 표현되거나 구체화될 수 없는 지식으로서 개인의 포괄적 가치체계와 개인적 경험으로부터 도출된다. 실천을 통한 앎(knowing-in-action/learning-by-doing/reflection-in-action)을 강조하는 사회복지실천에서 경험적으로 얻어지는 이러한 유형의 지식은 사회복지사의 인지적 틀(cognitive schema)을 통제하면서 사회복지사의 활동에 절대적 인 영향을 미친다.

사실상, 실천지혜와 같이 사회복지사의 직관에 기초한 비공식적인 지식은 행동과 사회현상을 일관성 있게 설명하는 틀을 갖추지 못함으로써 실천의 근거로서의 유용성을 입증 받기 어렵다. 그러나 실천지혜를 개념화하려는 실천가의 노력으로부터 실천지혜의 규칙이 발견되고 구조화되면 실천 모델과 이론은 귀납적으로 만들어질 수도 있다(홍선미, 2004).

3. 사회복지 실천 이론의 발전 과정

사회복지실천의 역사에서 이론적 기반을 찾고자 하는 노력은 사회복지의 중심적 주제가 되어 왔다. 모든 사회복지실천은 공식적이든 비공식적이든 이론 근거에 의해 영향을 받아 왔다(Payne, 2005). 사회복지실천에 영향을 준 관점과 이론은 Freud의 심리분석, 실증주의적 모델, 구성주의, 포스트모더니즘 관점이다. 또한 이론은 심리역동이론, 인지행동이론, 인간중심이론, 위기이론 등을 들 수 있다(정순둘, 2011).

1) 1920~1930년대

사회복지 이론의 발달 과정에서 본다면 전 이론기에 해당하는 시기로, 이 시기의 연구자들에게 중요한 과제는 실천을 개념화하고, 정의하고, 개입방법과 절차를 분류하는 것이었다(Turner, 2004). 이론이라는 용어를 사용하기보다는, 가치, 태도, 권고와 같은 용어를 주로 사용하였다. Addams(1894)와 Richmond(2017)는 가족이 효과적으로 기능하기 위해 사회 진단을 통해 가족에게 부족하거나 필요한 영역을 찾고 변화시켜야 한다고 하였다. Richmond의 저서는 실천의 근거가 되는 이론을 제시하였다기보다는 규범적 성격이 강한 책이라고 평가된다. 이러한 조기 저서들은 사회복지 전문가들이 실천을 통해 얻은 지혜와 지식을 학문적 차원에서 하나로 엮어 내는 최초의 시도였다는 점에서 의미가 있다.

1930년대는 1936년 Frank J. Bruno가 『The Theory of Social Work』라는 책

으로 그 당시 사회복지실천의 기반이 되었던 여러 학문 분야의 다양한 이론적 사고, 또는 사상을 정리하였다. Bruno는 여기서 다양한 사회현상을 단 하나의 이론으로 적용하여 설명할 수 없다고 주장하였으며, 그 당시 사회복지실천에 상당한 영향을 미친 Freud적 사고에 대해 강조하고, 일시적 유행을 따르는 경향에 대해 경고하였다. 이 책에서는 사회복지실천을 실천방법별로, 개인 대상 사회복지실천과 집단 대상 사회복지실천, 가족치료 등으로 구분하였으며, 이러한 구분은 개입의 단위별로 각각 접근을 필요로 할 만큼, 사회복지실천이 다양한 이론적 기반을 필요로 한다는 것을 인식하는 데 도움을 주었다.

2) 1940~1950년대

1930년대 후반의 시기부터 Freud의 이론이 결정적인 영향을 미쳤으며, 기능주의 개념이 등장하였다. 기능주의는 Freud에 반대하고 클라이언트의 내적 성장을 위한 잠재력과 선택을 강조하며 진단주의와 대립하였다. 기능주의적 학파에서는 치료라는 용어 사용을 반대하고 원조 과정(helping process)이라는 용어를 사용하기도 하였다(Dorfman, 2015).

그러나 여전히 진단주의 학파의 주장이 지배적으로, 1950년대 이전 시기에는 사회복지의 이론을 만들어 내기보다는 기존의 이론들을 사회복지실천에 응용하는 데 초점을 맞추었다. 심리역동이론 가운데 특정한 한두 가지 이론을 개인이나 집단에 적용하여 분석, 개입하고 결과를 분석하여, 사회복지실천과 관련이 있다고 생각되는 개념들을 함의로 제시하였다. 정신건강과 심리분석적 접근이 강조되면서 개별사회사업은 개별적 치료로 발전하였다(정순둘, 2011).

3) 1960년대

1960년대 초반에 들어와 여러 가지 다른 이론들을 받아들이기 시작함에 따라 보다 다양한 이론적 체계에 바탕을 둔 연구물들이 나타나기 시작했다. 1960년대에는 개별사회사업과 집단사회사업을 조합하여 사용하게 되었다. Perlman의 문제해결(problem solving) 모델은 심리 및 행동이론(psychological and behavioral theory) 등 다양한 모델이 탄생되는 데 중요한 역할을 하였다. 1960년대 Florence Holis에 의한 심리사회 개별사회사업 모델이 구축되었으나, 한편으로 1960년대는 사회복지실천의 개별적 치료에 대한 비판과 함께, 사회개량에 대한 관심이 시작되기도 하였다. Parad는 위기이론에 관한 연구들을 정리하여 편집하였고, Harold Werner는 인지이론, Derick Jehu과 Edwin Thomas는 각각 학습이론과 행동주의적 접근에 관한 글을 발표하였다. 이 시대의 체계이론은 사회복지실천에 있어서 기존의 치료 개념과 함께 사회변화의 중요성에 대한 시각을 갖게 하였다(정순둘, 2004).

4) 1970~1980년대

1970년대에 Virginia Satir의 가족치료 이론을 비롯한 가족치료 이론의 유행으로 사회복지실천에서 관심의 초점을 가족치료로 이동하였다. 특히, 이 시대에는 사회복지가 전문직이 되기 위해서는 비과학적 지식 체계에서 벗어나 경험적으로 검증된 지식과 기법에 의존해야 된다는 주장과 문제 제기가 있었다. 과학적인 조사방법에 의해 클라이언트의 문제를 사정하고, 또한 효과성이 검증된 방법이 개입방법으로 적용되어야 하며, 그 결과를 다시 평가해야 한다는 것이다. 그 결과 1970년대와 1980년대에는 단기(short-term), 과제 중심(task-centered), 계약 중심과 행동치료(contract-based and behavioral method)가 주목을 받게 된다(James, 2004). 이러한 이론들은 경제적이며, 단기 효과를 강조하고, 예상한 결과와 짜여진 스케줄에 의해 뚜렷한 목표 달성 여부를 확인할 수 있기 때문에 선호되었다(정순둘, 2011).

5) 1990~2000년대

1990년대 초부터 구성주의적 접근에 관심이 생기면서, 사회복지실천에도 구성주의적 관점에 기반을 둔 권한부여와 역량 강화에 대한 모델이 등장하였다(Parton & O'Nyrne, 2000). 사회복지실천에서의 심리치료에서도 더 이상 장기간 또는 내면적·심리역동적 변화만을 추구하지 않게 되었으며, 단기상담, 위기상담, 사례관리 서비스, 다른 직접적 서비스와 지역 개입을 복합적으로 적용하는 경향이 발견된다(Franklin, 2001).

최근 강조되고 있는 개입 모델은 증거기반 실천 모델(evidence-based practice model)이다. 사회복지실천가에게 과학적으로 입증된 개입과 조사연구의 활용을 통한 효과적 개입을 요구한다. 클라이언트에게 가장 적절한 개입은 클라이언트 각각의 상황에 맞춘, 현존하는 최근의 연구에서 검증된 사회복지기술이기 때문에 클라이언트의 상황에 맞는 개입기술의 근거를 탐색하고, 근거를 평가하고, 적용해야 한다는 것이다. 최근의 사회복지사를 위한 전문가 교육은 증거기반의 접근을 강조하고 있다(정순둘, 2011).

4. 실천 이론, 모델, 지식의 선택과 적용

환경 속의 인간의 맥락에서 인간의 문제는 광범위하고 복합적이며, 그로 인하여 이론에 근거한 임상적 지식(clinical knowledge)과 실천활동(social work activity) 간의 균형을 유지하며 인간을 응집력 있게 설명해 줄 하나의 이론이 존재하기 어렵다.

사회복지실천을 하나의 이론으로 명확히 설명할 수 없다는 것은 대부분이 공감하는 사실이며, 실제로 사회복지 실무에서 활용되는 이론을 조사한 연구에서도 사회복지사들이 다양한 개입 모델과 이론들을 혼합하여 사용하는 것으로 확인되었다(Chess & Norlin, 1991).

이런 의미에서, 특정 이론보다는 다양한 지식들의 적절한 선택과 지식체계를 재구조화하는 방법에 관심을 가질 필요가 있다.

1) 선택주의

선택주의는 하나의 이론만을 선택하여 사용하는 방법이다. 심리치료나 알코올·약물중독 치료 프로그램과 같은 전문 프로그램을 통해 유사한 상황의 클라이언트에게 미시적인 개입을 하는 사회복지사에게는 유용한 방법일 수 있다. 기관이나 실천가의 의지에 따라 특정 이론이 선호되기도 하며 결과적으로 선택된 이론에 대해서는 반복적인 사용하게 되어 익숙하게 되는 장점이 있다. 단, 특정 모델이나 기법에만 단순히 익숙해지는 경우에는, 전체적인 맥락과 다양한 이론적 이해가 필요한 클라이언트의 문제에 대해서는 파악하지 못하거나, 적절한 접근과 기술을 선택하는 데 제한적일 수 있다.

또한 이론의 특성에 따라 어떤 이론은 제한적이고 구체적인 범위를 제시하고 있으나, 어떤 이론은 이론 자체가 여러 종류의 이슈에 대해 포괄하고 있어 하나의 이론만을 선택하게 되는 경우도 있다. 예를 들어, 심리역동이론은 포괄적이고 종합적인 이론이나, 위기개입이론이나 과제중심이론 등은 특정 상황이 발생했을 때 따를 수 있는 범위의 이론이다. 사회복지사가 여러 이론을 조합해서 사용하는 경우도 있지만, 선택한 하나의 이론이 포괄적이거나, 특정 상황에 적합하고, 사회복지사에게 익숙한 이론이라면, 그 이론을 실천현장에서 충분히 기능적으로 사용할 수 있을 것이다(Payne, 1997).

2) 절충주의

절충주의는 이론의 적용에 있어서도 여러 이론을 혼합하여 사용하는 방법이다. 절충주의자들은 사회복지실천의 이론적 다양성을 학문적 특성으로 인정하고 선택의 문제로 인식한다. 여러 이론들을 부분적으로 혼합하여 사용하는 방법론적 다원주의자들의 입장은 지식을 통한 진리의 발견보다는 실용적인 결과에 더 의미를 두며, 주어진 실천 상황에서 가장 효과적인 이론과 방법을 찾아 적용하는 데에 의미를 둔다(홍선미, 2004).

절충주의는 여러 이론을 절충적으로 사용한다. 첫째, 각 케이스에 따라 적절한 서로 다른 이론을 사용하는 것이다. 둘째, 한 클라이언트에게도 두 개의 이상의 이론을 절충적으로 사용할 수 있다. 즉, 단기적으로 위기개입이론을 선택하고, 동시에 장기적으로 심리역동이론을 적용하여 사용하는 것이다.

이론 Epstein이 제안한 이론 절충의 방법은, 첫째, 이론을 체계적으로 통합하는 방법이 있다. 이는 이론 선택의 기준과 가이드라인을 가지고 서로 다른 아이디어를 가진 이론을 체계적으로 선택하는 것이다. 이 방법의 핵심은 패러다임, 인식 시각, 이론, 모델, 실천기술을 선택하는 단계마다 사회문제를 보는 시각을 일관되게 유지하고 접근방법, 이론, 모델과 같은 이론적 지식과 경험적 지식의 맥락을 선택된 시각 내에서 수용하는 가운데 산재된 지식들의 선택이 이루어지도록 하는 것이다. 둘째, 구성된 개인적 실천 모델(constructed personal practice model) 방법으로, 이는 치료자와 클라이언트가 함께 의논하여 클라이언트의 실천적 욕구를 사정하고, 필요한 이론들을 제안하고 함께 선택하는 것이다. 셋째, 체계적 치료 선택(systermatic treatment selection)으로 이는 먼저 모델을 선택한 후 여기에 조직화된 방법으로 다른 아이디어를 첨가하는 것이다. 예를 들면, 과제중심 모델 안에 클라이언트의 장·단기 과업으로 다른 실천 모델에 의한 실천을 첨가하는 방법이다. 넷째, 비공식적 편의주의적 접근(informal conveniencc approaches)으로 개인적 실천 모델 접근(constructed personal practice model)에 새로운 아이디어를 선택하고 포함함에 있어 비공식적으로 임하는 것이다. 비공식적이어서 여러 가지 위험이 있을 수 있으므로, 잘 선택하였는지 파악하기 위해서는 다른 사람들과 주의 깊게 점검하고 토론하는 과정이 요구된다. 다섯째, 임시 적용(casual application)으로, 사회복지사가 상황에 맞을 것이라고 생각했던 이론을 우연히 찾아내 적용하는 것이다.

3) 한국의 문화적 특성을 고려한 실천 이론의 적용

문화에 따라 고통을 표현하는 방법, 증상에 대해 병명을 붙이는 방법, 증상이나 고통에 대해 의사소통하는 방법, 질병의 원인에 대한 신념, 도움을 주는 사람(의사, 사회복지사)에 대한 태도, 내담자들이 원하거나 기대하는 치료 등이 다르다는 연구 결과가 있다(McGoldrick, Giordano, & Pearce, 1996). 미국을 중심으로 발전된 실천 이론은 독립성과 자율, 언어적 표현과 의사소통 능력, 개인의 능력 등에 가치를 두고 있지만, 이 이론들 한국인에게 적용하는 것은 무리가 있을 수 있다. 송성자(1999)에 의하면 한국인들은 상호 의존성과 온정적인 사회적 성향이 있으며, 한국인 클라이언트들은 권위 있는 대상자에 대한 의존적 성향이 있고, 이성보다 감정적인 성향이 있는 것으로 나타났다. 대상자의 문화를 고려한 실천 이론이 발전되어야 하고, 실천이론의 선택과 적용, 결과에 대한 근거를 쌓고 활용해야 한다.

제3장

인지행동 모델

1. 개요

인지행동 모델은 "인간이 생각하고 느끼고 행동하는 것이 상호 관련된다."라는 전제하에, 정보처리 과정에 주목하는 인지이론과 사회학습에 초점을 두는 행동이론의 절충적 접근이다. 따라서 인지행동 모델을 이해하기 위해서는 인지이론과 행동이론 각각에 대한 선이해가 필요하다. 이를 통해 인지행동 모델의 개념과 적용에 대한 전반적 파악이 가능해질 것이다.

먼저 인지이론을 살펴보면, 인지를 나타내는 라틴어 'cognito'란 '나는 생각한다'는 의미를 갖는다. 단어의 뜻을 통해 알 수 있듯이, 인지적 접근에서는 인간이 환경에서 발생하는 일에 대해 수동적으로 반응하는 것이 아니라 스스로 세상에 대해 의미를 부여하고 구성해 가는 방식을 강조한다(Sutton, 2007). 반면, 행동이론에서는 행동을 유발하는 원인이 인간 내부에 있는 것이 아니라 외부 환경에 있으며, 대부분의 인간 행동은 학습되고 또 학습을 통해 수정될 수 있다고 본다(김수정, 장수미, 오창순, 2023). 따라서 이 두 이론을 통합하는 인지행동 모델에서 인간은 심리적 특성에 의해서만 좌우되는 것도, 전적으로 환경에 의해서만 행동하는 것도 아니며, 인지적 · 환경적 영향 사이의 끊임없는 상호작용에 의해서 행동한다고 본다. '환경 속의 인간(Person In Environment: PIE)' 관점을 취하는 사회복지실천에서는 환경과의 맥락 속에서 인간을 이해하는 인지행동적 관점이 필수적이다(양옥경, 김정진, 서미경, 김미옥, 김소희, 2018).

인간의 여러 가지 문제를 해결하는 과정에서 환경적 요인에 대한 간과로 인해 심리역동적 접근이 공격받았을 때, 일부 사회복지사는 인지행동 모델을 받아들였다. 이 모델은 클라이언트가 생각하는 방식과 행동의 변화에 초점을 맞추는 것으로서 그 핵심 특성은 다음과 같다(Cooper & Lesser, 2022; Goldstein & Noonan, 2005).

- 문제와 관련된 클라이언트의 생각과 행동, 문제를 촉발하는 환경적 요인에 대한 체계적인 사정이 이루어진다.
- 문제를 명확히 하고 목표를 설정하는 데 초점을 둔다.
- 왜곡된 사고와 자기 파괴적 행동을 수정하고, 자신과 타인에 대한 새로운 신념체계와 행동 습득을 위한 명확한 개입방법을 갖는다.
- 개입의 성과에 대해 객관적 측정방법을 갖는다.

인지행동치료(Cognitive Behavioral Therapy: CBT)에 대한 관심은 1970년대에 폭발적으로 증가하였고(Norcross, Kathleen, & Prohaska, 1989), 효과성에 대해 많은 경험적 근거가 있으며, 현재에도 심리학, 상담학, 사회복지학 등의 분야에서 널리 사용되고 있다. 국내에서도 휴먼 서비스 상담 분야에서 인지행동 모델이 활발히 적용되고 있으며, 메타분석 연구에서 인지행동 모델의 효과가 제시되고 있다(김나진, 진주은, 2019).

인지행동 모델은 구조화된 접근과 체계적인 개입 과정으로 인해 사회복지사는 물론 클라이언트에게도 쉽게 받아들여지는 모델이며, 사례에 적용 가능성이 높기 때문에 사회복지사에게 유용한 실천기술을 제공한다. 사회복지사는 인지행동적 접근을 통해 개입의 효과를 비교적 단기간에 알 수 있을 뿐만 아니라 단일연구설계 방법 등을 활용하여 개입의 효과에 대한 객관적 평가가 가능하다. 따라서 인지행동 모델은 증거기반 실천(Evidence-Based Practice: EBP) 접근으로 유용하다(Cooper & Lesser, 2022).

2. 주요 개념과 원리

인지행동 모델의 가장 중요한 원리는 사고가 감정과 행동에 영향을 미치는 핵심 기제라고 보는 것이다. 사고가 감정과 행동에 영향을 주는 통로는 두 가지다. 첫째, 사고의 내용으로, 자신이나 주위 사람, 사건을 어떻게 평가하고 해석하는가로 이루어진다. 예를 들어, 승진을 자기 능력을 펼칠 수 있는 기회로 생각한다면 기쁘겠지만, 책임이 많아진다고 생각한다면 마음이 무겁고 불안하다. 둘째, 사고의 과정으로 사람들은 주변에서 일어나는 사건과 정보를 자기 나름대로 이해하고 해석하고 경험한다. 인지행동 모델에서는 사고의 내용뿐 아니라 정보처리의 왜곡이나 문제점(예: 지레짐작, 독심술)을 다루며, 개인의 사고 내용이나 과정의 역기능적인 면을 찾아내고 수정하는 작업을 통해 지속적인 변화가 가능하다고 본다(권정혜, 2023).

다음에서는 인지행동 모델의 주요 개념을 이해하기 위해서 인지행동 모델의 발달을 이끈 대표적인 접근방법인 Beck의 인지 모델, Ellis의 합리적 정서행동 모델, Skinner의 행동주의 모델에 대해 살펴본다.

1) Beck의 인지 모델

Beck은 인간의 인지를 형성하는 요소를 스키마(schema), 규칙, 기본 신념 등으로 설명하였다. 스키마란 인지의 구조를 말하는 것으로서 인간의 사고, 감정, 행동을 결정짓는다. 예컨대, 스키마의 산물인 '자동적 사고(automatic thought)'란 어떠한 사건에 대한 즉각적이고 계획되지 않은 해석을 의미하는 것으로서 정서와 행동에 영향을 미친다. 인지 왜곡을 가져오는 자동적 사고의 예로는 임의적 추론, 선택적 추상화, 과잉일반화, 이분법적 사고(흑백논리) 등이 있다(Beck, Rush, Show, & Emery, 2005).

① **임의적 추론(arbitrary inference)**: 결론(판단)을 지지하는 증거가 없거나, 증거가 결론과 배치됨에도 어떤 결론을 이끌어 내는 과정을 말한다.
   예 '내가 너무 뚱뚱해서 지나가는 사람이 다 쳐다보는 것 같아.'

② **선택적 추상화(selective abstraction)**: 맥락에서 벗어난 한 가지 세부 특징에 초점을 기울이고 보다 분명한 다른 특성은 무시한 채, 단편적 경험에만 기초하여 전체 경험을 개념화하는 것을 말한다.
   예 '몸무게만 줄이면 대인관계도 모든 일도 다 잘될 거야.'

③ **과잉일반화(over generalization)**: 하나 혹은 그 이상의 특정 사건에 기초하여 일반적 결론을 도출하여 관련되지 않는 상황에까지 광범위하게 적용하는 경향을 말한다.
   예 '내가 살을 빼지 못해서 그 남자가 더 이상 나를 만나려고 하지 않는 거야.'

④ **이분법적 사고(dichotomous thinking, 흑백논리)**: 모든 경험을 양극단의 범주 중 하나로 평가하는 경향을 말한다.
   예 '완벽하게 하지 못하면 실패한 거야.', '순결하지 못하면 불결한 거나 마찬가지지.'

이와 같은 자동적 사고는 우울증을 앓고 있는 클라이언트의 전형적인 사고 특성이다. Beck은 인지 왜곡을 초래하는 개인 내부의 정보처리 과정에서 나타나는 오류나 왜곡을 문제의 핵심으로 보았다. 정신증(psychosis)에 적용된 인지행동 모델은 정신병적 증상의 감소뿐 아니라 삶의 질과 자존감 향상, 기능 수준과 기분 향상, 대처기술 개발을 촉진하는 효과가 있는 것으로 보고되었다(Wykes et al., 2008). 예컨대, 조현병 환자는 좋은 일, 칭찬은 사소하게 받아들이는 반면, 나쁜 일이 일어나면 자신의 책임으로 받아들이는 경향이 있어 자기 자신을 비난하는 인지 왜곡의 사고과정을 가지므로 이에 대해 인지행동 모델의 적용이 가능하다(강시현, 2022).

2) Ellis의 합리적 정서행동 모델

우리는 일상생활에서 발생하는 사건이나 상황에 대하여 사람마다 다르게 반응하는 것을 흔히 볼 수 있다. 이는 사건 자체보다 사건을 받아들이는 개인의 신념체계가 인간의 정서나 행동에 영향을 미친다고 보는 것으로, Ellis의 합리적 정서행동 모델의 핵심 개념이다.

합리적 정서행동 모델(Rational Emotive Behavior Therapy: REBT)에서는 인지, 정서, 행동이 서로 구분되는 것이 아니라 본질적으로 통합된 것이라고 본다. 인간이 무엇인가를 느낄 때에는 생각도 같이 떠오르며 동시에 어떤 행동도 취하고 있다는 것이다. 합리적 정서행동 모델의 가정은 ① 인간은 합리적 신념, 비합리적 신념 모두를 가지고 있는데 비합리적 신념이 많고 깊이 뿌리박혀 있을수록 고통을 겪게 되고, ② 비합리적 신념을 합리적 신념으로 대체함으로써 심리적 고통은 감소된다고 본다(김수정, 장수미, 오창순, 2023).

Ellis는 사람들이 일반적으로 갖고 있는 대표적인 비합리적 신념으로 당위적 사고, 자신 및 타인 비하, 파멸적 사고, 파국화 등을 제시하였다(Ellis & Dryden, 1987; 이현림, 2008 재인용).

① **당위적 사고:** '반드시 ~해야 한다'는 형태의 사고로서, 예를 들면 '세상은 항상 공평해야 한다.', '나는 반드시 이 분야에서 성공해야 한다.', '절대로 실수하면 안 돼' 등의 경직된 사고를 말한다. 자신이나 타인이 어떻게 행동해야 하는지에 대해 고정된 생각을 가지고, 기대에 미치지 못하면 평가절하하고 낙담한다. Ellis는 당위적이고 경직된 사고가 인간 문제의 근본 원인이 된다고 하였다.

② **자신과 타인에 대한 극도의 비하, 파멸적 사고, 파국화:** '~하면(한 것을 보니), 나(그)는 쓸모없는 사람이다'가 해당된다. 이러한 사고는 일부나 하나의 부정적인 면을 가지고 전체를 부정적인 것으로 간주해 버리고, 미래를 극단적으로 예상한다. '수능을 망쳤으니 내 인생은 끝이다.', '이번 시험도 떨어지면 앞으로 취업은 절대 못할 거야.'의 예가 있다.

이와 같은 비합리적 신념을 가진 사람은 부적응적 정서와 행동을 보인다. 반대로 합리적 신념을 갖고 유연한 사고를 하는 사람은 긍정적이며 적응적인 정서와 행동을 보인다. 그러므로 합리적 정서행동 모델에서는 비합리적 신념을 합리적 신념으로 바꾸는 것이 개입의 핵심이다.

3) Skinner의 행동주의 모델

Skinner의 행동주의 모델에서 인간의 행동은 학습된 것이며, 학습 조건의 변화와 조작에 따라 수정이 가능하다고 본다. 또한 인지 모델이 강조하는 인간의 의식, 생각, 신념과 같은 심리내적인 측면은 믿을 수 없는 것이라 보고, 관찰 가능한 행동으로서 행동을 변화시키는 데 도움이 되는 학습이나 재학습 경험에 초점을 맞춘다(이현림, 2008).

행동 변화를 가져오는 것은 조작적 조건화에 의한 학습이다. 어떤 행동을 했을 때, 행동의 결과로 칭찬과 인정과 같은 긍정적 반응이 주어지면 행동은 반복되는 경향이 있고, 반대로 부정적 반응이 보이면 행동의 반복 가능성은 줄어든다. 이와 같이 행동이 그 결과에 의해 통제된다는 것이 조작적 조건화의 기본 전제다.

조작적 조건화의 주요 기법은 행동 반응을 증가시키는 강화(Reinforcement)와 행동 반응을 감소시키는 벌(Punishment)이 있다. 강화의 종류에는 숙제를 잘 해 오는 아동에게 칭찬이나 선물 등의 보상을 제공하는 정적 강화와 부모의 지나친 잔소리를 줄임으로써 숙제하기 같은 아동의 긍정적 행동의 빈도를 증가시키는 부적 강화가 있다. 벌은 행동 후에 혐오 자극을 제공함으로써 행동의 빈도를 감소시키는 것으로 체벌, 벌금 등이 그 예가 된다.

행동의 유지나 새로운 행동의 학습은 강화 스케줄에 따라 달라진다. 연속강화 스케줄은 개인이 특정 행동을 할 때마다 매번 강화하는 것이고, 간헐강화 스케줄은 어떤 때는 강화하지만 어떤 때는 강화하지 않는 것이다. 예를 들어, 어려운 수학문제를 하나씩 풀 때마다 칭찬을 받은(연속강화) 학생은 칭찬이 중단되면 의기소침해지고 문제 풀기에 흥미를 잃게 된다. 반면, 가끔 칭찬받은(간헐강화) 학생은 칭찬이 중단되어도 공부에 열중하는 경향이 지속된다. 일반적으로 행동수정의 초기 단계에서는 연속강화가 효과적이지만 목표점에 도달한 후에는 간헐강화로의 전환이 좀 더 효과적인 것으로 알려져 있다(한국행동요법학회, 2001).

3. 모델의 적용

인지행동 모델의 개입 절차는 구조화되어 있다. 각 회기에서 클라이언트와 사회복지사가 함께 세운 주제를 다루며, 사회복지사가 피드백을 제공하고 과제를 부여한 후 종결한다. 종결 후에는 클라이언트가 회기(session) 중에 배운 기술을 직접 실천해 보도록 돕고, 일상생활에 적용할 수 있도록 한다. 만약 클라이언트가 과제를 수행하지 못할 경우에도 사회복지사는 클라이언트의 동기 부족이나 저항에 대해 언급하지 않으며, 대신 클라이언트가 변화에 대해 어려움이 있다고 간주하여 지지와 격려를 제공한다. 다음에서는 인지행동 모델의 적용에서 고려되는 사회복지사와 클라이언트의 관계, 적용 대상, 진행 절차에 대해 설명하고 주요 기법에 대해서 살펴본다(Cooper & Lesser, 2022).

1) 사회복지사–클라이언트 관계

인지행동 모델을 적용하는 사회복지실천에서 사회복지사–클라이언트 관계는 협력에 기반을 둔다. 사회복지사는 모든 해결책을 알고 있는 권위적인 인물이 아니라, 클라이언트 스스로 문제를 해결하고 목표를 달성하는 데 적극적으로 참여할 수 있도록 돕는 코치이자 훈련가이며 교사의 역할을 한다. 사회복지사에게는 클라이언트가 명확하게 상황을 볼 수 있도록 돕는 전문적 역량이 요구되는데, 사회복지사는 클라이언트의 관점에서 상황을 볼 수 있어야 하는 동시에 논리적인 사고를 할 수 있어야 한다. 인지행동적 접근에서는 클라이언트의 사고에서 모순된 점을 찾아내고, 같은 상황에 대해 클라이언트와 다른 해석을 끌어낼 수 있어야 한다. 즉, 사회복지사는 직접적 · 적극적 접근을 하며, 전략을 세우고, 바람직한 결과를 미리 예상할 수 있어야 한다.

2) 적용 대상

클라이언트의 특정한 특성이나 성향이 인지행동적 접근에 잘 부합한다고 공식적으로 알려진 바는 없지만 계획적이거나 과제 수행에 대한 책임감이 강한 사람이 인지행동적 접근에 더 많은 효과가 있을 것으로 기대된다. 반면, 심각한 수준의 망상, 사고장애, 치매 등을 가진 사람, 지나친 수준의 분노를 가지고 있는 사람, 사고의 융통성이 부족한 사람에게는 인지행동적 접근이 제한적이다. 우울증을 가진 클라이언트에 대한 인지적 접근에서 나이는 문제가 되지 않았는데, 젊은 사람만큼 노인에게도 효과가 있는 것으로 밝혀졌다. 또한 아동과 청소년에게서도 인지적 접근의 효과성이 보고되었고(Cooper & Lesser, 2022), ADHD, 강박장애, 약물의존, 식이장애, 학습문제, 낮은 자존감, 부부갈등, 조현병으로 어려움을 겪는 클라이언트에게도 효과적이었다. 이와 같이 인지행동 모델은 정서장애, 정신장애로 고통받는 다양한 클라이언트에게 효과적인 개입방법이다(Cooper & Lesser, 2022; 강시현, 2022).

인지행동 모델은 개별로도, 집단의 형태로도 진행될 수 있는데, 집단 프로그램이 구성원 간의 집단 응집력으로 인해 더 효과적이라는 주장도 있다(Wykes et al., 2008). 최근에는 인지행동 모델을 비대면으로 실시하고 역기능적 사고기록지를 작성하거나, 자신의 인지 왜곡 수준을 확인하고 자조집단 참여를 통해 정서 조절을 목표로 하는 앱이 개발되는 등 인지행동 모델 적용을 위한 디지털 도구의 개발도 이루어지고 있다(김진아, 최현실, 2020; 국립정신건강센터, 2020).[1]

요약하면, 인지행동 모델은 변화 동기가 높으며 명확한 행동문제를 갖고 있는 경우에 보다 적절함을 알 수 있다. 반면, 복잡한 개인의 내적 문제나 대인관계의 문제, 개인과 환경 간의 문제를 다루는 데는 큰 도움이 되지 않는다. 이는 인지행동 모델의 제한점이 될 수 있는데, 인지행동 모델이 사고와 행동을 변화시키는 데만 초점을 두어 개인의 역동적인 면을 간과하고 클라이언트에게 기계적으로 적용될 가능성에 대한 비판도 있다(Goldstein & Noonan, 2005).

3) 진행 절차

인지행동 모델의 전형적인 개입 과정은 다음과 같다(Cooper & Lesser, 2022).

1) 김진아, 최현실(2020)의 인지행동커플치료 〈투게더위캔〉, 국립정신건강센터(2020). 인지행동치료 기반 마음성장 프로그램 〈토닥토닥〉 애플리케이션.

① **문제행동의 구체화:** 변화의 초점이 되는 문제행동을 설정한다. 문제행동을 설정할 때에는 가능한 한 구체적으로 설정한다.

② **자료수집:** 매일 일지를 쓰거나 메모를 하도록 함으로써 문제행동을 모니터링하고, 문제행동과 그로 인해 부정적 결과를 초래하는 선행사건을 파악한다. 일지를 쓰는 것은 문제행동이 어떻게 발생했는지를 파악하는 데 유용하다. 또한 사건에 대한 자신의 정서를 0에서 100까지 점수화해 보면 사건에 대한 반응 강도를 클라이언트 스스로 인식하는 데 도움이 된다.

③ **목표 설정:** 사회복지사와 클라이언트는 협력하여 변화를 위한 목표를 설정한다. 목표는 '주 3회 운동하기' 등으로 측정 가능한 목표가 좋다.

④ **개입:** 목표 달성을 위해 고안된 다양한 인지행동 기법을 실시한다. 인지행동 모델에는 여러 기법이 있으므로 문제에 따라 그리고 임상 증상에 따라 다양한 기법의 적용이 가능하다.

⑤ **과제 부여:** 과제를 부여하는 것은 회기와 회기 사이의 연결성을 제공하고 클라이언트가 개입 장면에서 배운 기술을 일상생활에 적용해 보도록 돕는다.

⑥ **변화를 위한 강화 제공:** 새롭고 긍정적인 행동의 달성을 위해 주로 정적 강화가 제공된다. 주로 외부에서 강화를 제공하지만 클라이언트 스스로 자신의 새로운 행동에 대해 보상을 하기도 한다.

⑦ **재발 방지:** 예전의 행동 패턴, 습관을 깨뜨리는 것은 쉽지 않으며, 오래된 습관은 되돌아오는 경향이 있다. 특히, 스트레스 상황에 있으면 더욱 심해진다. 클라이언트는 재발 가능성에 대해 미리 준비하고, 재발 시에 어떻게 해야 할지 대처 전략을 생각해야 한다. 특히, 음주, 과식, 흡연, 폭력 등의 충동조절 문제에는 재발방지 전략이 필수적이다.

4. 주요 기법

인지행동 모델에는 클라이언트 특성 및 문제행동의 정도에 따라 적용할 수 있는 여러 기법이 있지만, 여기서는 대표적인 몇 가지를 살펴보고자 한다.

1) 인지재구조화

인지재구조화(cognitive restructuring)는 역기능적이고 자기 패배적인 사고, 자동적 사고와 비합리적 신념을 인식하여, 현실과 부합되며 클라이언트의 기능을 향상시킬 수 있는 신념과 행동으로 대체시키는 데 유용한 개입방법이다. 인지재구조화를 적용하기에 효과적인 문제에는 낮은 자아존중감, 대인관계에 대한 왜곡된 인식, 자신과 타인, 삶에 대한 비현실적 기대, 비이성적 두려움, 불안과 우울, 분노와 충동의 부적절한 통제 등이 있다. 인지재구조화는 모델링, 행동시연, 이완훈련, 자기주장 훈련, 약물치료, 체계적 둔감화와 같은 기법과 함께 사용되는데, 이는 단독으로 사용될 때보다 병용하는 것이 효과적이기 때문이다. 인지재구조화 기법의 절차는 다음과 같다(Hepworth & Larsen, 1993; 이영분 외, 2001 재인용).

(1) 1단계: 인지 기능에 대한 이해

사회복지사는 클라이언트에게 인간의 인지(생각)가 정서와 행동에 영향을 미친다는 사실을 이해시킨다. 다음 예를 보면 동일한 상황에 대하여 생각하는 방식에 따라 정서와 행동 양상에 차이가 있음을 알 수 있다.

예시

상황: **가정폭력으로 이혼을 고려하는 여성**

- 생각하는 방식 1: '이혼은 내 인생의 끝을 의미해. 앞으로 어떻게 살아가지? 이혼녀에 대한 사람들의 시선을 견디기 힘들 거야. 이혼하느니 참고 사는 게 나을지도 몰라. 아이들은 또 어떻게 하고…….'
- 생각하는 방식 2: '평생 이렇게 살 수는 없어. 당장 심적으로나 경제적으로 힘들어도 멀리 보면 이혼하는 게 나을지도 몰라. 나에게도 아이들에게도 더 나은 선택일 수 있어.'

(2) 2단계: 역기능적 신념과 사고 패턴 파악

생각에 따라 정서적 반응이 다르게 초래된다는 사실을 클라이언트가 받아들이면 다음 단계로 클라이언트가 자신의 역기능적 사고와 신념을 검토하도록 돕는다. 이 과정을 통해서 클라이언트는 미처 알지 못했던 자신의 사고와 신념이 행동을 결정하고 있음을 알게 된다. 만성 알코올중독으로 인해 낮은 자존감과 자기 패배적 사고를 하는 클라이언트의 예를 살펴보자.

알코올중독 클라이언트의 경우 자기 패배적 사고로 인해 다시 음주하는 악순환을 보이는 경우가 많으므로 역기능적 사고와 신념에 대한 개입이 필수적이다. 사회복지사는 클라이언트가 나타내는 자기 진술의 합리성을 논박함으로써 사고 패턴을 변화시킨다.

예시

'세상을 잘못 만나 이렇게 됐어……. 어려운 시대에 태어나지 않았다면, 코로나만 아니었다면, 그때 사기만 당하지 않았다면 이렇게 바닥으로 떨어지진 않았을 거야. 난 이제 뭘 해도 다시 시작하기 어려워. 술을 끊고 싶긴 하지만 술마저 없으면 정말 견디기 어려울 거야. 에잇! 괴로우니 술이나 한 잔 더 하고 자야겠다.'

(3) 3단계: 역기능적 사고의 발생 상황 규명

역기능적 사고가 언제 어떤 상황에서, 누구와 함께 있을 때 주로 발생하는지를 밝혀냄으로써 클라이언트가 기능적으로 대처할 수 있도록 돕는다. 〈표 3-1〉과 같은 역기능적 사고 기록 양식을 작성하도록 클라이언트에게 과제를 주면 문제 파악이 용이해진다.

표 3-1 역기능적 사고 기록 양식 예시

상황	정서 (강도) 1~10	역기능적 사고 (자동적 사고)	인지적 오류 /대안적 사고	결과 (정서와 행동의 변화)
서류작업을 하다가 실수로 숫자를 잘못 입력했다. 확인한다고 했는데 놓친 것 같다. 상사가 발견하고 지적했다.	창피하다 (6) 실망스럽다 (5)	왜 남보다 실수가 더 많을까. 제대로 하는 게 없는 것 같다. 한다고 하는데, 내 자신이 정말 한심하다.	과잉 일반화/실수를 줄이려면 어떻게 할지 고민해 봐야겠다.	실수를 줄이기 위해 여러 번 서류를 점검한다.

출처: 권정혜(2023).

(4) 4단계: 자기 패배적 진술을 기능적 진술로 대체

역기능적 사고(자동적 사고), 비합리적 신념 등이 규명되고, 이러한 인지가 우울, 불안, 초조, 긴장, 분노 등의 부정적 정서 반응을 가져옴을 인식하게 되면 클라이언트 스스로 새로운 대처방법을 학습하고자 할 것이다. 이때 사회복지사는 클라이언트의 부정적 정서 반응과 자기 패배적 행동을 효과적이고 합리적인 자기 진술로 대체하도록 돕는다. 기록 양식을 활용하면 자동적 사고를 찾아내고 수정하는 데 효과적이다. 사람들은 기록하는 것을 부담스러워하는 경우가 많아 기록 양식을 사용할 때, 상황, 정서, 역기능적 사고만 적게 하고 클라이언트가 익숙해지면 점차 대안적 사고와 결과도 작성하도록 한다. 사회복지사는 사고 기록 양식을 작성해 온 클라이언트에게 칭찬과 격려를 하고 이것을 통해 무엇을 알게 되었는지 질문하여 새롭게 알게 된 사실을 확인시키는 것이 좋다(권정혜, 2023).

2) 주장훈련

주장훈련(assertiveness training)은 클라이언트의 자기주장 능력을 증진시키는 기술로서, 자신의 생각이나 감정, 권리를 적절하게 표현하거나 전달하는 데 어려움을 겪는 클라이언트를 대상으로 한다. 먼저 사회복지사는 클라이언트가 공격적(aggressive) · 주장적(assertive) · 수동적(passive) 의사소통의 차이를 정확히 구별할 수 있도록 돕는다. 이를 위해 연습할 수 있는 활동으로 다음 각 장면에서의 반응이 공격적 · 주장적 · 수동적인지 클라이언트에게 질문해 본다(〈표 3-2〉). 실제로 해 보면 생각보다 많은 클라이언트가 각 상황에서 적절한 의사소통 방식이 무엇인지 혼란스러워함을 알 수 있다.

표 3-2 의사소통 방식

* 각 장면에 대한 반응이 공격적 · 주장적 · 수동적 표현 중 어디에 해당하는지 체크하시오.

장면	반응	공격적	주장적	수동적
집 앞 공터에서 아이들이 시끄럽게 떠들어서 책을 볼 수가 없다.	"야 여기가 놀이터인 줄 아냐. 집에 가서 떠들어, 빨리 못 가?"			
사촌동생이 내가 아끼는 등산 장비를 빌려 달라고 한다. 한 번 빌려 가면 잘 안 돌려주므로 빌려주고 싶지 않다.	"빌려 주면 좋겠는데, 지금 장비가 어디 있는지 모르겠네."			
일요일에 일정이 있는데 어머니가 할머니를 시골 큰댁에 모셔다 드리라고 하신다.	"어머니, 다음 주 월요일에 시험이 있어서, 이번 주말에는 도서관에서 공부를 해야 할 것 같아요."			

각 장면에 대한 공격적 · 주장적 · 수동적 표현의 차이를 이해하게 되면, 다음 단계로 클라이언트가 명확한 진술방법을 연습함으로써 주장적 표현을 하도록 한다. 주장훈련의 단계는 〈표 3-3〉과 같다.

표 3-3 주장훈련의 6단계

• 1단계: 사전 평가하기 –클라이언트의 공격적 · 주장적 · 수동적 행동 평가
• 2단계: 주장적 행동이 어려운 문제 상황 설정하기
• 3단계: 변화를 위한 시나리오(LADDER) 작성하기 –**L**ook: 자신의 권리, 소망, 요구를 살피라. –**A**rrange: 문제(어려움)에 대해 이야기할 시간과 장소를 정하라. –**D**efine: 문제를 구체적으로 정의하라. –**D**escribe: 나–전달법(I–message)을 활용해 자신의 감정을 전달하라. –**E**xpress: 자신의 요구를 알기 쉽고 확고하게 표현하라. –**R**einforce: 원하는 것을 얻을 가능성을 강화시키라.
• 4단계: 주장적 신체언어 전달하기 –시선 접촉 –바른 자세 유지하기 –명확하고 분명한 목소리로 단호하게 말하기 –강조할 때는 몸짓이나 얼굴 표정 사용하기
• 5단계: 듣는 법 배우기 –들을 준비하기 –경청하기 –상대방의 말을 명료화하기 –상대방의 감정을 인정해 주기
• 6단계: 실현 가능한 타협점에 도달하기 –이번에는 내 방식으로, 다음에는 당신 방식으로 하자. –당신이 나를 위해 ~한다면, 나는 당신을 위해 ~할 것이다.

〈**사례 연습**〉 다음 사례에 주장훈련 6단계를 적용해 보라.
"하루 종일 일을 하고 저녁에 집으로 돌아와 보니 아침에 먹었던 그릇이 설거지도 안 되어 있는 상태로 집안이 엉망이다. 아내는 외출하여 아직 집에 오지 않았고, 아이들끼리만 텔레비전을 보고 있다. 안 그래도 낮에 안 좋은 일이 있어 기분이 좋지 않은 상태였는데 집안 꼴을 보니 화가 치민다."

출처: 한국행동요법학회(2001).

주장훈련의 목표는 클라이언트가 대인관계 상황을 효과적으로 다루기 위해 필요한 기술과 태도를 갖추게 하는 것으로 기본 목표는 다음과 같다(이현림, 2008).

- 자신이 주장할 권리에 대한 자기 패배적 신념이나 비합리적 신념을 인식시키고 변화시킨다.
- 자신의 권리와 함께 다른 사람의 권리도 존중하는 것에 가치를 두는 태도를 발달시킨다.
- 공격적 · 주장적 · 수동적 행동을 확인하고 구분하는 방법을 학습하도록 한다.
- 새롭게 배운 주장기술을 특정한 대인관계 상황에 적용할 수 있는 능력을 갖추도록 한다.

주장훈련은 모델링(modeling)을 활용한다. 모델링은 사회복지사(공동 진행자) 혹은 자원봉사자, 집단 구성원 등이 클라이언트가 취할 행동을 시범적으로 보여 주고 클라이언트가 모방해 보도록 격려하는 것이다. 구체적인 단계는 ① 변화가 필요한 구체적인 행동을 파악하고, ② 모델을 제시하고, ③ 역할극을 통해 클라이언트가 모델의 행동을 따라 해 보고, ④ 사회복지사 및 집단 구성원이 피드백을 제시함으로써 바람직한 행동을 강화하는 형태로 이루어진다. 예를 들어, 권위적인 아버지에게 자기주장을 하기 어려운 딸의 경우 모델링 기법을 활용하여 행동 습득을 유도한다. 이때 아버지와 딸의 역할을 바꾸어 역할 전환을 해 봄으로써 문제를 좀 더 구체적으로 파악하고 상대방의 어려움을 생각해 보도록 할 수 있다.

3) 득과 실의 분석

득과 실의 분석(decision matrix) 기법은 자기 결정에 어려움을 가진 클라이언트가 중요한 결정을 내릴 때, 행동 결정으로 인한 득과 실을 충분히 생각해 보도록 돕는 데 매우 유용하다. 예를 들어, 음주문제를 가진 클라이언트에게 〈음주의 득과 실 분석표〉를 작성하게 함으로써 음주를 계속했을 경우와 중단했을 경우의 이익과 손해를 스스로 생각하여 최선의 결정을 내리도록 돕는다. 다른 예로, 이혼을 고려하는 가정폭력 피해 여성에게 이혼을 할 경우와 하지 않을 경우 어떤 상황이 발생할지에 대해 미리 생각해 보도록 하여 클라이언트 스스로 최선의 결정을 하게 한다. 이 기법은 클라이언트의 적극적 참여로 이루어지며, 개별 상담으로도 가능하지만 유사한 문제를 가진 집단을 대상으로 했을 때도

표 3-4 음주의 득과 실 분석표

구분	음주를 중단할 경우	음주할 경우
득(pro)	• 건강이 좋아진다. • 가족이 화목해진다. • 주변 사람에게서 인정과 신뢰를 받게 된다.	• 스트레스가 풀린다. • 시간이 잘 간다. • 잠이 잘 온다. • 복잡한 시름을 잊을 수 있다.
실(cons)	• 인생의 낙이 없다. • 살맛이 안 난다. • 외롭다.	• 건강이 나빠진다. • 가족 간에 갈등이 발생한다. • 직장 일을 소홀히 하게 된다. • 음주운전, 폭력 등 여러 가지 문제가 발생한다. • 경제적으로 어려움이 생긴다.

효과적이다. 〈표 3-4〉는 득과 실의 분석표 작성 예시다.

4) 체계적 둔감화

사람은 누구나 새롭고 낯선 상황에 직면했을 때 불안하고 긴장하게 된다. 예컨대, 처음으로 많은 사람 앞에서 발표를 해야 할 때 심장이 두근거리고 눈앞이 캄캄해지는 경험을 할 수 있다. 대부분의 사람은 같은 상황을 몇 번 경험해 보면 점차 익숙해지고 처음보다 덜 긴장하게 된다. 하지만 그런 상황에 처할수록 더 불안해지고 생각만으로도 불안이 커지는 사람도 있다.

체계적 둔감화(systematic desensitization)란 불안을 일으키는 자극을 가장 약한 정도에서 강한 자극으로 옮겨 가며 점차 자극에 대한 반응 강도를 감소시켜 나가는 기법이다. 체계적 둔감화 기법의 적용은 일반적으로 다음의 세 단계로 이루어진다. 1단계는 근육의 이완훈련으로 시작한다. 2단계에서는 클라

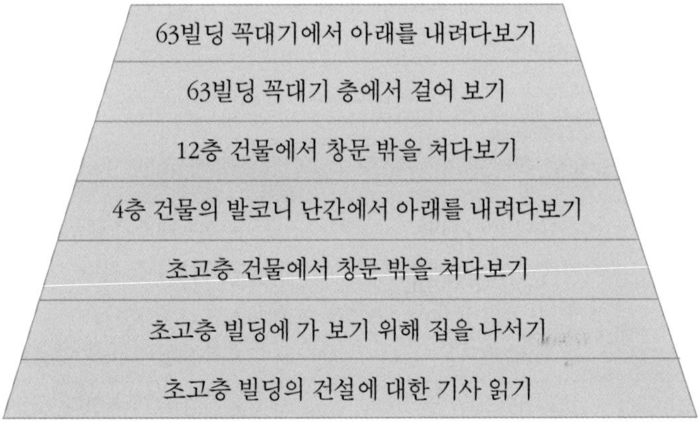

클라이언트의 근육이 완전히 이완된 상태에서 시작한다. 맨 아래에 있는 가장 덜 위협적인 장면에서부터 더 큰 불안을 야기하는 장면인 위쪽으로 점차 나아가면서 각 장면을 마음속에 떠올리게 한다.

[그림 3-1] 고소공포증 치료를 위해 체계적 둔감화에서 사용된 불안 위계 예시

이언트에게 불안을 일으키는 상황을 모두 열거하게 한 후, 가장 심하게 불안을 일으키는 상황을 제일 위에 두고 가장 낮은 불안을 일으키는 상황을 제일 밑에 두어 불안을 느끼는 정도에 따라 그 순서대로 불안의 위계를 작성한다([그림 3-1] 참조). 3단계에서는 근육을 이완하도록 한 후 가장 약한 불안을 야기하는 상황에서부터 차례로 상상하도록 하여 불안 유발 자극을 제시한 다음 근육 이완에 의해 불안을 제거하는 것이다. 체계적 둔감화 기법은 객관적 위협이나 위험이 없는데도 심한 불안을 느끼는 클라이언트를 대상으로 한다. 각종 불안증, 공포증, 말더듬, 성적 불안증, 여러 가지 신경증적 증상을 가진 클라이언트에게 적용할 수 있다(이현림, 2008).

5. 사례

이 절에서는 Ellis의 합리적 정서행동 모델을 활용한 인지행동 개입 사례를 소개하고자 한다. 합리적 정서행동 모델에서는 선행사건(Antecedents: A)인 스트레스 상황에서 비합리적 신념(Belief: B)을 가지면 부정적 결과(Consequences: C)가 초래되는 반면, 논박(Dispute: D)을 통해 비합리적 신념을 합리적 신념(B')으로 바꾸면 효과적인 결과(Effect: E)가 초래된다고 설명한다.

〈표 3-5〉는 기한 내에 과제물을 제출하지 못해 스트레스를 받는 상황과 식사 때마다 자신이 식사 값을 지불하는 것에 대해 스트레스를 받는 학생에 관한 예시로서, 각각의 과정에서 클라이언트가 느끼는 행동과 정서, 비합리적 신념을 보여 준다.

클라이언트의 비합리적 신념을 합리적 신념으로 바꾸는 개입 과정에서 해야 할 첫 단계는 클라이언트가 주로 사용하는 당위적 사고(자동적 사고)를 확인하는 것이다. '항상/결코 사고', '끔찍할 것이라는 사고', '견딜 수 없다는 사고' 등을 파악하고 스스로 인식하게 한다. 비합리적 신념을 합리적 신념으로 바꾸

표 3-5 스트레스 사건, 결과 및 비합리적 신념 예시

스트레스 사건(A)	스트레스로 인한 결과(C)		비합리적 신념(B)
지정된 기간 내에 과제물을 제출하지 못하였다.	정서	• 불안하고 초조하다. • 죄책감이 든다. • 좌절감이 든다. • 모든 일에 무기력해진다.	과제는 항상 완벽하게 잘해야 해! 그렇지 않으면 나는 무능한 사람이고 교수님에게 인정받지 못할 거야!
	행동	• 수업을 아예 빠져 버린다. • 과제물 제출을 포기한다. • 교수님을 피해 다닌다.	
식사 때마다 돈을 내지 않으려는 친구가 오늘도 식사 후 나에게 계산을 미루었다.	정서	• 화가 치민다. • 억울하다. • 짜증이 난다. • 자신이 바보처럼 느껴진다.	친구가 매번 돈을 내지 않은 것은 불공평해, 공평한 대우를 받아야지, 그렇지 않으면 참을 수 가 없어!
	행동	• 꾹 참으며 돈을 낸다. • 다른 사람에게 친구 흉을 본다. • 나와서 다른 일에 괜히 신경질을 낸다. • 그 친구를 피해 다닌다.	

기 위해 실시하는 핵심 활동인 논박을 할 때에는 하나의 사고에 대해 깊게, 집중적으로 충분히 논박하는 것이 필요하다. '비합리적 사고가 과연 논리적인가?', '현실적인 증거가 있는가?', '자신의 삶에 실제적으로 어떤 도움을 주는가?' 이를 고려하여 하나씩 점검해 나간다. 일단 사회복지사가 성공적으로 비합리적 신념을 논박하였다면 다른 어떤 합리적 신념이 가능한지 클라이언트와 논의하여 비합리적 신념과 대치하도록 한다(〈표 3-6〉 참조).

표 3-6 비합리적 신념에 대한 논박과 합리적 신념 예시

비합리적 신념(B)	논박(D)	합리적 신념(B')
과제는 항상 완벽하게 잘해야 해! 그렇지 않으면 나는 무능한 사람이고 교수님에게 인정받지 못할 거야!	• 왜 항상 완벽해야 하는가? • 한 번쯤 과제를 제대로 하지 못했다고 해서 끝장난다는 증거가 어디 있는가? • 완벽하게 해야 한다는 생각은 나의 정서와 행동에 어떤 영향을 미치는가?	• 어떤 사람도 모든 일을 항상 완벽하게 할 수는 없어. • 과제를 잘해서 제때 제출하면 좋겠지만 그렇지 못했다고 해서 인생이 끝나는 것은 아니야. 과제하는 과정에서 최선을 다하는 것이 더 중요해. • 차분히 생각해 보자. 어떻게 하면 다음에는 더 잘할 수 있을까?
친구가 항상 돈을 내지 않는 것은 불공평해, 공평한 대우를 받아야지, 그렇지 않으면 참을 수가 없어!	• 왜 손해 보면 안 되는가? • 항상 공평한 대우를 받아야 한다는 증거는 어디 있는가? • 내가 돈을 냈다고 해서 그것이 그렇게 참을 수 없는 일인가?	• 손해 보지 않고 세상을 살면 좋겠지만 때로는 손해 볼 수도 있는 거야. • 친구가 나에게 부당하게 대우한다고 해서 그것이 참기 힘들 정도로 심한 일은 아니야. • 이 일을 계속 생각하는 것은 화만 돋울 뿐이지. 어떻게 하면 상황이 더 나아질 수 있을까?

제4장

해결중심 모델

1. 개요

해결중심단기치료(Solution-focused Brief Therapy)는 1980년대 이후 Insoo Berg와 de Shazer가 이끄는 가족치료 팀에 의해 시작된 모델로, 근대주의를 기초로 하는 가족치료 이론의 한계를 지적하고, 포스트모더니즘과 사회구성주의의 영향을 받아 새로운 관점을 제시하며 등장하였다.

해결중심단기치료의 산실인 단기가족치료센터는 1978년 미국 위스콘신주의 밀워키에 설립되었으며, 이곳에서 개발된 치료 모델을 1982년에 해결중심단기치료라고 부르기 시작하는데, 이 이 이름은 클라이언트가 이미 '문제가 나타나지 않은 예외 상황', 즉 해결책을 갖고 있음을 발견하면서 붙여졌다(Kim, 2007). 이 모델은 문제를 진단하고 원인을 찾는 전통적인 의료적 패러다임의 문제 중심의 관점에서 벗어나 문제해결에 초점을 두며, 내담자를 병리적으로 진단하지 않고, 문제해결의 해결책 역시 내담자가 가지고 있다고 믿는다.

일반체계이론을 기초로 하고 있는 전통적 가족치료 이론 모델이 주로 핵가족체계를 분석 단위로 하였으며, 남성 중심적으로 설명하였고, 인종, 계층, 종족, 성차별 그리고 편모가족, 입양가족, 재혼가족 등의 다양한 가족 형태에는 관심이 적었으며, 각 이론 모델이 개발하고 발전시킨 준거틀을 근거로 사정, 진단하고 분석하였다는 점을 비판하였다. 사회구성주의의 영향을 받은 해결중심 모델은 가족을 이론가나 치료자의 일방적인 기준으로 진단하지 않으며, 각자 가족의 사회계층, 인종, 각자 가족의 문화를 고려하며 클라이언트 각자가 강점, 즉 자기 문제해결에 필요한 지식과 자원 그리고 해결책을 가지고 있다고 본다. 여기서 해결책이란 지각과 상호작용의 변화를 의미하며, 개입의 과정은 상담자와 클라이언트가 함께 클라이언트의 문제에 가장 좋은 답을 만들기 위해 대화하는 것이다. 상담자는 클라이언트가 현 상황을 다른 각도에서 볼 수 있도록 도와주고, 이미 클라이언트의 생활에 일어나고 있는 해결책의 실마리를 찾도록 해결중심 기법을 사용한다.

미국의 경우, 해결중심 모델은 경제적으로 빈곤한 클라이언트, 법원에서 의뢰해서 오는 비자발적인 클라이언트, 마약·알코올중독자, 성학대 피해 자 등의 심각한 문제를 가진 클라이언트에게 매우 효과적임이 밝혀지고 있다(정순둘 외, 2011). 우리나라의 경우, 해결중심 모델은 부부갈등, 아동기·청소년기에 있는 자녀문제, 알코올중독, 금연, 가정폭력 등 다양한 대상에 적용되고 있고, 해결중심집단치료의 경우에도 비행청소년, 저소득층 여성, 알코올중독자, 노숙자 등 다양한 대상에게 집단상담을 실시하고, 이에 대한 효과성 연구가 이루어진 것으로 나타나고 있다(정순둘 외, 2011).

2. 주요 개념과 원리

1) 주요 개념

(1) 사회구성주의

사회구성주의는 사람들이 사실을 보는 관점과 과정을 설명하고 있으며, 개인이 알고 있는 현실은 사회적 상호작용을 통해 구성된 것이라고 보는 인식론적 관점이다.

Gergen(1999)은 "사람의 정신이 현실을 구성하며, 이 구성은 외부 세상과 의 체계적인 관계 속에서 이루어진다."라고 구성주의를 설명한다. 개인의 세상에 대한 지식과 세상에 대해 부여하는 의미는 결국 개인의 정신이 구성해 낸 것이라는 의미다.

사회구성주의는 현실 구성에서 주요 역할을 하는 것은 개인의 정신보다 사회적 과정이라고 주장한다. 구성주의에서는 인간을 배경적인 것에 상관없이 통일되고 안정된 실체로 보지만, 사회구성주의는 인간을 유동적이며 관계나 배경 안에서 일어나는 변화에 반응하는 존재로 본다(김유숙, 2002).

표 4-1 사회구성주의의 영향

사회구성주의	해결중심 모델
클라이언트와 상담자는 언어를 사용하여 현실을 구성한다.	해결중심 모델에서 상담자는 언어와 소크라테스의 질문법을 사용하여 클라이언트와 함께 목표를 세우고, 클라이언트의 강점을 활용하여 문제를 협력적으로 해결하려 노력한다.
보편적인 진실은 존재하지 않으며 사실은 사회가 구성한다.	클라이언트를 독특한 개인으로 보며 클라이언트의 현실에 대한 인식과 정의는 다양하다고 보고, 상담자는 클라이인드가 자신의 관점에서 자신의 문제를 보고 자신만의 독특한 해결책을 찾도록 도와주는 역할을 한다.

클라이언트가 해결중심적인 언어게임을 구성하도록 돕는다.	클라이언트가 문제 중심의 이야기에서 벗어나 자신에 대한 새로운 이야기를 만들 수 있도록 돕는다.
상담자는 '한 단계 아래의 자세'를 취한다.	구성주의 입장에서 인간은 감정적으로 느끼고 비합리적인 행동을 하는 복합적인 구성물이다. 치료적 관점에서 볼 때 학문적 지식이 일상의 지식을 모두 포함할 수 없으며, 전문적 지식으로 상담자가 클라이언트의 세계를 분석하고 평가하고 정답을 제시하는 일은 불가능하다.
클라이언트와 상담자의 협력을 중요시한다.	클라이언트를 존중하는 태도로 대하며 클라이언트를 문제를 해결할 수 있는 전문가라고 믿는다.

출처: 정문자 외(2008).

(2) 강점관점

강점관점에서 보는 인간행동의 기본 특성은 장기간 심각한 문제를 가진 사람의 경우일지라도 인간에게는 항상 변화가 일어난다는 점이다. 대부분의 사람은 문제를 가지되 문제의 빈도, 강도, 심각도 면에서 오르내림을 경험하며, 심지어 문제가 전혀 없을 때가 있기도 하다. 그런 때는 '무엇이 다른가? 상황을 개선하기 위해 클라이언트가 무엇을 하였는가? 문제가 감소되거나 없을 때에는 클라이언트의 환경이나 중요한 대인관계가 어떻게 다른가?' 등을 고려하여 문제가 더 이상 문제가 아닐 수 있도록 만들어 주는 바람직한 변화를 가져올 해결책이 있다면 그 해결책을 확대하면 된다고 본다.

이처럼 강점관점은 전통적인 접근법에서 주장하는 변화 또는 문제해결에 대한 패러다임을 적용하지 않을 뿐 아니라, 문제 중심의 접근법이 아닌 새로운 차원에서의 접근법을 시도할 수 있는 근거를 제시한다(송성자, 2003).

사실상 사회복지에서는 전통적으로 클라이언트의 결함을 고침으로써 문제를 해결하는 것 이외에도 클라이언트가 변화 과정에서 활용될 수 있는 강점, 자원, 역량을 소유하고 있다고 가정해 왔다. 예를 들면, Richimond는 개별 사회사업에 관한 책(1992)에서 클라이언트와 주변 환경의 강점, 자원, 장점에 대해 논하고 있다. 전통적인 사회복지실천의 모델인 심리사회 모델에서 환경 속의 개인이라는 관점은 클라이언트의 문제를 개인이 가진 결함의 결과로만 보는 것이 아니라, 개인이 속한 환경, 즉 클라이언트의 사회기능 향상에 중점을 두어 왔다.[1]

강점관점의 주요 개념들은 개인의 다양한 견해, 관점, 의미, 경험 등을 존중한다.

상담자는 클라이언트의 견해, 관점, 의미, 경험 등을 중요시하며, 자신이 클라이언트를 전적으로 알지 못한다는 사실을 알고 인정하려고 노력한다. 그렇기 때문에 상담자의 지식이나 사정 기술보다는 클라이언트의 경험과 지식, 강점과 자원을 기초로 문제해결의 동기를 강화시키고 능력을 향상시킨다. 해결중심 접근에의 강점관점 활용은 다음과 같다(정문자 외, 2008).

① 클라이언트의 강점과 자원을 존중하고 치료과정에서 활용한다.
② 문제와 강점에 대한 클라이언트의 의미 변화에 초점을 둔다.
③ 강점의 발견은 협동적 관계 형성과 동기 강화를 돕는다.
④ 질문의 목적을 분명하게 하고 질문기법을 사용한다.
⑤ 강점과 자원을 사정하고 치료과정을 평가한다.

2) 기본 원리

해결중심 모델의 기본 원리는 다음과 같은 구체적인 가정과 철학을 기초로 하여 만들어졌다(Trepper et al., 2008).

1) 환경 속에서 클라이언트의 강점(소질, 자원, 능력)을 활용하는 것이 중요함을 강조하는 조기 사회복지실천에도 불구하고, 1915년 Flexner의 사회복지사의 전문직 비판과 함께 많은 사회복지사가 의료 모델을 가까이 하게 되었다. 의료 모델은 문제가 클라이언트 내부의 결함과 병리로 인하여 생겨난다고 보았으며, 따라서 결함과 병리는 고쳐지고 치유될 필요가 있음을 강조한다.

① 클라이언트의 성공했던 경험에 일차적 초점을 둔다. 장점과 자원, 능력이 클라이언트의 결함이나 장애에 비하여 부각된다. 이는 상담자가 아닌 클라이언트에게 문제해결의 답이 있다는 것을 의미한다.

② 문제의 원인과 문제의 진행 과정보다는 해결 방안의 구축 과정에 초점을 둔다. 이미 클라이언트는 문제해결을 위해 필요한 것을 알고 있으며, 상담자는 클라이언트가 이미 가지고 있는 지식과 기술, 믿음, 동기, 개인적 특성, 강점, 사회지지망, 환경 등을 사용하여 해결 구축을 돕는다. 또한 문제 관련 정보수집에 오랜 시간이 걸리지 않으므로 개입 기간을 줄일 수 있는 이점이 있다.

③ 탈이론적 · 비규범적이며 클라이언트의 견해를 존중한다. 상담자는 클라이언트의 독특한 개성과 욕구에 충실해야 하며, 철저히 클라이언트 중심에서 해결책을 구축한다. 따라서 상담자와 클라이언트 사이에서 생길 수 있는 저항이 없다.

④ 변화는 클라이언트의 삶의 일부이기 때문에 항상 일어나며, 그 변화는 막을 수가 없다. 어떠한 문제라도 발생하지 않을 때가 있다. 문제가 발생하지 않는 예외 상황에 대한 이유를 파악함으로써 클라이언트가 가진 장점을 파악한다.

⑤ 변화는 연쇄적이다. 작은 변화는 큰 변화를 가져오고 해결을 위한 출발이 된다. 작은 변화는 큰 변화를 위한 출발이 되므로 상담자는 가장 단순하고 작은 것부터 시작한다.

⑥ 과거보다는 현재와 미래를 강조한다. 클라이언트의 과거와 문제에 관여하는 관심이 적고 미래와 해결 방안 구축에 관심을 집중한다.

⑦ 클라이언트에게 무엇을 하라고 지시하기보다는 질문을 한다. 질문은 의사소통 방법이며 개입 수단이다. 상담자와 클라이언트가 함께 해결 방안을 발견하고 구축하는 과정에서 목표 성취를 위해 클라이언트의 자율적인 협력을 중요시한다.

⑧ 의미와 경험은 상호작용 속에서 만들어진다. 메시지가 전달하는 의미는 우리가 받는 반응인 것이고, 우리가 받는 반응은 메시지의 의미다.

⑨ 클라이언트는 자신의 문제와 해결을 위한 전문가다. 클라이언트가 자신이 어떤 변화를 원하는지 답을 가지고 있으므로 치료 목적은 클라이언트가 원하는 것이어야 한다.

⑩ 상담자는 무지의 자세를 취한다. '현실'에 대하여 클라이언트가 가지고 있는 신념과 의미들에 대해서 상담자가 알지 못함을 강조한다. 상담자는 클라이언트의 관점, 전제, 의미 부여 등에 대해서 대화를 통하지 않고서는 미리 알지 못한다.

⑪ 해결책이 반드시 문제와 직접 관련되어 있지는 않다.[2]

3) 기존 접근법과의 차이

전통적인 상담은 20세기 초 의료 모델의 영향으로 문제와 해결책 간에는 필연적인 관련이 있다고 믿는 문제해결 모델에 바탕을 두고 있다. 그러나 해결중심 모델은 문제와는 별개로 해결책에 관심을 둔다. 따라서 다음과 같은 차이점을 가진다.

첫째, 기존 상담 접근에서는 문제와 해결책 사이에 필수적인 관계가 있다고 보기 때문에 문제의 진단에 관심을 갖고, 상담자는 클라이언트의 문제에 대한 정확한 진단과 사정이 중요하므로 진단기준이나 평가틀을 필요로 한다. 반면, 해결중심 모델에서는 문제 사정보다는 클라이언트의 강점이나 예외에 대한 탐색이 클라이언트의 문제해결 능력을 향상시킨다고 본다.

2) '문제 중심 접근'에 의하면, 문제와 해결책 간에는 논리적으로 일관적인 관계가 있어야 한다. 그러나 해결중심 모델은 그러한 논리가 현실의 삶에서 적용되지 않는 수많은 사례에 직면했고 이 연결관계가 작용하지 않을 수 있음을 전제한다.

둘째, 기존 상담 접근에서는 문제에 대한 정보가 많을수록 유익하다는 관점 때문에 문제와 관련된 개인력이나 사회력 조사에 많은 시간을 할애한다. 반면, 해결중심 모델은 문제와 관련된 개인력이나 사회력 조사를 최소화하고 문제가 해결된 예외 상황이나 문제가 없었던 때에 관하여 질문함으로써 문제해결로 직접 들어가게 된다.

셋째, 기존 상담 접근은 문제의 원인과 과거에 관심을 두는 반면, 해결중심 모델은 원인보다 변화에 초점을 두며 과거에 대한 관심이 아니라 미래에 관심을 둔다.

표 4-2 기존 상담 접근과 해결중심 모델 비교

기존 상담 접근	해결중심 모델
손상/결점을 찾음	자신감/능력을 찾음
병리를 발견하는 데 초점을 둠	건강/복지를 증진하는 데 초점을 둠
인간은 악하고, 숨겨진 의도를 가지고 있으며, 반항적이라는 믿음	인간은 선한 의도를 소유하고 협조적이라는 믿음
상담자가 치료를 행하는 것에 초점	큰 변화로 이끌어 줄 수 있는 작은 변화를 창조하는 데 초점
상담자는 '전문가'	치료는 협동적인 것: 상담자와 클라이언트 모두 전문가
과거/과거사에 초점	현재와 미래에 초점
상담자는 감정 표현을 변화에 필요한 것으로 강조	상담자는 감정 경험 자체를 중요시함
상담자는 왜 문제가 생겼는지를 진단함	상담자는 변화를 지향함
정체성 문제나 성격문제를 찾는 데 강조점을 둠	행동과 과정 묘사에 강조점 둠

출처: Bertolino (2005).

3. 모델의 적용

해결중심 모델은 클라이언트의 목표에 초점을 두고 치료 회기의 영향을 클라이언트의 실제 생활에 확대하기 위하여 과제 부여를 활용한다는 점에서 다른 단기치료 모델들과 유사하다. 한편, 해결중심 모델은 치료적인 과정을 개념화하고 그러한 치료적인 과정들을 수행한다는 점에서 전통적인 심리치료나 다른 단기치료들과는 다르다(Berg & De Jong, 1996).

해결중심 모델은 내담자가 어떠한 종류의 문제를 가지고 오는지와 상관없이 공통적인 치료과정을 적용한다. 해결중심단기치료는 문제를 진단하고 치료하는 데 초점이 있는 것이 아니라, 내담자가 문제를 해결하는 과정에 초점을 두는 접근이다. 치료과정에서는 언어를 사용하며, 이 모델의 치료과정은 초기면담과 그 이후의 면담으로 구분한다(정순둘, 2011).

초기 면담의 1단계는 라포 형성을 하고, 치료자-내담자 관계를 사정하는 것이다. 치료 진행과정과 과제 부여를 위하여 상담자 치료자 관계를 고객형, 불평형, 방문형으로 구분하여 사정한다. 고객형 관계는 내담자와 치료자가 함께 불평이나 치료의 목표를 밝혀냈을 때 맺어지는 관계다. 내담자는 자신을 문제해결의 일부로 생각하고 문제해결을 위해 무엇인가를 할 의지가 있다. '불평형'의 관계는 치료자와 내담자가 함께 치료 목표 또는 불평을 찾아내기는 하지만, 내담자가 스스로 해결을 가져오는 데 필요한 어떠한 것도 구체적으로 밝혀내지 못할 경우에 일어난다. 불평형의 내담자는 자신이 해결의 실마리를 쥐고 있다고 보지 않으며, 실제로 해결책은 본인이 아닌 다른 사람이 변화함으로써만 올 수 있다고 믿고 있다. '방문형' 관계는 두 사람이 공동으로 문제 또는 상담의 목표를 발견할 수 없을 때 형성되는 관계로 치료의 막바지에 이르러서도 치료자와 내담자가 함께 다루어야 할 불평이나 치료목표를 밝히지 못한 경우에 일어난다(Berg & Miller, 1995).

초기 면담의 2단계는 해결중심적인 목표 설정이다. 해결중심단기치료의 목표 설정은 다음의 7가지 원칙에 기초하고 있다(Berg & Miller, 1995). ① 내담자에게 중요한 것을 목표로 한다, ② 작은 것을 목표로 한다, ③ 구체적이고 행동적인 것을 목표로 한다, ④ 없는 것보다 있는 것에 관심을 둔다, ⑤ 목표를 종식보다 시작으로 간주한다, ⑥ 내담자의 생활에서 현실적이고 성취 가능한 것을 목표로 한다, ⑦ 목표 수행은 힘든 것이라고 인지하도록 한다.

3단계는 해결지향적인 질문을 통해 해결 방안을 구축하는 것이다. 이 질문기법은 내담자가 문제를 보는 견해에 영향을 주고, 자신의 잠재능력과 자원을 활용할 수 있도록 하며, 성공적이었던 경험을 기억해 내도록 돕는다(Berg & Miller, 1995) 질문은 언어게임에 적합한 것이어야 하며, 언어게임은 변화가 가능할 뿐 아니라 이미 변화가 일어나고 있다는 것을 내담자에게 설득하기 위하여 계획적으로 언어를 사용하는 것을 의미한다.

4단계는 치료자팀의 메시지 작성과 전달이다. 밀워키의 단기가족치료센터에서는 치료실과 관찰실에서 만든 인터폰 시스템을 사용하고, 치료시간은 전체 60분으로 먼저 40분 정도 면담한 후, 10분 정도 중단하고 동료치료팀과 함께 치료적 제시지를 작성한다. 이 제시지의 구조는 칭찬, 연결문, 과제의 세부분으로 구성되어 있다(De Jong & Berg, 1999).

2회의 상담부터는 첫 상담 이후 조금이라도 나아지거나 변화된 점에 초점을 둔다. 구체적으로 무엇이 나아졌는지 이끌어 내고, 나아진 것을 확장시키며, 강화하고, 또 다른 나아진 것에 대하여 묻는 식으로 진행한다. 변화가 없다고 하면 작은 변화라도 찾아보게 하면서 변화의 파급효과가 나타나도록 한다(정문자 외, 2006).

4. 주요 기법

de Shazer는 치료과정에서 언어의 사용과 클라이언트가 부여하는 의미에 관심을 두고 언어게임의 개념을 기초로 해결중심 과정을 설명한다. 언어게임의 과정에서는 질문 자체를 개입방법으로 본다. 질문을 통해 주제, 내용, 의미 등 대화의 초점을 바꿀 수 있을 뿐 아니라, 질문을 통한 소통으로 새로운 가능성 및 잠재적인 해석, 능력, 자원 등을 스스로 발견하게 한다고 본다.

1) 협력의 언어 사용하기

사실상 사회복지사는 '돕는 전문직'으로 간주되었다. 도움을 준다는 것은 도움을 받는 사람에게 어떤 측면에서 부족함이 있다는 사실을 함축한다. 사회복지사가 "어떻게 제가 당신을 도울 수 있을까요?" 또는 "어떠한 종류의 도움을 받기를 원하시나요?"와 같은 질문으로 면담을 시작할 때, 클라이언트 스스로가 자신에 대해 갖고 있는 이미지는 무기력하고 부족하며 무능력한 것으로 강화될 수 있다.

해결중심 모델에서는 사회복지사가 '원조'라는 용어를 쓰는 대신에 '협력'이라는 용어를 사용하도록 한다. 협력이라는 용어를 강조하는 것은 클라이언트가 상담자보다 그들 스스로의 개인적 경험에 대해 더 잘 알고 있다고 믿기 때문이다. 그러므로 원조 제공이라는 용어를 사용하는 대신에 상담자는 다음과 같은 질문을 하면서 상담을 시작할 수 있다. "오늘 무엇을 원하십니까?", "오늘 이야기하고 싶은 관심사는 무엇입니까?", "원하시는 것을 이루시려면 우리가 함께 무엇을 할 수 있을까요?" 이와 같은 질문은 클라이언트를 협력적 과정에서 동등한 참여자로서 존중하는 것이다. 결론적으로 협력이라는 용어를 사용하는 것은 또한 클라이언트의 자기주체감과 역량을 강화시킬 수 있다.

2) 알고자 하는 자세 취하기

치료적 상황에서 상담자는 본래 한 단계 위의 권위적 위치에 있고 클라이언트는 그들이 전문적 상담을 요청한 문제를 지녔다는 그 이유로 한 단계 낮은 위치에 있다고 느끼게 된다. 알고자 하는 자세를 취한다는 것은 전문가로 서의 현실을 고수하는 것을 포기하는 것이며, 클라이언트의 의미체계에 대해 호기심을 가지고 열린 마음을 갖는 것을 의미한다.

3) 질문기법

해결중심 모델은 '말하는 치료'로서 클라이언트의 강점, 장점, 자원 등을 사정할 수 있는 새로운 질문들을 제시한다.

해결중심 모델에서는 문제와 문제를 해결하는 과정에 가족이 능동적으로 참여하도록 하는 과정 자체를 치료적 개입으로 본다. 치료과정에서 상담자 가 어떻게 질문하느냐에 따라 클라이언트의 문제와 해결에 관한 관점, 잠재적 문제해결 능력 계발과 상담목표 달성 정도가 달라질 수 있다고 믿기 때문이다. 따라서 상담자는 클라이언트의 문제해결에 유용한 질문을 선택해야 하며, 질문을 통해 클라이언트가 자신의 목표를 발전시켜 가도록 도와야 한다. 그러므로 상담자는 효과적인 질문을 통하여 클라이언트의 힘과 자원을 이용할 수 있도록 해야 한다.

(1) 첫 상담 회기 전에 일어난 변화에 대한 질문

상담 약속을 할 때, 클라이언트에게 약속한 시간과 첫 상담 사이에 어떤 변화가 있는지 주목해 보라고 요청한다. 그리고 첫 상담 시간에는 이러한 이른 변화들이 무엇이었는지 질문한다. 상담 회기 전의 변화를 인정함으로써 클라이언트가 이미 변화를 시작한 것을 구축해 갈 수 있다. 클라이언트는 해결책

구축에 도움이 될 수 있는 전략, 신념, 가치와 기술들에 대한 단서들을 상담자에게 제시할 것이다. 이 빠른 출발은 변화의 과정을 가속화하도록 돕고 상담 기간을 단축할 가능성을 높여 준다. 상담 약속을 하고 상담에 오기까지의 기간 동안에 일어난 변화는 클라이언트에게 힘을 실어 준다. 그 변화는 상담자와는 독립적으로 일어났고, 그러므로 그 명예도 순전히 클라이언트의 몫이기 때문이다.

예시

"우리의 경험에 의하면 처음 상담을 약속했을 때와 상담을 받으러 오기까지의 시간 동안에 어려운 상황이 좀 나아졌다거나, 어떤 변화라도 경험하였습니까?"

(2) 예외 상황 찾기 질문

이는 성공했던 경험과 현재 잘하고 있는 것을 발견하는 질문이다. 클라이언트가 문제에 대한 예외, 즉 문제가 일어나지 않았을 때 혹은 잘 해낸 경우를 찾도록 한다. 이것은 클라이언트의 삶의 다른 영역에도 적용할 수 있는 해결책 혹은 유사한 상황에서 사용된 과거의 해결책을 찾는 것에 도움이 된다.

예시

- "최근에 문제가 발생하지 않았던 때는 언제입니까?"
- "문제가 발생하지 않았다는 것을 어떻게 아시나요?"
- "문제가 발생하는 상황과 발생하지 않은 상황에 차이점은 무엇인가요?"
- "문제가 발생하지 않을 때 무엇을 하시나요?"

(3) 관계 질문

면접 전 상황부터 이후 상황까지 폭넓게 사용될 수 있는 것으로 가족 구성원 간의 관계 양식과 반응을 알고자 하는 질문이다. 가족이 상황에서 어떻게 서로 반응하는지 상호작용과 관계성을 잘 알 수 있다.

예시

"당신 어머니께서 여기 계시다고 가정하고, 제가 어머니께 당신의 문제가 해결되면 무엇이 달라지겠느냐고 묻는다면 어머니께서는 뭐라고 말씀하실까요?"

(4) 기적 질문

전형적으로 첫 상담 회기에 사용되는 핵심적인 질문이나, 다음 회기에서도 사용될 수 있다. 기적 질문은 해결책과 자원을 규명하고, 실재적 용어로 클라이언트의 목표를 명확하게 하는 데 도움이 될 수 있다. 현실 변화의 구축 이 되며, 가능성에 대한 자기상을 형성해 주는 것이다. 이 질문은 만약 문제가 해결되거나 더 나아진다면, 클라이언트가 자신의 삶이 그렇게 될 것이라고 분명하고 명확히 말해 보도록 도와주는 미래 지향적인 질문이다.

예시

"자, 이제 이상한 질문 하나를 할 텐데요, 상상력을 발휘하여야 하실 것 같습니다. 만약 오늘밤 당신이 잠들고 집안이 조용한데 기적이 일어났다고 생각해 봅시다. 그 기적은 당신으로 하여금 여기에 오도록 만든 그 문제가 해결되는 것입니다. 하지만 당신은 잠들어 있었기 때문에 기적이 일어났다는 것을 모르고 있습니다. 자, 당신이 내일 아침에 깨어났을 때 무엇이 달라지면 당신은 기적이 일어나서 당신을 여기로 오게 한 문제가 해결되었다고 생각하시겠습니까? 어떻게 다르게 행동하고 있을까요? 기적이 이미 발생하고 있는 것을 아주 작은 신호가 무엇일까요?"

〈클라이언트 반응〉	〈상담자의 대처 방법〉
"잘 모르겠는데요."	"조용히 기다리면서 여기서 한번 생각해 보세요."
"기적은 없어요. 제 인생에서 너무나 오랫동안 상황이 나빴기 때문에 기적이 일어나지 않는다는 것을 제가 알아요."	"그러면 기적이 일어났다고 생각해 보세요. 아주 작은 일이라도요.".
문제 중심(문제가 얼마나 고통스럽고 어려운가를 이야기하려고 함)	"기적 대신에 문제가 해결되었거나, 덜 심각해질 경우 생활이 어떻게 달라질까요?"

[그림 4-1] 기적 질문에 대한 클라이언트의 다양한 반응과 대처 방법

(5) 척도 질문

척도 질문은 처음에 구체적인 행동 변화나 목적을 규명하기 모호한 주제에 대해 클라이언트가 이야기하는 것을 도와주기 위해 발달된 것이다.

이는 수치로 그 정도를 표현하며, 상담자는 클라이언트에게 0에서 10까지의 척도를 사용한다. 10은 기적이 일어난 후의 아침을 나타내는 것이고, 0은 문제가 최악이었을 때 혹은 클라이언트가 상담을 받기 전에 작은 목표를 세우고, 진전을 측정하며, 행동의 우선순위를 설정하도록 돕는 것이다. 척도 질문은 또한 클라이언트의 동기와 확신을 평가한다. 척도는 클라이언트가 각 상담 회기 간에 사용할 수 있는 실용적인 도구다. 숫자의 사용은 순전히 임의적인 것

표 4-3 척도 질문 예시

영역	질문
문제 해결에 관한 전망	• 1부터 10까지 있는 척도에서 10은 문제가 해결되었다고 확신하는 것을 말하고, 1은 문제가 가장 심각한 때를 말합니다. 오늘은 몇 점에 해당하나요? • 현재의 상태를 5라고 하고, 6으로 변화하려면 무엇이 좀 달라져야 할 것 같은가요?

동기	• 이 문제를 해결하기 위해 어느 정도 노력할 수 있나요? • 남편은 당신이 어느 정도 노력할 것이라고 말할까요?
자아존중감	• 10을 당신이 이상적으로 생각하는 사람이라고 하고 1을 최악의 상태라고 한다면, 지금 당신의 상태는 어느 정도 인가요? • 1점이 향상되었을 때 당신은 가장 먼저 어떤 감정을 느낄까요?
진전 상태 평가	• 10을 목표가 성취된(기적이 실현된) 상태라 하고 1을 처음 치료하러 온 상태라 한다면, 오늘의 상태는 몇 점인가요? • 1점을 높이기 위해 무엇을 다르게 행동해야 할까요?
관계 평가	• 남편이 결혼생활을 지속하고 싶은 정도는 몇 점이라고 말할까요? • 당신이 결혼생활을 지속하기 원하는 것은 몇 점인가요?

으로, 단지 클라이언트만이 그것들이 정말로 의미하는 바를 알 수 있다.

(6) 대처 질문

클라이언트의 관심을 불행으로부터 끌어내어, 그런 고통스러운 상황 속에서 생존하기 위해 자신이 하고 있는 일이 무엇인지에 초점을 맞추는 질문이다. 주로 극복 질문이라고도 하며, 어려움과 위기에 관련된 것이다.

예시

- "당신은 그 어려운 상황 속에서 그런 날을 어떻게 견뎌 내셨나요?"
- "어떻게 그렇게 오랫동안 잘 대처해 올 수 있었나요?"
- "어떻게 더 나빠지지 않았나요?"

4) 과제 주기

해결중심 모델에서는 클라이언트와 상담자 관계 유형에 따라 과제를 다르게 줄 뿐만 아니라 기적에 관한 질문에 분명한 답을 하는가, 그리고 예외적 상황이 있는가, 그 예외는 우연히 발생하는 것인가 아니면 의도적인 노력의 결과인가에 따라 다르게 과제를 준다.

표 4-4 상담자와 클라이언트의 관계 유형

유형	특성	과제
방문형	주로 타인에 의해서 치료에 보내진 경우로 자신의 문제에 대한 의식이 없으므로 변화하고자 하는 동기가 매우 약한 편이다. 상담자는 먼저 겸손하고 성실한 태도를 취하고 타의에 의해서 방문했지만 상담소에 온 것 자체를 칭찬한다. 또 만약 여기에 오지 않았다면 무슨 일이 생길 수 있고, 어떤 어려움이 있는지 함께 나눈다. 중요한 것은 클라이언트의 동기와 문제에 대한 인식을 스스로 알 수 있도록 협조해 주는 태도다.	과제 없음(클라이언트의 의사 결정을 존중해 주고 자율성을 인정해 주며 과제를 부여하지 않고 다음 만남에 대하여 이야기한다. 상담자가 클라이언트를 배려하고 인간적으로 인정해 주고 클라이언트와 한 팀이라는 것을 보여 줄 때 클라이언트는 다음 치료 모임에서 불평형 혹은 고객형으로 변할 수 있다.)
불평형	문제의 내용은 잘 알지만 문제를 자기 책임이 아니라 남의 책임으로 돌리는 유형으로 문제의 해결을 위해 자신보다는 다른 사람이 변해야 한다는 입장이다. 이 가족은 증상을 보이는 가족 구성원 때문에 자신이 희생되었다고 생각하여 자신의 힘든 입장과 역할에 대해 이해받기를 원한다. 그들은 자신의 위치나 역할을 변화시켜야 한다고 생각하지 않는다. 따라서 상담자는 이러한 가족을 치료받아야 할 대상이라기보다는 치료에 활용할 수 있는 자원으로 생각한다. 이들 가족의 생각을 바꾸기 위해서는 토론을 피하고, 스스로 자기 문제의 주인임을 깨닫도록 부드럽게 이끈다. 클라이언트 자신이 해결의 주체임을 인정하기 선까지 해결책을 제시하는 것은 삼가야 하고 문제 상황을 좀 더 다른 관점에서 관찰하고 깊이 생각할 수 있는 과제가 효과적이다.	생각하고 관찰하는 과제를 준다. 기적 질문에 분명한 대답을 하고 예외적 상황이 의도적으로 분명하게 일어난 클라이언트에게는 다른 사람의 예외적인 행동을 관찰하고, 무엇이 다르며, 어떤 일이 일어났는지에 대해 알아 오게 한다. 기적 질문에는 분명한 대답을 하지만 예외적인 상황이 불분명한 클라이언트에게는 다음 회기 때까지 어떤 사람이 조금 개선된 행동을 하는지 관찰하고 오는 과제를 준다. 기적 질문과 예외 발견 질문에 대해 모두 불분명한 클라이언트에게는 다음 회기때까지 어떤 사람이 조금 개선된 행동을 하는지 관찰하고 오는 과제를 준다. 또한 이들에게는 면담 전의 질문을 한다. 즉, 다음 회기 때까지 가족 내에서 어떤 것이 개선되었나를 관찰하는 과제를 준다.

고객형	문제를 분명히 인식하고 있고 변화를 위해 자발적인 동기와 적극성을 표현한다. 준비된 가족으로 구체적인 치료 목표와 해결책을 찾는 유형이며 자기 자신이 문제해결의 주인이라는 것도 잘 알고 있는 가족이다. 따라서 상담자와 협력적인 치료 관계로 쉽게 발전할 수 있고 상담자가 원하는 이상적인 관계 유형이다. 그러나 실제 이런 유형의 비율은 높지 않다.	행동 과제를 준다. 기적 질문과 예외적 상황에 대해 분명한 대답을 하고 의도적 노력으로 예외를 경험해 본 클라이언트에게는 그들이 원하는 것과 달성 방법도 알기 때문에 그 행동을 더 많이 하도록 하는 과제를 준다. 기적 질문에 분명한 대답을 하고 예외적 상황이 우연히 일어나거나 분명한 클라이언트에게는 다음 날이 좋은 날일지 나쁜 날일지 예측하거나 동전 던지기 방법으로 좋은 날과 나쁜 날을 지정하게 하여 좋은 날은 바람직한 행동을 하는 과제를 주고, 무엇이 다르고 어떻게 그런 일이 일어났는지에 대해 보고하도록 한다. 기적 질문에는 분명한 대답을 하지만 예외적 상황이 최근에 없다는 클라이언트에게는 날을 정해서 기적이 일어났다고 가정하고 다른 사람에게 말하지 않고 기적이 일어난 것처럼 행동하는 과제를 준다.

5. 사례[3)]

1) 내담자 부부의 인적 사항

남편은 운송업을 하는 정규직 사원이며, 40대 초반이다. 가정경제를 관리하고 있으며, 집안일을 잘 도와준다. 아내가 화가 나면 아들에게 감정적으로 대하는 것, 심한 고부갈등이 있는 것에 대하여 스트레스를 받는다. 또한 갈등이 있을 때마다 아내가 이혼을 언급하여 속상하다. 화가 나면 가출하는 아내의 생

3) 사례 출처: 최태수(2020). 해결중심상담치료의 효과에 관한 질적 사례연구. 한국복지상담실천학회지, 1, 139-164.

활패턴으로 안정적인 생활의 어려움을 호소하며, 결혼생활 유지의 마지막 기회로 상담을 선택하였다.

아내는 베트남 출신의 전업주부로 20대 후반이다. 한국말이 서툴지만 기본적인 의사소통은 가능하다. 한국 요리도 잘하며, 상대방의 말을 듣고 빨리 배워 사용하는 재치가 있다. 결혼 후 남편과 친정에 두 번 방문한 적이 있으며, 남편과 친밀한 관계를 원하나 정서적 거리감으로 외롭다고 느끼고 힘들어한다. 아들의 주 양육자로 아들과는 애착관계가 형성되어 있다고 느끼고 있다.

2) 내담자 부부의 강점 및 자원 탐색

- 남편의 강점: 부지런함과 성실함, 긍정성, 정직성, 높은 자존감, 자상함과 따뜻함, 객관적 입장 견지를 위한 노력
- 남편의 자원: 비교적 안정적인 직업과 경제 상황, 고향의 안정된 네트워크, 좋은 인간관계 맺기 능력, 가장으로서의 책임감, 형제와 친지들의 지지
- 아내의 강점: 적극적 태도와 적응력, 남편의 비폭력적 성품에 대한 신뢰, 순발력, 도전정신, 결단력, 자녀에 대한 애정과 관심, 밝고 명랑한 성격
- 아내의 자원: 언어습득 능력, 사회적 활동 욕구, 결혼 전 직장생활 경험, 남편의 지지, 동네에 형성된 동향 친구들, 친정의 지지, 한국에서 자녀 양육 원함, 육아에 대한 관심과 헌신

3) 내담자가 해결을 원하는 갈등 내용

(1) 남편의 입장

- 결혼생활 유지 여부: 툭하면 '이혼하자', '못 살아' 하는데 더는 못 봐주겠다. 계속 그러면 비행기 태워 보낼 거다.
- 어머니에 대한 예우: 연장자와 어머니에 대해 어려워하는 것이 없어 보인

다. 어머니가 몸도 안 좋은데, 잘해드렸으면 좋겠다.
- 원만한 대인관계: 베트남 친구들하고도 잘 지내지 않는데, 잘 지내면 좋겠다. 단순한 지인인 여자와의 관계에 대해서 툭하면 오해하고 소리를 지른다.
- 신체화: 스트레스로 뒷목이 당기고, 탈모, 잦은 흡연

(2) 아내의 입장
- 남편과의 친밀감: 남편이 큰소리 치고 화낼 때는 딴 사람 같다. 시어머니와의 잦은 다툼으로 행복하지 않다. 남편과 같이 자지 않으며, 다른 여자가 있나 생각된다.
- 시어머니의 언어폭력: 시어머니가 '속상해, 답답해, 너 뭘 잘했다고' 하면서 큰소리로 욕을 한다.
- 신체화: 우울하고 잠을 못 잔다. 화를 내면 물건을 던진다. 비만

4) 해결중심 모델의 질문기법의 활용

(1) 상담 전 변화에 관한 질문

상담자: 오늘 어렵게 시간 내서 만났는데, 뭐가 좀 달라지면 '상담받기를 잘했다'라는 생각이 들까요?

내담자(남편): '툭 하면 이혼하자는 말' 하지 않으면.

내담자(아내): 큰소리치지 않고, 화내지 않으면,

상담자: 남편 분은 상담을 통해서 아내가 '이혼하자'는 말을 하지 않고, 아내 분은 남편이 큰소리치지 않고, 화내지 않으면 좋겠다는 거네요!

상담 전 변화에 대한 질문으로 소통의 부재와 부부의 갈등으로 과거의 문제

에 얽매이는 대신에 내담자들이 미래의 목표를 설정하게 함으로써 변화하려는 의지 및 동기를 갖게 하였다. 상담 전 변화에 관한 질문을 통해 내담자들이 새로운 희망을 가질 수 있게 도와주었다.

(2) 예외 질문

상담자: 그렇게 늦게까지 잠이 안 들면 괴로우셨을 텐데 혹시 최근에 가장 일찍 잠드셨던 시간이 언제쯤인지 기억나시나요?

내담자(아내): 음…… 11시?

상담자: 아! 새벽 3~4시보다 정말 빨리 주무셨네요. 그날은 혹시 어떻게 일찍 잤는지 기억하세요?

내담자(아내): 애기하고 마당에서 놀았어요.

상담자: 아아! 애기랑 마당에서 노셨군요. 재미있으셨겠네요. 몸은 좀 어쩌셨어요?

내담자(아내): 오랫동안 애기가 안 들어가서 피곤했어요. 그런데 재미는 있었어요.

상담자: (남편을) 남같이 느끼지 않았던 때는 언제였나요?

내담자(부부): 2년 됐어요. 상담자: 그때는 지금과 어떻게 달랐을까요?

내담자(부부): 같이 잤어요. 같이 이불 덮고.

상담자: (남편에게) 또 다른 느낌은 있나요?

내담자(남편): 아내가 상냥하고, 예뻤지요.

현재의 상태가 어떠하든지 과거에 서로 좋아하고 사랑했던 경험을 가지고 있다. 이 사례의 부부도 2년 전에 행복했던 추억과 서로가 원하는 것을 충족시켜 주었던 경험이 있다. 예외 질문을 통해 현재의 문제에만 빠져 절망하고 있는 부부에게 변화에 대한 실마리를 제공하는 데 도움을 주었다.

(3) 기적 질문

상담사: 잠자고 있는 사이에 어떤 일이 벌어졌는데, 아침에 일어나 보니 ○○어머님이 바랐지만 일어날 수 없었던 일이 벌어진 거예요. 그런 걸 기적이라고 하지요. 지금 힘든 것 중에 기적이 일어났다면 어떤 모습일까요?

내담자(아내): 남편과 매일 같이 자요. 같은 이불 속에서, 그리고 시엄마가 안 욕해요. 소리 안 질러요.

기적 질문을 통해서 내담자가 가지고 있는 갈등요소와 분리하여 갈등이 해결된 상태를 상상해 보게 하고, 남편과 한 이불을 덮고 잠자는 것과 시어머니의 폭언해소를 원하는 것들을 구체화하고 명료화하는 데 도움을 주었다.

(4) 척도 질문

상담자: 남편이 보시기에는 ○○어머니(아내)는 한국말 점수가 몇 점이라고 생각할까요? 0~10점 사이.

내담자(아내): 5점?

상담자: 6점으로 올리려면 어떻게 하면 될까요?

내담자(아내): 한국어교실 안 결석해요.

상담자: 6점으로 오르면 ○○어머니(아내)는 한국말을 어떻게 할까요?

내담자(아내): 시엄마한테 존댓말? 남편이 "어른한테 존댓말 해야 돼" 해요.

상담자: 그럼 ○○어머니는 남편을 몇 점이나 주실까요? 0~10점 사이.

내담자(남편): 한 9점?

상담자: 아아, 높은 점수 받으셨네요. 1점만 더 있으면 만점이 되는데 선생님이 뭐가 더 있어야 그 점수를 받을 수 있을까요?

내담자(남편): 자기가 하자는 대로 하면 좋아한다고 느끼겠지요.

척도 질문을 통하여 내담자의 퇴보를 막으면서 동시에 변화에 전념하는 것을 격려하는 효과를 준다. 그리고 부부의 강점과 자원을 객관적으로 생각해 보고 평가할 수 있게 도와주었다.

(5) 대처 질문

상담자: 아! 낮에 밖에서 오래 노니 피곤하셔서 일찍 주무셨군요. 그럼 밤에 일찍 자기 위해서는 뭘 하는 게 도움이 될까요?

내담자(아내): 애기랑 많이 놀면 돼요. 애기가 좋아해요.

상담자: 혹시 그날 일찍 주무셔서 다른 새로운 일이 있었다면 기억하세요?

내담자(아내): 다음 날 아침 일찍 일어났어요. 남편 출근할 때 인사했어요.

상담자: "이혼해, 못 살아" 대신에 어떤 말을 하셨나요?

내담자(아내): 항상 건강해요. 아프지 마세요.

내담자(아내)는 불면과 우울감으로 고통을 호소하였다. 그러나 대처 질문을 통하여 어려운 상황에서 견디어 내고 더 나빠지지 않은 것을 강조하며 갈등의 위기에서 대처해 온 방법을 발견하고, 자신의 강점과 자원을 발견하여 인식하도록 도와주었다.

(6) 관계성 질문

상담자: 일주일에 한 번 다녀도 ○○어머니처럼 한국말을 잘하시는 분은 흔치 않죠? 누가 또 좀 잘하도록 도와준 사람이 있나요?

내담자(아내): 음, 남편이요, ○○아빠. 저녁에 퇴근하면 매일 한국말 따라 하라고 알려 주고……. 말 많이 하라고 알려 줘요. 좋은 사람이에요.

상담자: 아아, 참 자상하시고 인정도 많으시고, 따뜻하게 해 주시니 ○○ 어머니가 여기 계시다면 뭐라고 하실까요?

내담자(남편): (허허, 입가 웃음 가득) 고맙다고 하겠지요 뭐. 뭐든 해 주면 고맙다고는 잘해요.

상담자: 남편이 어떻게 하시던가요?

내담자(아내): 나 보고 웃어요. 화 안내고 소리 안 질러요. 쑥스럽고 행복해요 .아침에 우유에다 커피 타 줘요. 3번 했어요. 음식 많이 해요. 흰머리 · 흰 수염 뽑아 줘요. 농담하면서…… 나 행복해요. 대화 많이 해요.

상담자: 시어머니는 ○○어머니의 어떤 점을 좀 좋아 하나요?

내담자(아내): 내가 반찬 많이 하고, 일찍 일어나서 밥 잘 차리고, 요새는 잔소리 안 해요. 안 화내요. 안 싸워요. 아빠(남편)하고 친해져서 시엄마하고도 친해요. 쪼오끔……(함박웃음)"

관계성 질문을 통하여 상담의 장에 참석하지 않은 시어머니의 생각, 아내의 의견, 가치관, 남편의 반응 등에 관해 질문함으로써 자기중심적 생각에서 벗어나고 가족관계 속에서 문제를 생각하고 좀 더 현실적이며 객관적으로 판단하도록 도와주었다.

5) 메시지 전달기법의 활용

메시지(과제): 이번 주는 선생님(아내)이 생각하신 방법인, 매일 애기랑 밖에서 오래 놀고 일찍 자기를 시도해 보고 일주일에 몇 번 성공하는지 세어 보고 오시길 바라겠어요.

메시지(과제): 선생님(아내)이 한국어를 빨리 배우게 도와주신 남편께

> 도와줘서 고맙다고 말하고 존댓말도 잘 배우게 도와달라고 선생님의 마음을 이야기하고 남편과 함께 매일 시간을 정해서 연습해 보시기 바랍니다.

과제의 목적은 상담과정에서나 나오며 문제의 해결책 구축을 확대시키는 데 있다. 내담자(아내)의 불면증 해소를 위한 내담자의 경험을 칭찬하고 과제로 연결하여 지속적으로 강화할 수 있도록 도왔다. 그리고 한국어 습득을 통하여 남편과 매일 소통할 수 있도록 과제를 부여하므로 서로를 이해하도록 도왔다.

제5장

과업중심 모델

1. 개요

사회복지실천의 폭넓은 지식 기반을 고려할 때 활용 가능한 실천 모델들은 타 학문과의 연계 및 차용을 통해 발전해 왔다. 과업중심 모델(task-centered model) 또한 사회복지 실천현장에 뿌리를 두고 다양한 이론과 모델을 절충하여 개발되었다. 대표적인 단기개입 모델이면서, 특정 이론에 얽매이지 않는 모델이다. 독립적으로 활용할 수도 있지만, 경험적으로 검증된 다른 실천 모델들과 결합하여 사용할 수 있다. 특히, 최근 주목받고 있는 역량 강화 관점과 증거기반 실천(evidence-based practice)의 요구에 보다 적합한 모델로(Marsh & Doel, 2005) 사회복지 실천현장에서의 유용성이 높게 평가되고 있다.

과업중심 모델은 1970년대 초반 미국 시카고 대학교에서 Reid와 Epstein이 수행한 프로젝트의 결과로 개발되었다. 당시 사회복지 실천현장에서는 단기개입의 효과에 대한 관심이 높아지고 있었고, 보다 집중적이고 구조화된 개입 형식에 대한 기대와 전통적인 개입 방식에 대한 비판 등 사회복지실천의 문제점과 개선에 대한 논의들이 다양하게 나타나고 있었다. 이에 대한 대안적 탐색으로 수행된 시카고 대학교의 프로젝트는 사회복지사가 효율적으로 학습할 수 있고, 서비스의 효과성을 증진시키며, 실천에 대한 연구 수행 능력을 증진시킬 수 있는 모델을 개발하고자 하였다(Epstein & Brown, 2002). 이를 위해 프로젝트 초반에 과업중심 모델의 기본 구도를 설계하고, 이를 시카고 지역의 정신과 병원, 학교 사회복지실, 아동복지기관 등에서 직접 적용, 평가하도록 하였다. 실제 사례를 통해 모델의 개입 과정과 효과성을 검증하였고, 이러한 연구 결과를 통해 과업중심 모델이 공식적으로 개발되었다(Epstein, 1992).

과업중심 모델의 발전 배경에는 장기개입에 대한 회의와 비판이 존재한다. 정신분석 모델에 의존하는 장기개입은 다양한 효용에도 불구하고 시간과 비용의 문제, 현대사회의 복잡한 문제에 융통성 있게 적용하지 못한다는 한계가 지적되었다. 이에 보다 실용적이고 융통성 있는 접근방법으로 단기개입에 대한 관심이 높아졌다. 단기개입의 실천을 위해 개입의 구조화가 강조되었고, 사회복지사와 클라이언트 간의 협력적 관계가 핵심 요소로 인식되었다. 이러한 요구를 반영한 과업중심 모델은 이후 사회복지 실천현장에서 지속적으로 발전했고, 다양한 심리사회적 문제에 대한 효과성이 경험적으로 검증되었다. 과업중심 모델은 보다 구체적이고 핵심적인 문제에 대한 초점으로 목표가 분명하고, 문제에 대한 클라이언트의 인식을 중시하면서 클라이언트의 적극적 참여와 자기결정권을 강화하고자 한다. 이러한 특성은 실천과정에서 클라이언트의 견해와 관점, 욕구와 강점을 중시하는 사회복지실천의 기본 원리와 일치하는 것이며, 클라이언트의 문제와 욕구에 따라 과업을 설정하고, 사회복지사와 클라이언트가 함께 실천과정에 능동적으로 참여한다는 측면에서 유용한 실천 모델로 평가되고 있다.

2. 주요 개념과 원리

1) 주요 개념

과업중심 모델은 시간제한적이고 문제지향적이며, 과업중심적인 단기개입 모델이다. 클라이언트가 문제를 명확히 인식하도록 돕고, 문제를 해결하기 위한 활동(과업)을 확인하고 수행하도록 돕는다는 점에서 '행동중심'의 접근이다. 서비스는 6~12회 정도의 짧은 기간에 제공되며, 사회복지사와 클라이언트의 협력적 관계를 중심으로 클라이언트의 적극적 참여와 동기를 중시한다(Reid, 1998: 133-134).

변화의 기본 동력은 사회복지사가 아닌 클라이언트에게 있으며, 사회복지사의 역할은 클라이언트가 동기를 가지고 변화를 꾀하도록 돕는 데 있다. 따라서 과업중심 모델은 클라이언트의 문제를 정의하는 것부터 과업수행까지 클라이언트의 참여를 적극적으로 유도하고, 클라이언트의 자기결정권을 존중하면서 동시에 문제해결 기술과 능력을 강화하는 데 초점을 둔다(Reid, 1996: 620-621). 즉, 사회복지사 주도로 실천과정을 이끌기보다 클라이언트 중심의 권한부여적 접근을 중시한다. 클라이언트가 인식한 문제에 초점을 두고 접근하며, 클라이언트의 욕구를 최대한 반영한다. 또한 각 단계마다 특정한 과업수행을 요구하는 구조화된 전략을 갖추고 있다(〈표 5-1〉 참조).

이러한 문제해결 과정을 통해 클라이언트는 스스로 경험하고 학습하며, 경험을 통합함으로써 현재의 문제 외에 다른 문제를 해결할 수 있는 역량을 강화하고, 발생하지 않은 미래의 문제해결을 위한 대처능력을 키울 수 있다. 이에 과업중심 모델은 사회복지 실천현장에서 전통적으로 중요시해 온 대인 간 문제, 개인 내적 문제뿐 아니라 현대사회의 다양한 위기 상황 등 개인과 환경 간의 상호작용과 관련된 문제에 폭넓게 적용 가능하다.

표 5-1 과업중심 모델의 특징

-현재 중심이다. -문제해결 접근이다. -시간제한적이다. -클라이언트가 인식한 문제에 초점을 둔다. -모델의 각 단계마다 특정한 과업수행을 요구하는 구조화된 접근이다. -이론적으로 개방되어 있고 다양한 이론을 활용할 수 있다. -변화는 과업의 수행을 통해 발생하고, 과업은 확인된 문제의 발생을 감소시키는 활동이다. 과업은 다양한 실천기법을 통합적으로 활용할 수 있고 클라이언트와 함께 수행하는 문제해결 중심적 활동이다. -실천에 대한 경험적 접근을 중시한다. 즉, 조사연구를 통해 발견되거나 조사 가능한 개념을 통해 구성되고 효과성이 검증된 접근과 실천의 성과에 대한 평가 과정이 분명히 포함된 실천을 중시한다.

출처: Tolson, Reid, & Garvin (1994), p. 4.

2) 개입 원리

과업중심 모델은 기본적으로 단기적 접근에 사용되는 시간제한, 제한된 목표, 초첨화된 면접, 현재에의 집중, 활동과 지시, 신속한 사정, 치료적 융통성 등을 적극적으로 활용하였다(Epstein & Brown, 2002). 또한 문제의 우선순위를 결정하고, 문제해결을 위한 주요 과업을 계획하고, 실행하는 문제해결 과정에 사회복지사와 클라이언트가 함께 참여한다. 이러한 과업중심 모델의 개입 원리를 종합해 보면 다음과 같다(Reid, 1996: 618-620).

(1) 경험적(실증적) 지향

과업중심 모델의 실천에서 핵심적 원칙은 경험적 지향성(Empirical Orientation)이다. 과업중심 모델은 경험적 조사연구에 의해 검증되고 지지된 방법과 이론을 선호한다. 추상적 이론은 지양하면서, 클라이언트 체계에 대한 가설과 개념은 실제 자료에 근거한 것이어야 하며, 사정 · 과정 · 성과 자료는 개별 사례에서 체계적으로 수집되어야 한다. 또한 모델의 개선을 위해 지속적인 연구가 이루어진다.

(2) 통합적 자세

과업중심 모델은 다양한 접근방법, 즉 문제해결적, 인지행동적, 인지적, 가족구조적 접근방법 등 양립 가능한 접근방법 가운데 경험적 기초가 있는 이론과 방법을 선별하여 사용한다.

(3) 클라이언트가 인식한 문제에 초점

클라이언트가 관심을 가지고 명백하게 인식하는 특정 문제에 서비스 초점을 둔다.

(4) 체계와 맥락 강조

문제는 복잡한 체계의 맥락에서 발생한다. 문제의 해결이나 재발의 예방을 위해 맥락적 변화가 필요하며, 문제의 해결은 역으로 문제가 발생한 맥락에 긍정적 영향을 미칠 수 있다.

(5) 계획된 단기개입

일반적으로 서비스는 계획된 단기간 동안 실행된다(4개월 이내에 6~12회기).

(6) 협력적 관계

클라이언트와의 관계는 돌봄(caring)보다 협력적 노력을 강조한다. 사회복지사는 사정 정보를 공유하며 숨겨진 목적이나 의도는 피한다. 치료 전략을 개발하는 데 있어 클라이언트를 최대한 참여시킴으로써 보다 효과적인 개입을 고안하고 클라이언트의 문제해결 능력을 개발한다.

(7) 구조화

치료 회기를 비롯한 전체 개입 과정은 잘 다듬어진 연속된 활동으로 구조화된다.

(8) 문제해결 활동(과업)

변화는 기본적으로 클라이언트가 회기 중이나 회기 외의 시간에 문제해결 활동(과업)을 수행함으로써 달성된다. 특히, 클라이언트가 자신의 환경 속에서 스스로 행동을 동기화하는 데 초점이 있다. 또한 사회복지사의 과업은 클라이언트의 환경 변화에 영향을 미치는 수단을 제공하는 것이다.

3. 모델의 적용

과업중심 모델의 적용을 개입 과정과 한계점을 중심으로 살펴본다.

1) 개입 과정

과업중심 모델의 실천과정은 5단계로 이루어진다. 즉, 시작하기, 표적문제의 규명, 계약, 실행, 종결의 단계다. 사회복지실천의 일반적인 과정과 마찬가지로, 과업중심 모델의 각 단계는 엄격하게 분리되기보다 필요에 따라 상호 중복되거나 이전 단계로 돌아가는 등 유연하게 활용될 수 있다. 그러나 다른 모델에 비해 과업중심 모델의 개입 과정은 체계적이어야 하고, 단계에 따라 진행하는 것이 중요하다. 이를 통해 시간, 노력 및 비용의 낭비를 최소화하고, 바람직한 결과를 기대할 수 있다(〈표 5-2〉 참고).

표 5-2 과업중심 모델의 개입 단계

시작하기	의뢰 경위(비자발적 클라이언트) 혹은 자발적 방문일 경우 클라이언트의 욕구 확인
↓	↓
문제규명	클라이언트의 표적문제 확인하기
↓	↓
계약하기	클라이언트와 사회복지사 간 개입 목표와 과정에 대한 동의와 합의
↓	↓
실행	문제해결을 위한 과업수행 및 점검 단계
↓	↓
종결	과업수행 여부 평가

(1) 시작하기(starting up)

실천현장에서 사회복지사와 클라이언트가 만나게 되는 경로는 크게 두 가지다. 하나는 클라이언트가 자발적으로 도움을 요청하여 찾아오는 경우이며, 다른 하나는 다른 기관에 의해 의뢰되는 경우다. 일반적으로 클라이언트가 의뢰되는 경우는 주로 비자발적 클라이언트인 경우가 대부분이다. 이 경우 클라이언트를 의뢰하는 구체적이고 확실한 이유는 무엇인지, 실행 가능한 목표와 그것을 달성하기 위해 필요한 자원을 의뢰기관에서 제공할 수 있는지를 파악하고 의뢰자와 직접적으로 협상할 필요가 있다.

한편, 클라이언트가 자발적으로 찾아온 경우에 바로 클라이언트의 문제를 발견하고 신속하게 초기 사정하는 문제규명 단계로 넘어갈 수 있다.

(2) 문제규명(problem identification)

이 단계의 가장 큰 관심사는 표적문제를 규명하고 이를 설명 · 구체화 · 명명하는 과정에 클라이언트의 참여를 촉진시키고, 문제의 우선순위를 결정하며, 신속하게 초기 사정하는 것 등이다.

① 문제규명

문제규명을 위해 사회복지사와 클라이언트는 문제를 구체적으로 탐색한다(예: 부부싸움을 일주일에 몇 회나 하는지, 게임시간은 얼마나 되는지 등). 특히, 탐색의 초점은 사회복지사가 필요하다고 생각하는 것보다 클라이언트가 원하는 것에 두어야 한다. 과업중심 모델은 클라이언트가 원하는 욕구를 중심으로 클라이언트와 사회복지사가 함께 문제를 구체적으로 규명할 것을 강조한다. 그러나 클라이언트가 자신의 표적문제를 말하는 데 어려움이 있거나 사회복지사와 의견이 다른 경우 사회복지사가 변화되어야 할 상황에 대해 제안이나 권고의 형태로 제시할 수 있다. 이때 사회복지사는 가능한 한 명확하게 설명하고 클라이언트와 상호 협의하거나 동의를 구해야 한다. 이러한 경우에도 클라이언트가 중요하다고 생각하는 문제나 요구에 우선 초점을 두며 클라이언트는 모르고 사회복지사만 아는 숨겨진 목표나 과업들을 설정해서는 안 된다(Reid, 1996).

② 표적문제의 우선순위 결정

표적문제의 탐색과 구체화 이후 효과적으로 문제해결 전략을 활용하기 위해서는 우선하는 표적문제를 선정해야 한다. 사회복지사와 클라이언트는 몇 가지 기준에 따라 우선순위를 선정할 수 있는데, 이런 기준은 문제를 다루기 위해 그동안 사용했던 방법의 특성, 기관으로부터 받은 권한, 클라이언트의 견해를 포함한다. 그중 클라이언트의 우선순위는 문제와 관련된 클라이언트의 인식에 따라 선택된다. 그러나 클라이언트의 인식을 가장 우선하지만 때에 따라 사회복지사가 제안한 문제도 포함시킬 수 있다. 이후 문제의 전체 목록을 사회복지사와 클라이언트가 함께 검토하며, 표적문제를 구체적으로 설정한다. 예를 들어, 부부 사이의 갈등을 표적문제로 설정하기보다 배우자가 이야기할 때 듣지 않는 것, 밥 먹을 때 잔소리하는 것 등으로 구체화하여야 한다. 또한 4개월 내에 12회 이내의 제한된 시간만(Reid, 1996) 개입하기 때문에 표적문제를 다루기 위해서는 표적문제를 최대한 세 가지로 제한해야 한다.

③ 신속한 초기 사정

초기 사정은 표적문제의 규명 과정에서 시행되며, 치료계획을 위한 기초가 된다. 문제규명 과정을 통해 필요한 정보가 제공되고 무엇이 변화, 개선, 향상되어야 하는지에 대한 방향이 설정된다. 따라서 사회복지사는 지지적이고 우호적이지만 과장되지 않은 태도를 취하고, 사정과 개입의 수행을 위해 바람직한 신뢰와 자기노출을 활용한다.

사정은 사례 진행의 전 기간 동안 계속되는 과정이며, 초기 사정은 표적문제의 규명과 명확화를 돕는다. 이는 표적문제를 설정한 후에 클라이언트와 계약을 맺기에 앞서 이루어지는 임시 사정이다. 개입 초기에 수행하는 평가로 본격적인 사정에 앞서 사정의 가설을 세우기 위해 필요한 자료를 탐색하는 과정이다.

이상의 내용을 살펴보면 문제규명 과정은 사정의 준비 작업이라 할 수 있다. 즉각적이고 임시의 가설을 세우는 과정으로 이 시기의 사정은 집중적으로 표적문제 설정을 위해 초점화된다. 본격적인 사정은 실행 단계에서 이루어진다.

(3) 계약하기(contracting)

계약은 개입의 기본 요소로 클라이언트와 사회복지사 간 동의에 대한 현대적 의미의 합의 양식이다. 서면 또는 구두 계약을 통해 개입의 목적과 형태, 구조 등에 대해 제시하는 것은 개입 과정을 명확히 하는 데 도움이 되고, 클라이언트와 사회복지사의 관계를 강화시킨다. 계약을 하는 이유는 개입에 대한 동의가 상호 성립되었고, 개입 목표와 과정 등이 클라이언트의 자기 결정에 의한 것임을 강조하기 위한 것이다. 한편, 초기 계약은 개입 과정 중 중대한 문제와 상황의 변화가 생기면 클라이언트와 상의하여 변경 · 수정할 수 있다(엄명용 외, 2020).

계약에 포함하는 내용은 표적문제의 우선순위를 근거로 개입 목표, 클라이언트와 사회복지사의 과업, 개입 기간 및 일정, 참여자 및 개입 장소 등이다. 일반적으로 하나의 표적문제에 대해 하나의 목표를 설정하며, 표적문제와 목표는 클라이언트의 입장에서 주어와 서술어의 형식으로 구체적으로 서술한다. 이들 목표는 제한된 시간에 성취 가능하고, 구체적이며, 행동적인 것으로 표시되는 것이 바람직하며 성취 여부를 측정할 수 있어야 한다(Reid, 1996).

(4) 실행(implementation)

과업중심 모델에서 실행 단계의 주요 목표는 클라이언트가 과업을 성취할 수 있도록 원조하는 것이다. 이 단계에서는 문제에 대해 집중적으로 사정하고, 대안을 모색 · 결정하며, 문제를 해결하기 위한 과업을 수행하고, 과업수행의 정도를 점검한다. 과업수행을 위해 과업수행표를 작성하여 각 과업을 수행하면서 예상되는 장애물을 면접 때마다 확인, 점검하고 해결 방안을 논의한다.

① 실행 단계의 사정(재사정, 표적문제 사정)

초기 단계의 사정을 보다 정교화하는 과정으로 표적문제와 사회적 맥락, 클라이언트의 강점을 포함한 인지정서적 상황에 대해 포괄적으로 사정한다. 실행단계의 사정을 통해 초기 사정의 오류나 불충분한 부분을 보완할 수 있고, 과업실행의 가능성을 높이고, 실행 과정에서 장애가 되는 요인을 파악하고, 이를 제거, 감소, 변경하기 위한 방법을 검토한다. 과업을 수행하는 데 장애가 되는 것으로서 흔히 발견되는 것은 클라이언트의 느낌이나 감정, 잘못된 신념, 클라이언트가 소유하고 있지 않은 기술, 조절되지 않는 분노, 신체적 기능, 사회의 제도나 환경 등이다(Reid, 1996).

② 대안의 모색과 결정

문제해결에 도움이 되는 실현 가능한 대안을 탐색한다. 이때 클라이언트의 경험이나 사회복지사의 개인적 · 전문적 경험, 브레인스토밍을 활용한 토의, 전문적 기술과 정보, 문헌 등을 참고할 수 있다. 특히, 사회복지사는 실현 가능한 대안을 가능한 범위 내에서 찾아내고 이를 쉽게 이해 가능한 형태로 구체화하고 명료화한다. 또한 대안을 모색한 후에는 표적문제를 해결하는 데 효과적인 프로그램이나 클라이언트와 기관의 자원, 클라이언트가 가장 적합하다고 인식한 것 등을 고려하여 전략을 선택한다.

③ 개입 전략의 실행

선택된 과업과 전략을 실행 단계에서 적극적으로 진행하고, 점검한다. 과업은 구체적으로 클라이언트가 수행해야 하는 활동이기 때문에 측정 가능하며 현실적 상황을 고려하여 설정한다. 초기 계약에 의해 설정한 과업은 실행 단계 동안 효과적이면 지속시키고, 그렇지 않은 경우 새로운 과업으로 변경하거나 수정할 수 있다. 과업수행 과정에서 사회복지사는 다양한 지원활동을 수행한다. 자원을 획득하고 사용할 수 있도록 돕고, 필요한 지식과 기술을 교육하고 지도하며, 역할 훈련과 모델링 등을 통해 클라이언트의 과업수행을 지원한다. 동시에 과업수행에 대한 장애물을 탐색하여 이를 감소시키는 활동을 수행한다.

④ 실행 과정의 확인과 점검

실행 단계에서 과업의 실행과 함께 중요한 활동이 과업수행의 점검이다. 이는 과업수행이 제대로 되고 있는지, 효과적인지를 살펴보는 것이다. 정기적인 점검을 위해 개별적인 면접 상황에서 과업수행 여부와 문제 상태 및 변화, 새로운 문제 혹은 수정된 문제 등을 검토해야 한다. 그러나 이때 괄목할 만한 향상을 기대하여 진전이 없다거나 문제가 새롭게 수정되는 것에 대해 당황할 필요는 없다. 이러한 과정은 과업수행에 있어서 일상적으로 나타날 수 있는 일

표 5-3 과업 점검 예

과업	검토	평가(rating)
김 씨는 이웃을 만나면 먼저 인사한다.	과업수행이 힘듦. 이웃과 지난달에 싸운 일로 아직도 감정이 격해 있음.	0 시도하지 않음
어린 동생이 화나게 해도 무시할 것이다.	매 순간 과업수행을 적절히 함. 그러나 비난하는 말은 한두 번 사용함.	3 부분적 성공
사회복지사: 지역사회에서 여가 활용을 할 수 있는 기관 알아보기	지역복지센터에서 운영하는 수영교실의 이용방법을 확인하여 클라이언트에게 소개함.	5 긍정적 성공

출처: Marsh & Dole (2005), p. 134.

이며, 점검을 통해 문제의 변화 정도를 명확히 파악하는 데 초점을 둔다(〈표 5-3〉 참고). 점검을 통해 사회복지사의 개입이 실행할 수 없거나 비효과적이라고 판단될 경우 개입 전략을 수정할 수 있다.

(5) 종결(termination)

사회복지 실천과정에서 종결은 우연히 이루어지는 것이 아니라 계획된 활동이며, 종결계획은 개입의 처음부터 이루어져야 한다. 과업중심 모델에서 목표는 제한적이고 구체적이어야 하고, 목표가 성취되었을 때 분명하게 측정할 수 있어야 한다. 따라서 종결 시 사회복지사와 클라이언트는 문제의 해결 정도를 파악하고 클라이언트의 과업수행 여부를 평가한다. 이때 클라이언트가 성취한 것을 강조하면서 어떻게 유지할 것인지 계획을 세운다. 사회복지사는 목표성취 과정에서 습득한 문제해결 기술을 점검하고, 강화함으로써 클라이언트가 개입 과정에서 얻게 된 문제해결 기술을 계속 활용할 수 있도록 돕는다.

종결 시에도 해결되지 않은 문제들이 있다면 관련한 문제들을 해결하는데 개입 과정에서 획득하거나 확인한 문제해결 기술들을 활용할 수 있을지 검토할 수 있다(Reid, 1996: 629). 만약 계속적으로 도움이 필요하다고 생각되는 경우에는 계약을 연장하거나 사후지도 계획을 수립할 수 있다.

2) 한계점

과업중심 모델은 다양한 이론으로부터 경험적으로 검증된 실천기법을 선택적으로 활용하는 절충주의적 모델이다. 이처럼 여러 이론에 대한 개방성을 특징으로 경험 증거를 중시하는 과업중심 모델은 특정한 이론에 의존하지 않고 통합적 개입 전략을 활용하기 때문에 인간행동과 실천에 관한 다양한 이론을 융통성 있게 사용할 수 있다(Reid, 1996).

이러한 장점으로 과업중심 모델은 다양한 현장에서 적용 가능한 실용적 모델로 인식되고 있다. 그럼에도 불구하고 과업중심 모델의 한계점을 살펴보면 다음과 같다.

첫째, 청소년과 노인, 커플 등 다양한 대상에 폭넓게 활용되고 있는 실천 모델이지만 정신장애 및 기타 심리정서적 어려움을 복합적으로 가지고 있는 대상의 경우 과업중심 모델만으로는 접근이 어렵다. 이 모델은 사정 과정에서 개인의 성격적 기능이나 정신역동적 측면에는 거의 주의를 기울이지 않는 것으로 알려지고 있다(Goldstein & Noonan, 1999; 정순둘 외, 2011: 113 재인용). 따라서 장기적이고 만성적 문제를 깊이 있게 다루는 데는 제한적이다. 복합적 욕구에 대한 연속성 있는 자원 연계 활동 등 사례관리 접근과 통합적으로 활용할 필요가 있다.

둘째, 과업중심 모델에서는 클라이언트가 인식하고, 동의한 문제를 우선적으로 고려한다. 문제규명의 단계에서 문제의 우선순위를 강조하고, 구체화에 초점을 두는 과정에서 자칫 문제를 둘러싼 환경적 맥락에 대한 통합적 인식을 놓칠 수 있다. 때로 제시된 문제에 대해 사회복지사와 클라이언트 간의 합의가 이루어지지 않거나, 클라이언트의 문제에 대해 충분히 사정하지 않은 상황에서 표적문제와 목표를 기계적으로 설정하는 경우가 나타나기도 한다(황미경, 1997;

정순둘 외, 2011: 114 재인용). 단기개입의 시간제한적 속성은 클라이언트의 욕구와 전문가로서의 사회복지사의 인식 간에 차이가 나타날 경우 이를 충분히 토론하고, 상호 이해를 통한 합의 과정을 수행하는 데 한계로 작용될 수 있다.

셋째, 사회복지 실천현장에서 당사자의 권익옹호 및 환경 개선을 위한 간접적 개입의 필요성이 강조되고 있다. 과업중심 모델의 통합적 · 절충적 속성은 이러한 개입 전략의 활용에도 개방적이나 사회복지사의 역량에 따라 실천의 효과가 다양하게 나타날 수밖에 없다. 과업중심 모델을 통한 대표적 개입문제는 즉각적 문제에 초점을 두는 경우가 많기 때문에 예방적 개입이나 사회구조적 변화, 광범위한 권익옹호에 대한 관심이 제한적일 수밖에 없다.

4. 주요 기법

과업중심 모델의 실천과정에서 활용할 수 있는 기법은 전통적인 사회복지실천의 관계 및 과정에서 활용하는 기법과 다르지 않다. 어떤 기법을 언제 사용할 것인지에 대한 판단은 사회복지사의 관찰과 전문적 판단, 초점화된 개입의 방향에 따라 달라진다. 여기서는 구조화되고 체계화된 과업중심 모델의 실천과정을 이끌어 가는 데 필요한 전략적 측면의 기법으로 표적문제와 목표, 과업 설정의 특성과 방법을 살펴본다.

1) 표적문제 설정

일반적으로 과업중심 모델에서 문제는 일상적으로 대처해 오던 대처 전략이 일시적으로 작동하지 않는 것(breakdowns)으로 인식된다(Reid, 1996). 평소에 잘 처리해 오던 문제들도 때때로 해결의 어려움을 경험하게 되는데, 단기적 접근을 중시하는 과업중심 모델의 관점에서 문제란 심각한 역기능적 증상이기보다 일시적으로 나타나는 것이다.

실천현장에서 클라이언트는 여러 가지 문제를 동시에 호소한다. 그러나 모든 문제를 한꺼번에 해결할 수는 없다. 따라서 과업중심 모델은 클라이언트가 직면하고 있는 다양한 문제 중에서 시급히 해결해야 할 문제를 선택하고 공식화(formulation)한다. 표적문제(target problem)는 이처럼 해결의 초점이 되는 특정한 문제를 의미한다. 좀 더 구체적으로는 클라이언트가 자신의 문제로 인식하고 동의한 문제이며, 클라이언트가 직면하고 있는 다양한 문제 중에서 시급히 해결해야 할 문제, 스스로 인식하고 변화하기를 원하는 문제다. 동시에 사회복지사의 판단에 의해 인정된 문제로 클라이언트와 사회복지사가 변화시키기로 함께 동의한 문제를 말한다(Epstein & Brown, 2002: 6-8).

표적문제는 문제해결을 위한 실천의 범위를 설정하기 위해 필요하다. 따라서 표적문제는 구체적이고 분명하게 정의되어야 한다. 무엇보다 문제는 '한꺼번에' 다루어지는 것이 아니라 단계적으로 해결하는 것이다. '천리 길도 한 걸음부터'라는 속담처럼 문제는 더 쉽게 해결되고, 덜 부담스러운 수준으로 나누어 파악한다. 예를 들어, 어질러진 집 안을 한번에 청소한다고 생각한다면 부담이 크다. 그러나 청소할 공간을 나누고, 순서를 정해 쉬운 것부터 시작한다면 청소에 대한 스트레스가 줄고, 동기가 높아질 것이다. 청소기 전원을 켜고 방 한쪽을 청소할 수 있다면, 다른 부분에 대한 청소도 쉬워질 것이다.

또한 문제는 다양한 환경에서 발생하며, 문제를 둘러싼 맥락(context)이 존재한다. 따라서 문제에 대한 클라이언트의 인식을 확인하고, 문제를 둘러싼 맥락을 이해해야 한다. 클라이언트가 문제를 어떻게 생각하고 바라보는지를 확인하는 것은 중요하다. 그랬을 때 문제해결을 위한 현실 가능한 목표를 세울 수 있으며, 목표를 클라이언트 스스로 정의하거나 시도했을 때 클라이언트 자신의 동기가 생기기 때문이다.

따라서 표적문제를 설정할 때 사회복지사는 클라이언트의 의견을 최대한 반영한다. 표적문제의 우선순위는 클라이언트가 가장 높은 관심을 보이고, 해결하고 싶어 하며, 상황을 개선하는 데 가장 중요한 것이다. 또한 설정한 표적 문제가 무엇인지 사회복지사와 클라이언트가 분명하게 이해하고 있어야 하며, 다양한 관점으로 인해 의문점이 발생할 경우 우선순위의 결정을 잠시 미루고 불명확한 쟁점을 파악한다. 클라이언트와 사회복지사의 의견이 다를 경우 충분한 논의와 타협이 필요하다. 그러나 이는 선택과 결정이 모호한 상황에만 적용되는 것이며, 상호 동의와 판단에 따라 결정할 수 있다(Epstein & Brown, 2002: 171).

과업중심 모델의 효과적 적용을 위해서 표적문제는 우선순위에 따라 최대한 3개까지 선정한다. 이는 단기개입의 현실적 특성을 반영한 것이다. 표적문제 설정을 위한 판단의 기준은 클라이언트의 상황에서 가장 비중이 있는 문제, 가장 부정적 영향을 미치는 문제, 변화를 통해 가장 긍정적 영향을 미칠 수 있는 문제, 클라이언트가 가장 관심을 가지는 문제, 가장 변화 가능성이 큰 문제를 고려한다. 또한 이에 대한 판단에 클라이언트의 참여와 동의를 구해야 한다.

2) 목표 설정

과업중심 모델은 2가지 개입 목적을 가진다. 하나는 클라이언트의 문제를 해결하도록 클라이언트를 돕는 것이고, 다른 하나는 클라이언트가 자신의 문제를 성공적으로 해결한 경험을 통하여 미래의 어려움을 극복할 수 있는 능력을 향상시키는 것이다(Payne, 1991).

이를 위해 과업중심 모델에서는 클라이언트의 동기를 강화하고 바람직한 문제해결을 위한 기준으로 목표를 설정한다. 목표는 개입의 방향을 제시하는 것으로 표적문제가 설정되면 사회복지사는 클라이언트와 협의하여 목표를 설정한다. 목표 설정의 과정은 사회복지사와 클라이언트의 협력을 통해 이루어진다. 목표의 우선순위를 결정하고, 목표를 설정하기 위해 클라이언트와 클라이언트를 둘러싼 다양한 환경적 요구와 관심사를 고려한다.

목표 설정의 가장 기본적 조건은 클라이언트가 원하는 욕구로서 동기가 있어야 하고, 제한된 시간에 수행 가능하고 구체적이어야 하며, 반드시 문제와 관련된 것이어야 한다(Marsh & Dole, 2005). 또한 행동적인 용어로(~하기 등) 표기하는 것이 바람직하며, 성취한 후에 성취 여부를 측정할 수 있어야 한다.

일반적으로 하나의 표적문제에 대해 하나의 목표를 설정하며, 표적문제와 목표는 클라이언트의 입장에서 주어와 서술어의 형식으로 서술한다. 표적문제의 우선순위를 결정한 후 목표 설정을 위해서는 어떤 부분이 가장 필요한지, 가장 먼저 이루어졌을 때 도움이 될 목표는 무엇인지, 원하는 결과는 무엇인지, 그 결과에 대해 어떤 느낌인지, 수립된 목표에 대해 확실히 동의하는지 등을 토의한다. 이러한 과정은 클라이언트의 동의와 계약을 통해 완성된다.

3) 과업 설정

과업(task)이란 목표를 달성하기 위하여 클라이언트와 사회복지사가 해야 하는 활동으로서 클라이언트와 사회복지사가 함께 계획하고 동의한 후에 수행하는 문제해결 활동을 말한다(Epstein & Brown, 2002: 101). 즉, 과업은 클라이언트 자신의 문제해결 노력과 의지가 구체적으로 표현된 것으로 클라이언트가 자신의 문제를 해결하기 위해 어떤 일을 수행하는 것을 의미하며, 문제를 완화하고 해결하기 위해 클라이언트와 사회복지사 사이에 수행하기로 합의한 활동이다. 따라서 과업은 사회복지사가 클라이언트에게 일방적으로 부과하는 과제와 차이가 있으며, 클라이언트만 과업을 수행하는 것이 아니라 사회복지사도 수행한다. 클라이언트는 문제해결을 위해 혹은 문제해결에 도움이 되는 활동을 수행하게 되고, 사회복지사는 클라이언트의 과업수행을 지원하기 위한 활동을 한다.

과업은 특별한 유형의 문제해결 활동으로 과업중심 모델에서 문제해결의 과정은 과업수행을 위한 준비와 실행, 점검의 과정이라 할 수 있다. 과업은 클라이언트와 사회복지사 모두에 의해, 상호 간의 협의에 의해, 클라이언트의 선호에 따라 확인되고 공식화된다. 클라이언트와 사회복지사 간의 합의에 의해 계획될 뿐만 아니라 면접의 안과 밖에서 수행된다. 따라서 무엇보다 구체적으로 계획할 때 완수할 가능성이 높아진다. 무엇을, 언제, 누구와, 어떤 조건에서, 어떻게 해야 하는지에 대해 클라이언트와 사회복지사가 합의해야 하는 것이다.

사회복지사는 클라이언트와 협력하여 과업을 개발하고, 과업의 개발을 위해 그동안 클라이언트가 문제해결을 위해 기울인 노력에 대해 질문한다. 이전에 시도했던 전략 중 실패한 전략이 있다면 이러한 전략은 제외시키고, 효과적이었던 전략을 찾아 클라이언트가 스스로 가장 잘 수행할 수 있고, 성공할 가능성이 높은 전략을 선택한다. 이처럼 과업 설정의 과정은 클라이언트의 문제인식과 문제해결 전략에 대한 탐색을 통해 이루어진다. 이러한 과정을 통해 클라이언트는 자신의 상황과 문제에 대한 전문가가 될 것이다. 과업계획 시 참고할 수 있는 정보의 출처는 〈표 5-4〉와 같이 다양하다.

과업의 범위는 행동, 인지, 정서, 심지어 통찰지향적 활동까지 광범위하다. 예를 들면, 체중감량에 어려움을 겪고 있는 비만 클라이언트의 다이어트를 위한 운동은 행동적 과업이며, 식욕의 조절을 위한 자기 규제는 인지적 과업이다. 또한 폭식의 계기가 되는 부정적 감정에 초점을 두고 과업을 설정할 때 정

표 5-4 과업계획 시 필요한 정보의 원천

–클라이언트의 경험: 과업계획의 첫 단계는 표적문제 완화를 위해 클라이언트 자신이 할 수 있다고 생각하는 것에서부터 시작한다.
–브레인스토밍을 통한 과업계획: 과업과 관련된 선택 가능한 아이디어가 부족할 경우 문제해결 기술의 학습과 증진을 위해 다양하고 선택 가능한 대안을 제시한다.
–문제해결 활동과 관련된 전문적 지식: 일반적인 치료기법, 전문 자료 및 사례회의, 슈퍼바이저의 의견 등을 활용한다.
–사회복지사의 경험: 사회복지사 자신의 경험 중 유사한 실천 경험을 활용한다.

출처: Epstein & Brown (2002), p. 152, pp. 177-178.

서적 과업을 수행할 수도 있다. 그러나 대부분 과업중심 모델에서는 과식의 근본적 이유를 파악하거나 비만 해결을 위한 장기적 식습관의 변화를 목표로 하지 않는다. 심리적 원인에 초점을 두는 경우에도 가능한 행동을 취하는 것에 관심을 갖는다. 즉, 폭식을 일으키는 심리적 공허함을 호소하는 여성에게 '공허함을 호소할 수도 있지만, 우선 무엇이든 해 볼 수도 있다. 무엇을 할 수 있는지부터 얘기해 보고 할 수 있는 일을 하자'라고 할 수 있다. 근본적인 원인을 탐색하거나 문제에 대한 통찰을 키우는 것은 과업중심 모델의 우선순위는 아니다. 그보다는 성공적인 과업의 수행을 위해 발생할 수 있는 장애물을 확인하고, 이를 해결하기 위한 실제적 전략을 계획하는 것이 과업 개발에 있어 중요하게 요구된다(Caspi, 2012: 65).

일반적으로 과업의 유형은 과업의 특성에 따라 행동적 · 인지적 · 정서적으로 구분할 수도 있으나, 클라이언트가 혼자 수행하는지, 가족이나 두 명 이상의 클라이언트가 함께 수행하는지 등에 따라 세분화할 수 있다. 가족이나 두 명 이상의 클라이언트의 경우 종종 과업은 공유되거나 호혜적이며 상호 의존적 방식으로 수행될 수 있다. 이처럼 과업의 유형은 하위 유형별로 세분화할 수 있으나 이러한 분류가 특별한 효과나 목적을 갖는 것은 아니다. 유형별로

표 5-5 과업의 유형

① 유일과업(unique tasks): 단일한 활동을 위해 계획된 과업(예: 클라이언트는 다음 주 화요일에 복지관 사회복지사를 만난다)
② 반복과업(recurrent tasks): 반복적인 활동을 위해 계획된 과업(예: 클라이언트는 매일 아침 아들을 안아 준다)
③ 단일과업(unitary tasks): 여러 단계로 이루어진 하나의 활동(예: 노인일자리사업 참여하기)
④ 복잡한 과업(complex tasks): 밀접하게 관련된 둘 또는 그 이상의 구분된 활동(예: 자활사업 참여를 위한 절차와 준비 과정 담당자와 의논하기, 자녀를 돌보아 줄 자원 탐색하기)

⑤ 개인적 과업(individual tasks): 한 사람이 수행하는 과업(예: 8시까지 학교 등교하기)
⑥ 상호적 과업(reciprocal tasks): 둘 또는 그 이상의 클라이언트가 수행하는 과업으로 서로 간의 상호작용에 초점을 두는 활동(예: 오빠는 여동생을 놀리지 않고, 여동생은 오빠 방에 들어가기 전에 노크하기 등)
⑦ 공유과업(shared tasks): 둘 또는 그 이상의 클라이언트가 함께 수행하는 활동(예: 남편과 아내가 함께 가계부를 관리하기, 형제가 함께 순서를 정해 게임기 사용하기 등)

출처: Epstein & Brown (2002), p. 174 내용과 양옥경 외(2010), p. 341 내용을 참고하여 재구성함.

통합될 수도 있으며, 유연하게 변화될 수도 있다(Epstein & Brown, 2002: 174). 세부적인 과업의 유형을 살펴보면 〈표 5-5〉와 같다.

5. 사례

사례를 통해 과업중심 모델의 실천기법과 개입 과정에 대해 살펴본다.

1) 사례 개요

김민수(가명, 12세)는 도벽과 거짓말, 친구들과의 잦은 다툼 때문에 학교사회복지사에게 의뢰되었다. 만성 우울증인 어머니는 집안일과 자녀양육에 대한 스트레스가 심하여 자주 친정에 가 있다. 트럭운전사인 아버지는 장기간 집을 비우는 일이 잦고, 집에 있는 날에도 술을 많이 마시고, 민수에게 강압적인 요구를 많이 하는 편이다. 민수는 초등학교 입학 때까지 온순한 편이었으나, 초등학교 3학년 때 우울증이 재발한 어머니의 입원이 길어지자 장기간 혼자 지내는 시간이 많아지면서 학교를 자주 빠지고, 동네 형들과 어울려 다니며 집에 들어가기 싫어하는 등 부적응적 행동이 나타나기 시작했다. 외할머니가 가까이 거주하면서 가끔씩 돌봐 주시기는 하지만 행동통제가 어렵고, 어머니는 자책감과 무력감으로 거의 포기한 상태라고 한다.

2) 개입 단계별 실천

과업중심 모델의 주요 개입 단계별 수행활동을 정리하면 〈표 5-6〉과 같다.

표 5-6 주요 개입 단계별 내용

단계		session	내용
시작하기 단계		1차~2차	관계 형성 및 초기 사정
개입 단계	1단계(문제규명)	2차~3차	표적문제 설정
	2단계(계약)	3차	표적문제 수정, 과업 설정
	3단계(과업실행)	4차~11차	과업실행 및 점검
	4단계(종결)	11차~12차	종결 및 과업 확인

(1) 시작하기

도벽과 거짓말 등의 문제가 빈번하게 발생하자, 민수의 담임교사는 학교사회복지사에게 상담을 의뢰하였다. 의뢰 당시 클라이언트의 어머니는 매우 무기력한 상태였고, 클라이언트는 상담에 비협조적이었다. 우선적으로 담임교사에게서 정보를 수집한 후 민수를 만나 지지적 태도를 통해 상담과정에 관심을 갖도록 하고, 자신의 행동에 대한 통찰을 키우도록 하였다.

(2) 문제규명 및 표적문제 설정

① 클라이언트
- 학교에 가지 않는다(일주일에 3회 이상 결석).
- 친구들과 자주 싸운다(일주일에 3회 이상 화내고 때리는 행동을 보임).

② 사회복지사
- 대인관계의 갈등: 학교 반 친구들과 의사소통이 활발하지 못하고 갈등적이다.
- 학교 적응의 어려움: 학습 동기가 낮고 대인관계의 어려움으로 학교에 다니기를 싫어한다.
- 정서적 어려움: 어머니의 정신질환과 아버지의 잦은 부재로 외로움과 우울감을 겪고 있다.

③ 표적문제의 우선순위
- 학교를 자주 빠진다.
- 친구들과 자주 다툰다.
- 교사와 친구에게 자기표현을 하지 못한다.

(3) 계약

표적문제의 우선순위를 근거로 클라이언트와 상담 목적 및 일정, 역할 등을 논의하고 그 내용을 계약서([그림 5-1] 참조)로 작성하였다.

(4) 실행

표적문제를 정하고 과업을 수행하기 위하여 과업수행표를 작성하였다. 각 과업을 수행하면서 예상되는 장해물을 상담 때마다 확인 · 점검하고 해결방법

계약서

수정된 표적문제
1. 나는 학교에 잘 가지 않는다.
2. 나는 친구들과 자주 싸운다.
3. 나는 선생님과 친구들에게 말을 잘 하지 못한다.

목표
1. 나는 학교에 결석하지 않는다.
2. 나는 친구들과 사이좋게 지낸다.
3. 나는 선생님과 친구들에게 말을 잘한다.

클라이언트의 과업
1. 나는 학교에 일주일에 한 번 이상 결석하지 않는다.
2. 나는 친구들을 도와준다.
3. 나는 선생님과 친구들에게 먼저 인사를 한다.

사회복지사의 과업
1. 매 회기 과업수행표를 점검한다.
2. 학교 담임선생님과 상담하여 학교적응을 돕는다.
3. 클라이언트의 어머니와 상담하여 클라이언트의 과업수행을 격려하도록 요청한다.
   개입계획: 2023년 10월 1일부터 총 6주간 주 2회 개별면담

참여자: 클라이언트, 클라이언트의 담임선생님, 클라이언트의 어머니

장소: 학교 상담실

위와 같은 사항에 합의하며 합의 사항을 준수하기로 약속합니다.

2023. 9.

클라이언트 _______ (서명)
사회복지사 _______ (서명)

[그림 5-1] 계약서 예시

을 논의하였다. 학교에 출석하는 것에 관심이 없는 클라이언트가 과업 검토 이후 결석은 거의 하지 않았으나, 학업에 흥미가 없고 친구관계도 소원하여 학교 적응에 지속적으로 어려움을 보이고 있었다. 사회복지사는 학교에 관심을 갖고 생활할 수 있도록 학교사회복지팀에서 운영하는 '친구 사귀기 프로그램'에 참여하도록 하고, 집단활동을 통해 대인관계 훈련을 하도록 하였다.

사회복지사의 개입에 부정적이었던 어머니와 상담을 통해 클라이언트에 대한 지속적 관심과 격려를 당부하고, 과업수행과 관련된 클라이언트의 성과를 보여 줌으로써 어머니의 긍정적 관심을 유도하였다. 한편, 학업의 어려움과 학급 내 활동을 강화하기 위해 담임교사와 협력관계를 맺어 학교생활을 지원하고, 과업수행 검토와 관련하여 담임교사의 협조를 얻어 진행하였다.

(5) 종결

학교 출석 일수의 점검을 통해 면담이 시작된 이후 학교 결석은 한 번도 없었고, 친하게 지내는 친구가 많아진 것은 아니나 집단 구성원 중에 2명의 친구와 게임을 같이 하거나 집에 놀러 다니는 정도의 관계를 유지하게 되었다. 개입 과정 동안 입원한 어머니의 병원 면회를 통해 정서적 관계를 유지하였고, 안정된 병원생활을 하는 어머니의 모습을 보며 심리적 지지를 얻게 되었다. 상담의 성과에 대해 함께 검토하여 2주 후 사후지도 계획을 세우고 종결하였다.

제6장

위기개입 모델

1. 개요

COVID-19를 비롯한 전염성 질환의 대유행은 국가사회를 일시에 혼란에 빠트리고, 일상적 삶의 양식을 급격하게 변화시켰다. 사회의 변화와 더불어 다양한 위기 상황들이 발생하고 있으며 사회복지 현장에도 위기사건 이후 발생할 수 있는 심리사회적 어려움을 예방하기 위한 위기개입의 중요성이 강조되고 있다.

위기개입은 위기로 인해 발생하는 급작스러운 상황에 대한 개입으로 불균형 상태의 회복을 위해 개인뿐 아니라 지역사회의 역할이 중요한 접근이다. 위기개입 모델은 1940년대 중반 Lindermann과 동료들이 미국 보스턴에서 발생한 대화재의 희생자 가족에 대한 심리 지원을 수행하는 과정에서 개념화되었다. 이들의 연구는 위기를 새롭게 이해하고, 상실로 인한 애도를 경험하는 사람들의 행동을 이해하는 데 실질적으로 기여하였다(James & Gilliland, 2008).

미국의 경우 1960년대 이후 장기개입에 대한 평가와 비판이 활발히 나타났고, 지역사회정신건강운동을 배경으로 단기개입에 대한 관심이 높아졌다. 위기개입은 대표적 단기개입 모델로 장기개입과 비교할 때 초점이 명확하고 간결하다. 단기적으로 발생한 특정한 문제나 위기 상황에 효과적이며, 시간제한적이고 구조화된 접근을 통해 단기간에 개입의 효과를 평가할 수 있다. 이러한 장점을 바탕으로 위기개입 모델은 정신건강 분야를 비롯하여 아동복지, 노인복지 분야에서 활발히 활용되고 있다(정순둘 외, 2011: 105).

우리나라에서 위기개입에 대한 논의가 본격적으로 시작된 것은 1990년대 후반 외상 후 스트레스 장애(Post-Traumatic Stress Disorder: 이하 PTSD)에 대한 관심이 높아진 때부터다. 삼풍백화점 붕괴와 대구 지하철 사고, 태풍 등 각종 재난 상황 이후 PTSD와 관련된 정신건강 상의 문제에 대한 해결책을 탐색하는 사회적 논의가 증가하였다(한재은 외, 2011). 이후 자살과 가정폭력, 학교폭력 등 위기 상황을 경험하는 클라이언트와 가족의 범위가 확대되면서 위기개입에 대한 관심도 점차 증가하고 있다.

오늘날 위기는 누구에게나 발생할 수 있는 예측 불가능한 상황이다. 위기 자체는 예측할 수 없고, 사람들에게 미치는 영향도 제각각이다. 같은 상황에 처하더라도 어떤 이에게는 위기가 되지만 또 어떤 이는 위기로 느끼지 않는 경우도 있다. 그러나 대부분의 사람들은 삶의 어느 시기에 위기적 사건을 경험한다. 스스로 해결할 수 없는 위기 상황을 마주칠 때에는 전문가의 도움도 필요하다. 이때 위기가 발생한 문화적 맥락을 파악하고, 지역사회에 미치는 영향과 상호작용에 대한 인식을 이해하는 것이 중요하다.

최근 사회복지 실천 영역에서 위기개입은 중요한 분야로 부상하고 있는데, 그만큼 지역사회 내 다양한 위험과 재난의 가능성이 높아지고 있기 때문이다. 위기의 가장 큰 특징은 예측 불가능성이며, 모두 다르게 나타난다는 점을 이미 살펴보았다. 그러나 분명한 것은 모든 위기에는 즉각적인 개입이 필요하다는 것이다. 따라서 위기의 개념과 특성을 이해하고, 위기 상황에 처한 클라이언트의 잠재적 어려움을 예방하면서 위기 이전의 기능을 회복할 수 있도록 돕는 실제적 전략과 원칙을 익히는 것은 사회복지 실천현장의 전문역량 강화에 매우 유용할 것이다.

2. 주요 개념과 원리

1) 위기의 개념 및 특성

위기란 개인의 현재 자원과 대처기제로는 감당하기 어려운 사건이나 상황을 지각하거나 경험하는 것을 말하며, 개인의 고통이 사라지지 않는다면 개인에게 심각한 정서적 · 행동적 · 인지적 역기능을 일으킬 수 있다(James & Gilliland, 2008). 위기에 대한 정의는 학자마다 다양한데 Caplan(1961)은 위기를 기존의 문제해결 방법으로 극복할 수 없는 장애이며, 개인의 안정상태를 깨뜨리는 것으로 정의하였다. 또한 Bard와 Ellison(1974: 68)은 위기를 "고통스러운(stressful) 인생 경험에 대한 주관적 반응으로, 이것이 개인에게 영향을 미쳐 대처능력과 일상생활 기능에 심각한 손상을 가져오는 상태"라고 하였다. Parad와 Parad(1990)는 위기 상황을 첫째, 개인이 기존에 가지고 있는 대처방식으로는 당면한 문제를 해결할 수 없는 상태, 둘째, 당황, 위험, 곤경, 자포자기, 무감각, 무력감, 절박감, 곤란 등을 경험하는 정신적 고통이라고 하였다(Goldstein & Noonan, 2005). 이처럼 위기는 개인이 해결할 수 없는 문제에 직면했을 때, 활용할 수 있는 자원이나 대처 역량을 초과했을 때 발생하며, 삶의 균형을 깨뜨리는 불안정한 상태다. 개인에게 나타나는 갑작스러운 정서적 동요 상태이며, 이는 신체적, 심리적, 인지적, 그리고 대인관계상에서 문제가 발생하거나 경험되는 것으로 스트레스 사건이 전제된다(정순둘 외, 2011: 114-115).

위기의 가장 중요한 선행 요소는 고통스럽거나 위험한 사건이다. 그러나 단지 사건의 발생이 위기상태를 가져오는 것은 아니다. 이보다는 고통스러운 사건이 상당한 혼란 및 붕괴를 가져올 것이라는 개인의 지각과 이전의 대처방법으로는 문제를 해결하지 못하는 대처능력의 부족이 보다 중요한 요소가 된다. 즉, 위기는 상황 그 자체가 아니라 상황에 대한 개인의 지각이나 반응을 의미한다(Parad, 1971: 197).

이러한 위기의 개념을 종합할 때 위기에 처한 사람에게 나타날 수 있는 일반적 특성을 정리하면 다음과 같다(Roberts, 2005:13).

- 촉발사건을 위협적으로 인식함
- 두려움, 긴장, 혼란을 경험
- 매우 높은 수준의 주관적 불편함을 경험
- 일상적인 대처방법으로는 상황을 조정하거나 대처할 수 없을 것이라 느낌
- 불평형의 상태로 급속히 진행

위기는 결코 단순하지 않다. 위기 상황을 이해하는 것은 복잡하고 단순한 원인과 결과로 설명할 수 없다(Brammer, 1985). 따라서 이를 무조건 위험과 부적응으로 간주하는 것은 적절치 않다. 위기 상황에서 개인은 심각한 어려움을 경험할 수 있지만, 이 때문에 도움을 구하게 된다. 이를 잘 활용하면 성장과 자각의 기회가 되기도 한다. 따라서 위기로 인해 나타날 수 있는 불균형 상황에서 경험하게 되는 불안과 불편함이 변화의 추진력이 되도록 이끄는 역할이 무엇보다 중요하다 하겠다.

2) 위기의 유형

위기는 다양한 유형으로 나타난다. 다음에서 위기의 유형을 발달적 위

기, 상황적 위기, 환경적 위기,[1] 실존적 위기로 구분하여 소개한다(James & Gilliland, 2008).

(1) 발달적 위기

인간이 성장하고 발달해 가면서 발생하는 생활 사건이나 발달 단계마다 요구되는 과업을 수행할 때 예측할 수 있는 위기다. 구체적으로 아이의 출생, 사춘기, 대학 졸업, 중년기의 직업 변화, 은퇴 등으로 인해 초래되는 것을 말한다. 인간 발달 과정에서 발생하는 사건은 어느 정도 예측 가능하고, 정상적인 과정으로 볼 수 있으나, 각 사건에 대한 반응은 개인마다 다르므로 주의 깊게 사정하고 개입하여야 한다.

(2) 상황적 위기

예측하거나 통제할 수 없는 드물고 이례적인 사건인 교통사고, 유괴, 강간, 갑작스러운 질병, 사별과 같이 갑작스럽게 발생하는 사건에 의한 위기를 말한다. 상황적 위기는 누구에게나 일어날 수 있지만 예측이 불가능하고, 갑작스럽고 충격적인 사건으로 개인과 그 가족의 삶을 흔들어 놓는다.

(3) 환경적 위기

자연이나 인간으로 인한 재해가 갑작스럽게 닥칠 때 발생하는 것으로 동일한 환경에 놓여 있는 사람들 모두에게 영향을 미친다. 환경적 위기는 태풍, 홍수, 지진, 화산 폭발, 눈보라, 산불 같은 자연재해일 수도 있으며, 전염병이나 기름 유출 같은 재난, 전쟁이나 민족 말살과 같은 정치적 사건일 수도 있으며,

1) Brammer(1985)의 경우 환경적 위기를 상황적 위기에 포함하여 위기의 유형을 크게 발달적 위기, 상황적 위기, 실존적 위기로 구분하고 있다. James와 Gilliland(2008)의 경우 생태체계적 관점에서 환경적 위기를 추가하여 소개하고 있다.

심각한 경제불황일 수도 있다.

(4) 실존적 위기

실존적 위기는 인간의 내적 갈등이나 불안을 포함하는 것으로 삶의 목표나 책임감, 독립성, 자유 등이 충족되지 않을 때 갈등과 불안이 초래되면서 발생한다. 예를 들어, 50대 중반의 남성이 더 이상 자신이 직장에서 영향력이 없음을 깨달으면서 발생하는 위기일 수 있다. 또한 독신을 선택하고 부모를 모시며 살아온 여성이 40대에 이르러 자신이 진정으로 독립적인 삶을 꾸리지 못하고 행복한 삶을 이룰 기회를 가지지 못했다는 후회와 원망으로 인해 발생할 수도 있다.

3) 위기개입의 개념 및 목표

위기개입은 위기로 인한 불균형 상태의 회복을 위해 개인, 가족, 집단, 지역사회를 돕는 과정이다. 인간은 지속적인 적응 노력과 문제해결 기술을 통해 계속적으로 평형(Equilibrium)상태를 유지하며 살아간다. 위기란 이러한 개인의 평형이 깨진 상태, 즉 통상적인 대처 전략이 현재의 문제를 다루기에 부적절한 상태를 말한다. 따라서 위기개입은 극심한 스트레스 상황으로 인해 정서적 불균형 상태에 있는 클라이언트를 대상으로 즉각적인 서비스를 지원하고 이후 발생할 수 있는 정서적 붕괴를 막기 위한 실천활동이다(정순둘 외, 2011: 116). 즉, 위기개입의 주요 목표는 위기로 인한 정서적 · 행동적 · 신체적 반응의 강도를 감소시키고 위기 이전의 기능을 복원하는 것이다.

한자어로 위기(危機)는 위험과 기회의 의미를 갖는다. 위기 상황에서 개인은 심각한 병리상태에 빠질 수 있으므로 위기는 위험을 초래한다. 반면, 위기는 인생의 결정적인 전환점이 될 수 있다. 고통의 경험과 과정이 클라이언트에게 문제해결과 성장을 위한 기회와 도전을 제공할 수 있다. 사람들은 스트레스나 해로운 사건에 대항하여 정서적 균형과 평형상태를 얻기 위해 노력하면서 새로운 행동을 학습할 수 있다. 결국 위기를 겪은 개인의 기능은 위기 이전과 같거나 오히려 개선될 수도 있고, 어떤 때는 더 악화될 수도 있다. 따라서 평형상태로 되돌아가는 활동을 가속화시키고, 적어도 기능이 더 후퇴하지 않도록 막는 데 초점을 두는 모델이다(Parad & Parad, 1990). 이러한 과정에서 클라이언트는 자신의 감정을 다스리고 위기를 해결하기 위한 활동 계획을 실행해 나가기 위해 구체적 단계들을 밟아 나가며 대처기술과 문제해결 능력을 재수립하게 된다. 위기 상황에 처한 클라이언트의 심리적 문제, 특정한 행동적 문제, 사회체계의 문제 등 다양한 문제에 개입할 수 있는 틀을 제공하고, 이를 통해 개인의 대처능력을 향상시킨다.

보통 위기는 시간제한적으로 4~6주 동안 지속된다. 이때 위기개입이 즉각적으로 이루어져야 한다. 그러나 때때로 이 시기가 지나면 급성 위기는 사라지지만, 위기를 유발하는 상황은 계속될 수 있다. 예를 들어, 사고로 부모를 잃고 가장으로 살아가야 하는 장남은 부모의 죽음으로 인한 위기가 지나가도 앞으로 어린 동생들을 돌보아야 하는 부담이 남을 것이다. 또한 현재의 위기가 과거 미해결된 문제와 관련이 있을 수 있다. 요양원 입소 후 우울증을 나타내는 노인의 위기는 수년 전 남편의 죽음에 대처하지 못했기 때문에 그 영향이 남은 결과일 수도 있다(Goldstein & Noonan, 2005). 따라서 급작스런 불균형의 회복 이후 추가적인 문제해결의 과정이 요구될 때 사례관리와 같은 추가적인 사회복지 실천 전략의 활용이 필요하다. 새로운 대처기술을 개발하고, 고립과 약물남용 등의 비효율적 대처방법을 제거한다. 위기개입을 통해 개인이 위기에서 회복하도록 돕고 심각한 장기적 문제가 발생하지 않도록 예방해야 한다.

4) 위기개입의 특성

위기개입은 일반적인 상담과는 구분된다(James & Gilliland, 2008: 25). 먼저,

일반적인 상담의 형태는 충분한 정보수집과 사정을 통해 목표를 세우며 클라이언트와 협력하여 계약하고, 상담 세션에서 이루어지는 내용에 대한 클라이언트의 느낌을 다루고 과제를 제시한다. 보통 심리교육적 형태로 이루어지며, 클라이언트의 광범위한 성격 변화를 목표로 삼는다. 이에 반해 위기개입은 체계적으로 문제를 정의하고 문제해결을 위한 대안을 찾고 행동계획을 세우며 클라이언트의 참여를 확보하는 데 초점을 둔다. 상담 시간과 빈도를 비교할 때 장기상담이 보통 매주 1회 정도의 다소 고정된 방식으로 이루어지는 반면, 위기개입은 보통 30분에서 2시간 사이로 상황에 따라 조정된다.

또한 위기개입은 단기치료 모델 중 하나다. 일반적으로 위기개입 모델과 단기치료 모델 모두 클라이언트의 평형상태를 회복시키는 데 초점을 두고 있다는 공통점을 갖고 있다. 그러나 클라이언트가 문제를 얼마나 과도하게 느끼는지, 정서적 불균형을 얼마나 크게 느끼는지에 따라 적용할 모델은 달라진다. 단기치료가 상대적으로 지속적인 정서적 문제를 재조정하는 것이라면, 위기개입은 위기에 처한 사람이 외상적 사건으로 인해 발생한 정서적·행동적·인지적 왜곡을 인식하고 교정하도록 돕는다. 예를 들어, 수학 시험에서 성적이 많이 떨어진 학생이 자신은 결코 수학에서 좋은 점수를 얻을 수 없으며 부모가 바라는 대학에 갈 수 없다고 결론지을 수 있다. 이때 학생은 무력감을 느끼고 절망감과 함께 자살을 생각할 수 있다. 이런 경우 위기개입이 필요하다. 반면 똑같이 성적이 급격히 떨어진 학생이 자신에 대해 실망하고 앞으로 어떻게 해야 할지 혼란스러움을 느껴 사회복지사를 찾아간다면, 사회복지사는 과업중심 모델이나 해결중심치료와 같은 단기치료 모델을 적용할 것이고, 개입의 목표는 학습 습관의 수정이나 시험을 치루는 기술의 향상에 둘 것이다.

이처럼 위기개입 모델은 단기적, 적극적, 상황 중심적인 문제해결 방법이며, 과정지향적이기보다 행동과 상황에 초점을 둔다(Aguilera, 1998). 또한 클라이언트가 활용할 수 있는 대처 전략과 사원, 지지체계를 확인하고 내·외부 환경을 통제할 수 있는 힘을 회복하도록 돕는다(Yassen & Harvey, 1998). 사회복지사는 클라이언트를 변화시키는 것이 아니라 클라이언트의 변화를 촉진하고, 클라이언트 스스로 자원을 발견하여 활용할 수 있도록 하는 데 목표를 두어야 한다(Saleebey, 2002). 클라이언트의 작은 변화는 문제를 해결하는 데 충분하며, 이때 클라이언트의 능력과 강점이 문제해결에 핵심이 된다(Palmer et al., 2004).

위기에 처한 개인은 매우 혼란스러운 상태에 있고, 다양한 측면을 보지 못하는 터널시각(tunnel vision)을 갖기 때문에 위기 해결에 필요한 자신의 강점(대처기술)을 스스로 인지하지 못한다. 이에 위기개입의 실천에 있어 필요한 관점이 강점관점이다. 위기개입은 인간에 대해 비교적 낙관적 입장을 유지하고 있는데 구체적으로 위기개입은 사람들이 성장하고 적응할 수 있는 능력이 있음을 전제로 한다. 강점관점에 입각한 위기개입은 클라이언트가 위기 상황을 성공적으로 다루기 위한 자원과 대처기술을 이미 가지고 있지만, 그것들을 사용하지 못하거나 인식하지 못할 뿐이라고 보고 클라이언트가 스스로의 자원을 찾도록 돕는다. 사람들은 스트레스나 해로운 사건에 대항하여 정서적 균형과 평형상태를 얻으려 노력하면서 새로운 행동을 학습할 수 있다. 또한 위기개입에서 사람들이 상황적 스트레스나 위험한 생활사건에 직면하게 될 때 경험하는 정서적 불균형 상태는 병리적인 것과는 다르며, 누구에게나 일어날 수 있는 정상적 삶의 경험으로 간주되어야 한다.

3. 모델의 적용

1) 위기개입의 단계

위기개입은 특정 상황에 대한 특정 행동에 초점화된 개입으로 제한적 목표를 갖고 있다. Rapoport(1970)는 위기개입의 일차적 목표를 위기로 인한 증상의 제거 및 위기 이전의 기능 수준으로의 복귀, 위기 촉발 사건에 대한 이해, 클라이언트가 취할 수 있거나 지역사회 자원을 통해서 사용 가능한 치료 수단을 발견하는 것으로 보았다(정순둘 외, 2011: 116-117). 그 외에 현재의 스트레스를 과거의 생애 경험, 갈등과 연결하고, 위기 상황 이후에도 사용할 수 있는 새로운 적응기제의 개발은 2차적 목표로 제시하였다(김혜란 외, 2006: 115).

위기에 처한 사람을 돕는 다양한 위기개입 실천 모델이 발전되어 왔다. 이 모델들은 크게 위기를 사정하고, 문제를 경감시키고, 대안적인 대처방법을 고안하는 세 가지 단계로 이루어진다. 이러한 기본 구조에 근거하여 학자마다 세분화된 단계별 위기개입을 제안하고 있는데, 강점관점에 근거한 위기개입 모델을 개발한 Robert는 이러한 위기개입의 단계는 "하나의 지침으로 보아야 하며, 각 단계는 엄격한 과정이 아니다. 어떤 클라이언트는 단계가 중복되기도 한다"고 언급하며, 클라이언트에 따라 개별화된 접근의 중요성을 지적하였다(Roberts, 2005). 다만 대부분의 위기개입 모델에서는 위기 상황에 처해 있는 클라이언트의 심각한 정서적·인지적·행동적 불균형에 대해 사정하는 것을 중요하게 여기며, 이에 따라 위기개입의 방향이 결정된다.

여기서는 James와 Gilliland(2008)의 6단계 모델을 중심으로 위기개입 모델의 단계별 과업을 살펴본다. 이 모델의 전 과정은 사정으로부터 시작한다. 사정은 위기개입의 전 과정에서 이루어지며, 이러한 기술을 적용하는 실천의 과정은 기계적이기보다는 유동적이다. 위기개입의 6단계는 클라이언트가 위기 이전의 상태로 회복하도록 돕는 데 있어 적극적이고 주장적이며, 동시에 의도적 사정과 경청, 활동의 방법을 강조한다.

전체 과정을 포괄하여 사정 활동을 수행하면서 사회복지사가 James와 Gilliland(2008)의 6단계 모델을 사용할 때 전반부의 3단계는 문제 정의하기, 클라이언트의 안전 확인하기, 지지하기이며 경청이 주요 활동이 된다. 이어지는 3단계는 대안 탐색하기, 계획 세우기, 긍정적인 활동에 참여 유도하기이며, 경청에 이어 행동적 활동이 많아지는 단계다(James & Gilliland, 2008: 31-34;

MacDonald, 2016 재구성).

(1) 1단계: 문제 정의하기

위기개입의 1단계는 문제가 무엇인지 명확히 파악하는 것이다. 이때 클라이언트의 관점에서 문제를 정의하고 이해해야 한다. 사회복지사가 클라이언트의 관점에서 문제를 보지 못한다면 개입 전략과 절차에서 중요한 사항을 놓치게 되고 클라이언트에게 이 과정은 전혀 가치 없는 것이 될 수 있다. 개입을 시작할 때 사회복지사는 감정이입, 진정성, 수용 또는 긍정적 존중 등의 핵심 경청기술을 활용하는 것이 필요하다.

(2) 2단계: 클라이언트의 안전 확보하기

다음 단계는 클라이언트의 안전을 보장하는 것이다. 클라이언트의 안전은 자신과 타인에게 신체적 · 심리적 위험을 최소화하는 것이다. 이는 자살 위험에 대한 평가와 타해의 위험 확인을 포함한다. 두 번째 단계로 안전 확보를 제안하고 있지만 안전은 위기개입의 전 과정에서 우선적으로 고려해야 할 사항이다. 따라서 이 단계는 유연하게 적용해야 하며, 안전에 초점을 두고 사정하고, 경청하는 전략을 지속적으로 활용해야 한다.

(3) 3단계: 지지하기

클라이언트의 안전을 확보하고, 문제에 대한 적절한 정의가 이루어진 후 사회복지사는 클라이언트를 지지한다. 사회복지사는 클라이언트가 스스로를 가치 있는 사람으로 받아들이고, 돌봄을 받고 있다고 느낄 수 있도록 관심을 전달한다. 이를 위해 클라이언트를 무조건적이고 긍정적으로 수용할 수 있어야 한다. 덧붙여 음식과 주거지 등 기본적 요구 사항을 확인하고, 이를 충족할 수 있도록 지원하고, 관련한 상황에 대처하고, 해결하는 데 필요한 정보를 제공한다.

(4) 4단계: 대안 탐색하기

위기개입의 4단계는 클라이언트에게 적절하고 가능한 선택 사항을 폭넓게 탐색하고 검토하면서 잠재적인 해결책을 찾는 단계다. 위기에 처한 클라이언트는 대부분 선택의 여지가 없다고 믿는다. 이때 사회복지사는 클라이언트에게 더 많은 대안이 있고 더 나은 선택지가 있음을 인식하도록 돕는다. 관련하여 확인할 수 있는 대안의 범주는 다음과 같다.

- **상황적 지지자**: 클라이언트에게 발생한 일에 관심을 갖고 돌볼 수 있는 사람들(현재 알고 있는 사람뿐 아니라 과거에 알았던 사람들 포함)
- **대처기제**: 클라이언트가 현재의 위기를 극복하는 데 사용할 수 있는 행동, 환경적 자원(과거, 현재, 미래에 수행한 작업을 모두 탐색)
- **긍정적이고 건설적인 사고패턴**: 클라이언트의 스트레스와 불안 수준을 경감시키는 사고방식

사회복지사는 이러한 범주에 해당하는 다양한 대안들을 객관적으로 검토함으로써 아무것도 할 수 없다고 느끼는 클라이언트의 태도를 변화시킬 수 있다. 그러나 가능한 많은 대안을 찾는 데 집중하기보다 클라이언트에게 적합한 대안을 적절하게 선택하는 것도 중요하다. 위기에 처한 클라이언트에게 너무 많은 선택지를 제시하여 선택하도록 요구하기보다 초점을 제한하여 클라이언트의 상황에 현실적으로 적합한 선택을 할 수 있도록 돕는 것이 필요하다.

(5) 5단계: 계획 세우기

위기개입의 5단계는 대안 탐색하기 단계와 직접적으로 연결된다. 계획은 먼저, 즉각적인 지지를 받을 수 있는 사람, 집단, 그 외 의뢰 자원을 분명히 해야 한다. 다음으로 클라이언트가 지금 할 수 있을 정도로 구체적이며 긍정적이고 클라이언트가 자기 것으로 만들 수 있고 이해할 수 있는 분명한 행동 단계를

제시해야 한다. 계획은 클라이언트의 체계적 문제해결에 초점을 두어야 하고 클라이언트의 대처능력 측면에서 현실적이어야 한다.

이 단계의 목표는 클라이언트의 삶에 대한 통제력을 회복하는 데 도움이 될 구체적 계획을 수립하는 것이다. 계획을 수립할 때 클라이언트의 협력이 중요하다. 수립된 계획을 수행할 때 클라이언트가 자신의 능력, 독립심, 자기존중을 잃지 않도록 해야 한다. 따라서 클라이언트가 계획 과정에 참여함으로써 자신의 통제감을 다시 일으키고, 사회복지사에게 과의존하지 않도록 해야 한다.

(6) 6단계: 참여 유도하기

위기개입의 6단계는 계획 단계가 효과적으로 수행될수록 수월해진다. 참여 단계는 클라이언트에게 계획한 내용을 요약하게 하면서 시작할 수 있다. 클라이언트가 협력하는 데 동의했다면 클라이언트가 계획 중에 수행해야 할 부분에 대한 책임감을 부여한다. 6단계의 목표는 클라이언트가 위기 이전의 평형을 되찾을 수 있도록 고안한 행동 단계 수행에 참여하도록 하고, 이는 자발적이고, 현실적으로 이루어져야 한다.

이러한 6단계를 수행하는 동안 사회복지사는 사정하기, 안전 확보하기, 지지하기 등의 이전 단계의 과업을 잊어서는 안 된다. 위기개입 단계는 선형적으로 제시되어 있으나 클라이언트는 이들 단계를 상황에 따라 순환적으로 이동할 수 있다. 즉, 개입 모델의 적용은 위기대응을 위한 일종의 개입 틀로 활용해야 할 것이다.

2) 위기사정 및 평가도구

위기에 처한 클라이언트를 신속하게 사정하는 것은 위기개입의 가장 중요한 요소다. 위기사정은 긴박한 상황에서 즉각적으로 이루어지는 경우가 많다.

따라서 시간이 걸리는 정신장애에 대한 진단, 성격검사, 불안, 우울 등을 측정하는 임상평가 도구와 같은 형식을 사용하여 정보를 얻는 것은 한계가 있다. 그보다 위기사정에서 다루어야 할 주요 영역은 다음과 같다.

첫째, 위기의 심각성
둘째, 클라이언트의 현재 정서 상태
셋째, 대안, 대처기제, 지지체계, 클라이언트의 가용한 자원
넷째, 자신과 타인에 대한 치명성의 영역

한편, Vandiver와 Corcoran(2002)은 위기개입에서 목표를 수립하고 효과적인 치료계획을 세우는 데 생심리사회적, 사회문화적 사정의 중요성을 강조하였다. 즉 위기사건 자체에 대한 정보 수집과 평가와 함께 첫째, 현재 클라이언트의 건강상태, 과거 건강상태나 상해 여부, 현재 약물복용과 건강습관(운동, 수면, 약물, 식사 등) 등의 신체적 측면을 사정한다. 둘째, 정신상태, 외모, 행동, 언어, 사고과정 및 내용, 기분과 정서, 인지기능, 기억력, 자살이나 타살의 위협 등에 대한 심리적 측면을 살펴본다. 마지막으로, 사회문화적 경험으로 문화적 배경, 민족, 언어, 문화적응, 영적신념, 이웃관계, 지역사회의 소속감, 사회적 네트워크와 관계 등을 포함한다.

사정은 위기개입의 전 과정에서 역동적으로 이루어진다. Myer 등(1991)은 위기 상황에서 신속하고 효과적인 사정방법인 위기분류 사정 양식(Triage Assessment Form: TAF)을 제안하였다. TAF는 클라이언트의 정서, 행동, 인지의 3가지 영역에서 유동성과 평형상태를 사정하는 것이다([그림 6-1] 참고). 각 영역은 1점(손상 없음)에서 10점(심각한 손상)까지 측정되며 3가지 영역을 합산한 점수가 높을수록 위기 상황에 있는 것이다. TAF 결과를 통해 사회복지사는 클라이언트가 어느 정도의 유동성과 평형상태에 있는지 알 수 있고, 이를 기준으로 사회복지사가 취해야 할 행동의 유형과 역할을 결정할 수 있다. 예를 들면,

위기분류 사정 양식(Triage Assessment Form)

© R. A. Meyer, R. C. Williams, A. J. Ottens & A. E. Schmidt

위기사건

위기 상황을 간단하게 규명하고 기술하라.

____

____

정서 영역

현재의 정서를 간단하게 규명하고 기술하라(한 가지 이상의 정서를 경험하고 있다면, 첫 번째에 #1, 두 번째에 #2, 세 번째에 #3 번호를 매기라).

분노/적의

____

____

걱정/두려움

____

____

슬픔/침울

____

____

정서평가 척도

클라이언트의 위기에 대한 반응과 가장 가까운 번호에 체크하라.

1	2 3	4 5	6 7	8 9	10
손상 없음	극소의 손상	경미한 손상	중등도의 손상	현저한 손상	심각한 손상
정상적인 변화를 갖는 안정된 기분. 혹은 일상 기능에 적절한 정서	상황에 맞는 정서. 가볍긴 하지만 상황이 초래할 것으로 보이는 것보다 부정적인 기분을 단기간 더 강하게 경험. 클라이언트는 감정을 대체로 통제.	상황에 맞는 정서를 보이지만 상황보다 부정적 기분을 더 강하게 경험하는 기간이 점차 더 길어짐. 클라이언트는 감정을 대체로 통제할 수 있는 것으로 지각.	정서가 상황에 맞지 않을 수 있음. 부정적 기분을 강하게 느끼는 기간 확장. 상황이 초래할 것으로 보이는 것보다 더 강한 기분을 눈에 띄게 경험.	상황보다 현저하게 높은 수준에서 부정적 정서 경험. 정서는 분명하게 상황에 맞지 않음. 기분의 진동이 있다면 두드러짐. 클라이언트는 부정적인 기분이 시작되는 것을 통제할 수 없다고 지각	보상작용의 상실 혹은 이인화 증거

[그림 6-1] 위기분류 사정 양식(정서 영역) 예시

자료: Meyer, R. A., Williams, R. C., Ottens, A. J., & Schmidt, A. E. (1991). unpublished manuscript. (Northern Illinois University, DeKalb, Illinois)

클라이언트의 정서 손상의 정도가 심하고 대처능력의 발휘가 어려운 상황일수록 보다 적극적이고 지시적 태도를 취할 수 있다. 반면 정서적 손상의 변화가 거의 없고, 대처능력의 발휘가 어느 정도 가능한 상황이라면 상대적으로 비지시적 태도를 취하는 등의 판단을 할 수 있다(James & Gilliland, 2008).

3) 한계점

위기개입 모델은 사회복지실천 분야에서 대표적 단기 모델로 알려져 있다. 단기개입으로서 가지는 장점과 다양한 치료방법을 통합하는 절충적 접근을 반영한다는 점에서 현장에서의 유용성이 높다. 일상생활에서 발생할 수 있는 다양한 스트레스와 위기 상황에 대한 대처를 초점으로 위기로 인한 불균형과 부적응을 예방할 수 있다는 측면에서 그 필요성이 강조되는 모델이다.

단기간에 신속한 개입을 통해 다수의 클라이언트에게 필요한 서비스를 제공할 수 있다는 장점이 있으나, 만성적으로 심각한 스트레스를 가지고 있거나 환경적 혹은 자원체계의 문제로 인해 정서적 위기가 가중된 개인의 문제를 해결하는 데는 한계가 있다(정순둘 외, 2011: 123). 문제의 근본 원인을 다루기보다는 드러나는 증상을 중심으로 대처하는 일종의 임시방편적 접근(band-aid approach)이며, 위기개입에 관여하는 사회복지사가 개입의 최종 결과를 확인하지 못한다는 비판을 받기도 한다(Knox & Roberts, 2016; 엄명용 외, 2020: 171 재인용).

또한 위기개입에 대한 효과성 검증에 대한 실증적 자료가 부족하고 이론적 체계가 미흡하다는 인식이 있다. 위기개입에서 사용되는 실천기술들은 일반적으로 라포 형성과 사정, 실행 전략의 모색 등 사회복지 실천과정에서 기본적으로 사용되는 실천기술들이다. 때문에 위기개입 실천을 위한 고유의 기술이 부족하다는 것이다(이영호, 2008). 따라서 대안적 위기개입 기술 및 위기개입 효과성에 대한 논의가 필요하며 비용 및 자원 등에 대한 환경적 개입이 함께 이루어져야 할 것이다.

4. 주요 기법

1) 위기개입의 기법

위기개입은 대표적 단기 모델로 장기적 욕구를 포함하는 일반적 개입과 달리 제한적 목표를 갖는다. Rapoport(1970)는 위기개입의 목표를 다음과 같이 제시하였다(김혜란 외, 2022).

첫째, 위기로 인한 증상을 제거한다.
둘째, 위기 이전의 기능 수준으로 회복한다.
셋째, 불균형 상태로 만든 촉발사건에 대해 어느 정도 이해한다.
넷째, 클라이언트나 가족이 사용하거나 지역사회 자원에서 이용할 수 있는 치료기제에 대해 규명한다.
다섯째, 현재의 스트레스를 과거의 생애 경험, 갈등과 연결한다.
여섯째, 새로운 인식, 사고, 정서 양식을 개발하고 위기 상황 이후에도 사용할 수 있는 새로운 적응적 대처기제를 개발한다.

이러한 목표들 가운데 처음 네 개의 목표는 최소한 달성이 필요한 목표이며, 마지막 두 개의 목표는 클라이언트의 상황이나, 기능에 따라 조정하여 달성할 수 있는 목표다(김혜란 외, 2022).

또한 위기개입 모델은 사회복지 실천 모델 중 대표적 단기개입으로 빠르게 진행된다. 즉, 구체적이고 관찰이 가능한 문제들이 위기개입의 표적이 되고, 현재의 위기를 즉각적으로 해결하는 데 초점을 둔다. 따라서 위기개입의 가장 큰 특징은 무엇보다 신속하게 개입하는 데 있다. 신속하게 클라이언트의 문제와 상황을 파악하고 안정된 관계 형성과 안전을 확보해야 한다. 또한 위기를 완화시키거나 제거할 수 있는 구체적 계획에 근거하여 다양한 실천이론에서 소개하고 있는 개입방법들을 절충적으로 활용한다.

실천기술의 사용은 위기 상황을 어떻게 해석하느냐에 따라 달라질 수 있다. 그러나 위기에 처한 클라이언트를 신속하게 사정하는 것이 중요하며, 어떤 위기 상황이라도 클라이언트와 협력적 관계를 맺는 것이 중요하다. 특히, 앞에서 소개한 위기개입의 개입 단계별로 핵심 과업의 수행을 위해 사회복지 실천과정에서 전통적으로 활용해 온 기법으로 경청하기, 지지하기, 대안의 탐색 등을 적극적으로 활용하도록 요청하고 있다.

Aguilar와 Messick은 위기개입 단계에서 다음 네 가지 개입 기법이 필요하다고 제안하였다(김정진, 2019: 227-228).

① 개인으로 하여금 자신의 위기에 대해 지적인 이해를 하도록 돕는다.

위기에 있는 사람은 혼란스럽다. 정서적 혼란 상태에서 명확하고 객관적으로 생각하는 것은 어렵다. 위기개입의 첫 번째 기능은 클라이언트로 하여금 위기 상황을 객관적으로 보도록 돕는 것이다. 사회복지사는 클라이언트가 자신의 강점과 약점을 보다 객관적으로 평가하고 위기 해결을 위해 나아가도록 돕는다.

② 클라이언트가 표현하기 힘든 감정을 드러내도록 돕는다.

스트레스는 종종 불안과 불편함 등 강한 감정을 불러일으킨다. 대부분의 사람들은 이러한 감정들을 통제하고, 다루려고 노력하지만 일부는 내면에 담아두게 된다. 불안과 비탄, 슬픔, 실망으로 인한 통증을 두려워하지만 이를 다루는 것은 어려운 일이다. 이처럼 부정적인 감정을 억압하고 보유하는 것은 사람들을 무기력하게 한다. 클라이언트를 위기 이전의 수준으로 회복하는 데 장애가 되는 감정이 무엇인지를 파악해야 한다.

③ 대처기제를 탐색하도록 돕는다.

과거에 클라이언트에게 어떤 대처 방식이 성공적으로 사용되었는지, 그 방식이 위기 상황에도 적용 가능한지 탐색한다. 또한 새로운 대처 기제로는 무엇이 적절한지 파악한다. 이때 클라이언트가 변화할 수 있도록 돕는다. 위기개입은 다른 어떤 개입보다 직접적이기 때문에 해결을 위해 무엇을 해야 할지 방향을 제시할 수 있다. 만약 이것이 도움이 되지 않는다면 새로운 대안들을 확인하고 접근하도록 돕는다. 이후 클라이언트가 시도했던 대안의 효과와 변화 정도를 평가할 수 있다.

④ 활동 재개(회복)을 돕는다.

클라이언트가 자신의 사회적 지지체계를 형성하거나 재형성할 수 있도록 돕는다. 만일 위기가 사별이나 이혼과 같은 상실로 인한 것이라면 위기개입 동안 클라이언트에게 도움이 될 지지자원을 찾도록 돕는다. 건강이나 직업을 상실한 경우라면 클라이언트와 가장 가까운 사람들과 함께 클라이언트를 도울 수 있다.

2) 다양한 현장에의 적용

사회복지 실천현장에서 위기 상황은 다양한 장면에서 발생한다. 사회복지사는 가정폭력 피해 여성과 배우자를 사별한 노인, 자연재해로 인한 피해를 경험한 지역주민, 자살 충동이 있는 청소년 등 다양한 위기 대상을 접하게 된다. 이때 활용할 수 있는 위기개입의 도구가 전화상담이다. 전화상담은 익명성과 편의성이 두드러지는 접근방법이다. 전화 위기개입은 클라이언트의 목소리, 톤, 어양, 속도, 정서적인 내용만으로 개입해야 하며, 언어적 측면과 비언어적 측면을 연결시켜 볼 수 없으며, 발생할 수 있는 상황에 대해 물리적 통제가 어렵다. 따라서 전화 위기개입에 맞는 구체적인 전략이 필요하다. 일반적 위기

개입 단계와는 달리 전화 위기개입에서는 관계 형성하기를 가장 우선적인 과업으로 둔다. 즉, 사회복지사는 심리적 접촉을 통해 빨리 클라이언트의 신뢰를 이끌어 내어 수용적이고 공감적 관계를 구축함으로써 상담을 지속시키는 것이 필요하다. 이를 위해 적극적 경청과 반응 기술을 사용해야 하며, 이때 사회복지사의 목소리는 안정적인 저음으로 침착하게 반응을 이끌어 내는 것이 좋다.

최근 전화상담뿐 아니라 사이버 상담 등 비대면 접근을 활용한 위기개입의 실천도 활발하다. 전화상담이나 사이버 상담 상황에서 긴급출동이 필요할 정도로 심각한 자살 시도 상황으로 판단된다면 현재 클라이언트가 있는 장소와 위치, 연락 방법 등을 추가로 확인해야 한다. 일단 긴급출동을 관련 기관에 요청한 후에 지속적으로 클라이언트와 연락을 유지하면서 응급구조대가 도착하여 클라이언트의 안전이 확인될 때까지 대화를 이어 가면서 상담을 지속할 필요가 있다(이영선 외, 2012). 또한 지역사회를 중심으로 수행되는 위기개입 접근은 지역사회 내 서비스 제공기관 간의 협력적 체계를 통해 작동하기 때문에 사회복지사의 활동은 클라이언트 개인을 넘어 전달체계 내의 여러 조직과 복합적 조율 활동을 필요로 한다.

5. 사례

1) 사례 개요[2)]

클라이언트는 현재 모자가족복지시설에서 모(母, 42세), 오빠(13세)와 함께 생활하고 있는 4세 여아로서 오빠의 성폭력이 의심되어 기관 사회복지사에게

2) 장수미, 이선민, 문용준(2006). '성폭력이 의심되는 여아의 위기개입'. 정신보건과 사회사업, pp. 287-303을 요약하여 정리함.

의뢰되었다. 모는 아들이 동생의 음부를 만진 것 같다며, 사회복지사에게 음부에 약 3cm의 상처를 봉합했다는 내용의 소견서를 갖고 왔다. 사회복지사는 위기개입 모델을 적용하여 즉각 이 사례에 개입하였다.

2) 개인력

클라이언트는 4세 여아로 모, 오빠와 함께 1년 전부터 해당 시설에서 생활하고 있다. 2년 전 아버지가 사망한 이후 입소하였고, 언니(17세)는 현재 가출하여 연락이 두절되었다. 모는 기초생활수급권자로서 중졸 학력으로 인지기능이 약간 떨어지며, 현재 의류공장에 다니고 있다. 오빠는 6학년으로 학교는 잘 다니나 학업능력이 현저히 떨어지고 위생 상태가 좋지 않아 또래에게서 놀림을 당하는 경우가 많다. 클라이언트는 낮 동안 어린이집에 다니고 있으며, 나머지 시간에는 주로 오빠와 시간을 많이 보내는 편이다.

3) 위기사정

모가 아들을 가해자로 지목함에 따라 현재 클라이언트뿐만 아니라 모와 오빠 모두 심리적 · 물리적으로 매우 심각한 손상이 예상되었다. 하지만 모와 오빠가 언어적 표현능력이 떨어지고 클라이언트 또한 아직 어린 나이로서 의사표현이 분명하지 않기 때문에 위기 발생 당시의 정확한 정보수집이 어려운 상태였다. 다음은 클라이언트를 중심으로 실시한 위기사정 결과다.

(1) 정서 영역: 8~9점으로 현저한 손상상태로 판단된다.

- 두려움/불안: 클라이언트는 모로부터 떨어지지 않으려 하고 계속 칭얼거리고 우는 행동이 지속되어 매우 불안한 상태로 보인다. 울고 보채고 있으며, 밤새 신음소리를 내며 제대로 잠을 자지 못하며, 작은 소리에도 민

감하여 쉽게 놀라고 가끔씩 경기를 일으켰다고 한다.

- **슬픔/침울**: 클라이언트는 계속 아프다고 고통을 호소하고 계속 울다가 지쳐 잠드는 행동을 반복하고 있다. 또한 밥도 먹지 않고 무기력한 상태로 누워만 있으며, 사회복지사가 어디가 어떻게 아프냐고 물어도 대답도 하지 않고 그냥 울다가 지친 모습이다.
- **분노/적의**: 분노나 적의를 보이는 정서상태는 명확하게 관찰되지 않았다. 하지만 사회복지사가 클라이언트에게 다가가려고 하자 소리를 지르며 가까이 오지 못하게 하였다. 모 이외의 사람이 다가오려 하면 심한 경계를 보이며, 주위의 작은 소리에도 민감하게 반응하고 있다.

(2) 행동 영역: 8~9점으로 현저한 손상상태로 판단된다.

- **접근**: 클라이언트는 평상시의 활발하고 적극적인 놀이를 즐기던 행동 양상이 사라지고 모에게 밀착되어 꼼짝하지 않고 있다. 모가 잠시라도 일어서면 두려워하며 가지 말라고 우는 모습이 관찰되어 소극적이며 무력한 상태에 있음을 알 수 있다.
- **회피**: 사회복지사의 질문에 전혀 반응하지 않고 있다. 기억을 떠올리기 싫다는 듯 어디 아프냐고 물어보면 모에게 안겨 고개를 돌려 버리고 짜증을 내는 모습이 관찰된다.
- **비유동성**: 클라이언트는 4세 유아이므로 아직까지 자신의 상황에 대한 정확한 표현이 어려운 발달 단계에 있다. 따라서 클라이언트의 발달 단계로 인해 비유동성의 상태가 더욱 강화되고 있다.

(3) 인지 영역: 6~7점으로 중등도의 손상으로 판단된다.

- **물리적**: 음식을 거부하고 계속 우는 양상이 나타나지만 주변 환경 및 사람에 대해서 인지하지 못하는 상황은 아니다.
- **심리적**: 현재 정서적으로 매우 불안한 상황으로 모에게서 절대 분리되지

않으려고 하는 모습으로 볼 때 가족이나 주변 환경에 대해 안전하다고 느끼지 못하고 있는 심리적 상태가 관찰된다.

- **사회적 관계성**: 모를 제외하고는 사회복지사, 오빠, 또래친구, 이웃 등 모든 사람과의 접촉을 거부하고 있으며, 외부 상호작용의 시도에 대해 일체 거부하며 극도로 민감하게 반응하고 있다.
- **도덕적/영적**: 클라이언트는 오빠가 아프게 했다고 인지하고 있어 오빠의 가해 여부가 확인되지 않은 상태이지만 가족 내에서 느낄 수 있는 지지체계 및 신뢰에 대해 부정적인 생각이 증가할 우려가 있다.

사정 결과 총점 22~25점으로 클라이언트는 불평형 및 비유동적인 상태로 현저한 위기 상황에 처해 있다고 판단된다. 클라이언트의 지지체계 및 문제해결 능력을 가져야 할 모가 지적 수준이 떨어지며, 경제적으로 어려운 상황인 점 등은 클라이언트의 불평형 및 비유동성을 가중시킨다고 생각되었다. 그러므로 사회복지사의 구체적이며 지시적인 접근이 매우 필요함을 나타낸다.

4) 위기개입 단계

사회복지사는 다음과 같이 위기개입을 실시하였다.

(1) 1단계: 문제 정의하기

클라이언트, 모, 오빠와의 상담 결과 확인된 문제는 다음과 같다.

① 클라이언트가 제시한 문제

- 오빠가 아프게 했다고 하면서 계속 칭얼거림.
- 하지만 어떻게 아픈지, 언제부터 아팠는지 물어도 대답을 못함.
- 겁에 질려 매우 불안해함.

② 모가 제시한 문제

- 아이가 아프다고 계속 울었고, 어젯밤 경기를 하고 놀래며, 밤새 울었다고 함.
- 기저귀를 갈아입히려고 보니 딸의 음부에 피가 묻어 있었음.
- 아들이 아프게 했다며 성폭행을 주장함.

③ 사회복지사가 제시한 문제

- 성폭력의 발생 여부
- 클라이언트 오빠의 성폭력 여부
- 클라이언트 및 가족의 신체적 · 정서적 위기
- 모의 아동방임

(2) 2단계: 클라이언트 안전 확보하기

현재 클라이언트는 모에게서 떨어지지 않으려 하고 계속 울고 극도로 불안해하는 모습을 보였다. 모 역시 정서적 · 경제적으로 매우 불안해하고 있으며, 클라이언트의 오빠는 가해자로 지목받은 것에 대해 불만과 불안을 나타내고 있다. 2단계에서 사회복지사의 개입은 첫째, 가족이 정서적 안정과 안전을 확보할 수 있도록 가족성원의 이야기를 경청하면서 상담하였다. 둘째, 가족의 경제적 어려움을 지원하여 즉각적인 치료를 받을 수 있도록 아동보호전문기관, 관련 병원 등에 연계하였다. 셋째, 사회복지사 및 시설의 모든 직원들이 클라이언트의 문제해결을 위해 적극적으로 지원할 것을 확신시켰다.

(3) 3단계: 지지하기

사회복지사는 위기사건의 발생을 알게 된 직후부터 클라이언트뿐만 아니라 모, 오빠를 대상으로 개별 상담을 실시함으로써 비유동적인 상태에 있는 클라이언트와 가족을 지지하였다. 먼저 모에게 현재 상황에서는 성폭력의 실제 발생 여부가 확인되지 않으며, 가해자가 클라이언트의 오빠임을 확정할 수 없으며, 의료적 진찰 및 위기사건 현장조사 등이 더 필요함을 인식시키고자 하였다. 따라서 현 사건에 대한 내용을 주변에 이야기하지 말 것을 당부하였다.

(4) 4단계: 대안 탐색하기

4단계부터는 적극적이며 지시적인 사회복지사의 개입이 시작되었다. 첫째, 성폭력 발생 여부를 확인하기 위해 아동보호전문기관에 클라이언트를 의뢰하였다. 학교상담실에서 오빠에 대해 상담한 결과 손톱을 물어뜯고 초조해하는 등 매우 불안한 심리 상태를 보였으며, 자신은 동생을 아프게 한 적이 없고 교통사고가 났다는 이야기를 반복하였다. 원래 낮은 인지 수준과 학습능력을 보였다는 담임교사의 의견에 따라 오빠에 대해서도 심리 및 지능검사가 필요하다는 사실이 논의되었다. 둘째, 사회복지사는 클라이언트의 모, 오빠와 함께 교통사고가 발생했다는 현장을 방문하여 교통사고 여부에 대해 조사하였다. 셋째, 성폭력 발생 여부를 확인하기 위한 방법으로 인형을 활용한 놀이치료를 통해 성학대 상황을 파악해 보고자 하였다. 넷째, 사회복지사는 산부인과 의원에 클라이언트를 데리고 다시 방문하였다. 담당 의사는 초기 진료 당시 나타나 있지 않았던 음부의 멍 자국을 발견하고, 교통사고 당시 넘어지면서 뾰족한 부분에 찢겨져 난 상처일 가능성이 있다는 소견을 말해 주었다. 아동보호전문기관과 학교 교사는 대안탐색 단계에서 활용 가능한 주요 '대처기제'가 되었다.

(5) 5단계: 계획 세우기

전 단계에서 성폭력이 발생하지 않았음이 확인되었기 때문에 사회복지사는 클라이언트 모의 아동방임이 현 위기 상황을 초래한 원인 중의 하나라고 재사정하고, 아동방임의 위기를 새로운 위기로 설정하고 개입하기로 계획하였다.

첫째, 클라이언트뿐만 아니라 인지력이 부족한 것으로 관찰되는 오빠, 모에 대해서도 심리 및 지능검사를 의뢰하였고, 장애로 인한 경제적 어려움을 지원하기 위해 사회복지사는 클라이언트의 가족이 향후 시설 퇴소 시에도 국민기초생활수급 자격과 동시에 장애수당을 받을 수 있도록 하였다. 둘째, 모의 아동방임 상황에 개입하였다. 아동의 위생, 식사, 건강, 학습 등 여러 측면에서 필요한 양육에 대해 반복적 교육을 실시할 예정이다. 셋째, 시설 퇴소 후 클라이언트 가족이 지원체계를 가질 수 있도록 한다. 현재 유일하게 왕래하고 있는 이모와의 상담을 통해 퇴소 후 거주할 곳과 생계유지를 위한 구체적 계획 등에 대해 논의하고 지원을 받을 수 있도록 한다.

(6) 6단계: 참여 유도하기

위기개입 결과 성폭력이 아닌 아동방임이 새로운 위기사건으로 발견되었으므로 클라이언트의 모를 사회복지사의 계획 실행에 참여시키는 것이 관건이 된다. 모가 책임감을 가지고 적절한 양육을 할 수 있도록 아동방임의 위기를 인식시키고 부모교육에 적극 참여하도록 한다.

제7장

동기강화상담 모델

1. 개요

동기강화상담 모델(Motivational Interviewing: MI)[1]은 1980년대 Miller에 의해 소개된 이후 행동 변화를 필요로 하는 다양한 클라이언트에게 적용되어 그 효과성이 보고되고 있는 증거기반 실천방법이다. 동기강화상담 모델은 부정(denial)하는 특성을 가지며 단주 동기가 낮은 알코올중독자의 치료를 위해 시작되었으나 흡연, 약물남용, 도박 등 다양한 유형의 중독자, 폭력행위자 등의 비자발적 클라이언트와 일상생활에서 규칙적인 자기관리가 필요한 당뇨병 등의 만성질환자에게 그 적용이 확대되고 있다.

동기강화상담 모델은 클라이언트가 가지는 양가감정을 스스로 탐색하도록

1) Motivational Interviewing은 국내에 동기면담, 동기강화상담, 동기화 면접 등 다양하게 번역되고 있다. 이 책에서는 사회복지 실천현장에 적용할 수 있는 하나의 접근방법이라는 의미에서 동기강화상담 모델의 용어를 사용하였다.

하고 문제의 해결을 도와 궁극적으로 클라이언트의 행동 변화를 유발하기 위한 클라이언트 중심적인 상담이다(Miller & Rollnick, 2002). 사회복지실천에서 동기강화상담 모델이 유용한 것은 기본적으로 동기강화상담 모델은 인본주의 심리학, Rogers의 인간중심 철학, 내담자 중심 치료기법에 기반하고 있으며, 단기적으로 개입하고, 비교적 개입 과정을 훈련받기 쉬운 특성 때문이다(Lundahl, Kunz, Brownell, Tollefson, & Burke, 2010). 동기강화상담 모델에서 변화란 개개인에게 내재된 것이며, 외부의 간섭 없이 발생할 수 있는 자연스럽고 보편적인 과정이다. 즉, 동기강화상담 모델은 누군가를 '대상으로' 시행하는 방식이 아니라 누군가와 '함께' 시행할 수 있는 방법, 타인과 '함께' 하는 방법이다. 동기강화상담 모델에서는 양가감정을 변화 과정의 일부로 간주하고 개인이 가진 가치와 일치하는 형태의 변화를 촉진하는 방법으로 개인의 강점을 활용하며, 클라이언트와 임상가 간의 상호작용을 통한 협력을 가장 중요하게 바라본다(Levounis et al., 2017).

Hohman(2012)은 동기강화상담 모델의 정신과 가치가 사회복지실천의 원칙 및 가치와 유사한 점, 사회복지사가 주로 만나는 클라이언트에 대한 개입에서 동기강화상담의 적용에 대한 근거가 풍부한 점, 다양한 문화적 배경을 가진 클라이언트에게 효과적이라는 점, 다른 개입 모델과 통합하여 활용할 수 있다는 점을 지적하며, 사회복지실천 원칙과 MI 정신과의 관계를 다음과 같이 정리하였다(〈표 7-1〉).

동기강화상담 모델에서는 사회복지사와 클라이언트는 전문가와 수혜자 같은 수직적 관계가 아닌 파트너십의 협력적 관계로서, 사회복지사는 클라이언트를 자신의 문제를 해결할 수 있는 능력과 자원이 있다고 여기는 강점관점으로 바라본다. 또한, 사회복지사는 클라이언트가 변화에 대한 양가감정을 적극적으로 탐색하도록 하면서 변화동기를 이끌어 내고자 한다.

표 7-1 사회복지실천의 원칙과 MI 정신의 관계

사회복지실천 (Scheafor & Horejsi, 2007)	MI (Miller & Rollinick, 2002)
사회복지사는 클라이언트를 존중해야 한다.	클라이언트와 동등한 파트너십을 형성하고, 진단명을 붙이지 않으며, 클라이언트와 협력적으로 일한다.
사회복지사는 클라이언트를 개별화해야 한다.	클라이언트가 자신의 문제를 바라보는 고유한 관점과 생각에서 변화 동기를 유발시킨다.
사회복지사는 클라이언트가 자기 삶의 전문가임을 고려해야 한다.	클라이언트가 자신의 삶을 바라보는 인식을 중요시하는 인간중심 이론과 접근에 기반한다.
사회복지사는 클라이언트에게 비전을 제시해야 한다.	자기효능감 지지하기는 MI 원칙 중 하나로서 사회복지사는 클라이언트의 강점을 인정하고 클라이언트 스스로 만들어 낸 변화를 강조한다.
사회복지사는 클라이언트의 강점에 기초해야 한다.	사회복지사의 과업은 클라이언트가 자신의 강점과 능력을 파악하고, 과거에 어떻게 긍정적인 변화가 일어났는지를 인식하도록 한다.
사회복지사는 클라이언트의 참여를 최대화해야 한다.	클라이언트가 대화의 주도권을 가져야 하며, 사회복지사는 클라이언트의 자율성을 지지해야 한다. 협력이란 클라이언트의 욕구에 기반하여 변화계획이 수립됨을 의미한다.
사회복지사는 클라이언트의 자기결정을 최대화해야 한다.	조언은 클라이언트의 동의하에 해야 하고, 다양한 선택 메뉴를 제공한다. 또한 선택을 할 때 클라이언트의 능력, 자율성이 강조된다.
사회복지사는 클라이언트가 자기주도적 문제해결 기술을 배우도록 도와야 한다.	필요할 경우 다른 접근방법과 통합하여 사용된다. 예를 들어, 클라이언트가 문제해결 기술을 배우길 원할 때 인지행동치료와 통합하여 개입한다.
사회복지사는 클라이언트의 역량강화를 최대화해야 한다.	자기효능감 지지하기, 자율성 지지하기의 원칙은 클라이언트의 역량 강화를 도와 궁극적으로 자신의 삶에 대한 결정을 스스로 내릴 수 있도록 하는 것이다.

출처: 이채원 외 역(2014), p. 29에서 재정리.

2. 주요 개념과 원리

동기강화상담은 행동 변화가 일련의 단계를 거치는 변화의 과정을 통해 발생한다고 개념화한 초이론 모델(Transtheoretical Model: TM; Prochaska & DiClemente, 1982)에 이론적 근거를 두었다. 초이론 모델에서 변화는 전 숙고 단계(Pre-contemplation), 숙고 단계(Contemplation), 준비 단계(Preparation), 실행 단계(Action), 유지 단계(Maintenance), 재발 단계(Relapse)를 통해 이루어진다고 본다. 따라서 사회복지사는 클라이언트를 처음 만날 때 현재 어느 단계에 해당하는지, 어떤 특성을 나타내는지를 주의 깊게 살펴보아야 한다.

사회복지사가 동기강화상담 모델을 잘 이해하고 훈련하기 위해서는 동기강화상담 모델의 정신(spirit)을 숙지해야 한다. 구체적으로 Rollnick과 Miller(1995)가 제시한 동기강화상담 모델의 정신을 살펴보면 다음과 같다.

첫째, 변화동기는 클라이언트 내부로부터 나온다.

둘째, 양가감정을 분명히 인식하고 해결하는 것은 사회복지사가 아닌 클라이언트의 몫이다.

셋째, 사회복지사의 설득, 조언, 충고는 양가감정을 해결하는 데 효과적이지 않다.

넷째, 동기강화상담 모델의 상담 방식은 조용히 이끌어 내는 방식이다.

다섯째, 사회복지사는 클라이언트가 자신의 양가감정을 들여다보고 스스로 해결하도록 돕는다.

여섯째, 변화는 대인 간의 상호작용으로부터 발생한다.

일곱째, 사회복지사와 클라이언트의 관계는 파트너십의 수평적 관계다.

Miller와 Rollinick(2002)는 동기강화상담 모델의 4가지 원리로서, ① 공감 표현하기(express empathy), ② 불일치감 만들기(develop discrepancy), ③ 저항과

함께 구르기(roll with resistance), ④ 자기효능감 지지하기(support self-efficacy)를 제시하였다(장수미, 2016 재인용).

첫째, 공감 표현하기는 사회복지사와 클라이언트의 관계 형성을 위해서 필수적이다. 클라이언트의 상황을 이해하고 있으며, 공감하고 있음을 충분히 전달함으로써 사회복지사와 클라이언트 간의 신뢰관계가 형성되며, 이를 기반으로 하여 개입이 원활하게 진행될 수 있다. 클라이언트는 자신의 상황, 갈등, 어려움이 누군가에게 이해받는다고 느끼면 마음을 열게 되고, 변화에 대한 저항도 줄어들 수 있다.

둘째, 불일치감 만들기는 클라이언트의 가치와 행동 간의 차이를 분명하게 드러내도록 하는 것이다. 즉, 클라이언트가 이상적으로 생각하는 가치와 실제 지금 여기에 나타나는 문제행동의 차이를 인식하게 되면 변화의 필요성을 알게 된다. 불일치감 만들기는 전통적인 중독치료에서 해 왔던 '직면(Confrontation)' 기법을 사용하는 것이 아니라 스스로 자신의 양가감정을 파악하고 검토하게 하는 것이다. 예를 들어, 술을 마시기는 하지만 중독은 절대 아니라고 하는 클라이언트에게 본인이 생각하는 중독과 가족이 생각하는 중독 사이에 어떤 차이점이 있는지를 생각해 보도록 한다. 즉, 동기강화상담 모델은 직면하기보다 공감적이며 무비판적인 태도로 경청하고, 변화 단계로의 이동을 위해 전략을 사용하기 때문에(신수경, 조성희, 2015; Hohman, 2012), 행동 변화에 유용한 방법이 된다.

셋째, 저항과 함께 구르기는 변화에 대한 클라이언트의 저항, 다시 말해서 주저함이나 망설임을 그대로 인정하고 존중하라는 의미로 볼 수 있다. 즉, 클라이언트가 나타내는 저항은 변화의 자연스러운 과정으로서 사회복지사는 저항에 직면하거나 회피하지 말고 있는 그대로 받아들이고 개입함으로써 클라이언트의 방어적 태도를 감소시키도록 한다.

넷째, 자기효능감 지지하기란 클라이언트가 변화의 주체이자 변화할 수 있는 능력이 있음을 스스로 확신하도록 지지하는 것이다. 변화는 사회복지사의 충고, 조언, 설득에 의해서가 아니라 클라이언트의 내재된 힘에서 나온다.

3. 모델의 적용

1) 적용 대상 및 효과

동기강화상담 모델은 개발 초기 문제음주자에 대한 개입에 주로 활용되었으나, 점차 건강 분야의 다양한 대상에 적용되었고, 사회복지학, 심리학, 간호학, 교육학 등의 분야에서 그 효과성이 축적되고 있다.

주요 적용 대상을 보면 알코올, 흡연, 약물, 도박 등의 중독행동에 대한 동기강화상담 모델의 개입이 활발한데, 이는 중독행동의 전형적인 특성이 자신의 행동에 대해 부정(denial)하며 변화에 대한 동기가 낮은 특성 때문이다. 가정폭력, 대인폭력 등 폭력행위자도 자신의 폭력행동을 부정하거나 최소화하는 특성을 갖기 때문에 동기강화상담 모델이 적용되는 집단이다. 이 외에 일상생활에서 자기관리가 필수적인 당뇨병, 심장질환과 같은 만성질환, 이중장애, 비만, HIV/AIDS 개입에도 활용되고 있다. 또 개입의 대상도 아동, 청소년, 성인, 노인, 노숙자, 음주운전자 등 다양하다.

국내에서도 심리학, 간호학, 교육학, 사회복지학 영역에서 동기강화상담 모델을 적용한 개입이 활발해지고 있다. 흡연, 음주, 인터넷, 학습문제, 만성질환 등 다양한 행동에 개인 및 집단 프로그램이 실시되었고 그 효과성이 축적되고 있다. 실제로 중독 집단상담 프로그램에 대한 메타분석 연구에서는 지역사회에서 11~15명의 성인 알코올 중독자를 대상으로 한 집단일 때 동기강화상담 모델의 효과크기가 컸다는 보고가 있다(윤소현, 신성만, 2015), 동기강화상담 프로그램에 대한 체계적 문헌고찰에서는 동기강화상담 모델이 학교, 병원, 지역사회의 다양한 기관에서 실시되고 있으며, 개인보다는 집단 형태의 단기 개입으로 주로 실시되며, 다른 상담 모델과 함께 적용되는 특성이 나타났다. 또한, 음주문제 수준의 감소뿐 아니라 심리 · 정서적 측면의 개선도 초래하는 것으로 나타났다(하형미, 장수미, 2022). 동기강화상담 모델의 효과성을 체계적 문헌고찰과 메타분석을 통해 살펴본 연구에서 동기강화상담은 주로 아동 · 청소년, 입원한 환자를 대상으로 실시되었고, 메타분석 결과 자기통제력과 자기효능감 증진에 효과 크기가 높은 것으로 나타났다(박예진, 이성규, 2022).

2) 적용 과정

동기강화상담 모델의 과정은 관계 형성하기, 초점 맞추기, 유발하기, 계획하기의 4가지 과정이 활용되는데, 이러한 과정은 서로 중첩되기도 하며 반드시 순차적으로 일어나는 것은 아니다(Levounis et al., 2017).

- 관계 형성하기(engaging): 클라이언트에 대해 알아가고 라포를 형성하는 것을 의미하며, 동기강화상담의 핵심이며 기초가 되는 과정이다. 아래 주요 기법에 설명한 개방형 질문하기, 인정하기, 반영하기, 요약하기를 사용하면 관계 형성하기에 도움이 된다.
- 초점 맞추기(focusing): 구체적으로 주제를 정하여, 행동 변화를 위해 목표를 수립하며, 대화의 방향성을 설정하는 것을 말한다. 현재 발생하고 있는 일을 클라이언트와 함께 이해하며, 지금 여기(here & now)의 현재 상황에 초점을 맞춘다.
- 유발하기(evoking): 변화를 위해 동기를 이끌어 내는 과정이다. 이 단계에서는 변화에 대한 양가감정, 즉 '저항'이 나타나는데, 클라이언트가 중요하게 여기는 가치와 목표를 탐색하여 현재 보이는 행동 간의 불일치를 강조함으로써 동기를 강화시킨다.
- 계획하기(planning): 클라이언트가 변화에 대한 질문을 하기 시작하거나

변화하면 자신에게 어떤 일이 벌어질지 생각해 보는, 즉 변화에 대한 준비가 되면 계획하기가 시작된다. 변화를 위한 계획에는 명확한 목표 설정하기, 변화를 위한 선택지 탐색하기, 계획 결정하기, 결심을 공약하기 등이 이루어진다.

동기강화상담 모델은 클라이언트에 대한 장기적 개입이 어려운 사회복지 실천현장에서 유용할 수 있는데, 대체로 3개월 이내의 단기개입을 기본으로 한다. 동기강화상담 모델의 효과성을 살펴본 실험연구(Baker, Hiles, Thornton, Hides, & Lubman, 2012)에서는 1~2회 기만으로도 장기적인 개입의 효과를 가져올 수 있다고 보고한 바 있다.

동기강화상담 모델은 단독으로 활용되기도 하지만 인지행동 모델이나 해결중심 모델과 같은 다른 모델과 통합적으로 시행되기도 한다. 예를 들어, 폭력행동을 보이면서 변화에 매우 저항적인 음주문제를 가진 클라이언트에게 폭력에 대한 인지행동치료를 본격적으로 실시하기 전에 동기강화상담 모델에 기반을 두어 사회복지사와 관계 형성을 도모하며, 프로그램 출석률, 참여도, 관심을 증진시킬 수 있다(장수미, 2004). 이에 대해서는 뒤에 이어지는 사례에서 자세히 다루고자 한다. 또한 동기강화상담 모델에 기반을 두어 집중적인 단기개입을 실시한 후 사후개입으로 부모교육, 사례관리로 연결할 수 있으며, 개별 및 집단을 활용한 개입이 모두 가능하다.

동기강화상담 모델은 비교적 명확하며 구조화되어 있어서 교육 훈련이 크게 어렵지 않아 보인다. 하지만 모델을 개발한 Miller와 Rollnick(2013)은 동기강화상담을 배우는 것은 "단순하지만 쉽지 않다(Simple but not easy)"고 강조하였다. 새로운 개입방법, 모델을 배우기 위해서는 이전에 친숙하게 사용했던 것을 버리고 구체적인 새로운 기술로 대체하여야 함을 의미한다(Barwick et al., 2009). 이제 사회복지학을 배우기 시작하는 학생들이나 초보 사회복지사들은 "폐쇄형 질문을 사용하는 경향이 있으며, 너무 많은 질문을 던지며, 성급하게 조언, 충고하거나, 문제를 해결해 주려고 하며, 문제를 축소하여 보는 경향이 있다(Collins, 1990)." 동기강화상담 모델의 개념과 정신을 충분히 이해하고, 구체적인 기술을 체계적으로 훈련받아 적용하려는 노력이 필요하다(장수미, 2016 재인용).

4. 주요 기법

동기강화상담 모델의 핵심 의사소통 기술은 개방형 질문하기(Open-ended Questions), 인정하기(Affirmations), 반영하기(Reflections), 요약하기(Summaries)로서, 이를 OARS라는 약자로 부른다. 이를 각각 설명하면 다음과 같다.

첫째, 개방형 질문하기(O)란 문제, 어려움에 대해 사회복지사의 시각이 아닌 클라이언트의 시각에서 정보를 수집하는 데 유용한 질문 형태로서, 사회복지실천의 기본 기술이기도 하다. 클라이언트의 반응과 대답을 제한하지 않고 다양하고 광범위한 답변을 이끌어 낼 수 있다.

둘째, 인정하기(A)란 클라이언트가 갖고 있는 강점, 과거 행동이나 태도 중에서 긍정적인 측면, 좋아진 점, 개선된 점, 변화하려는 노력이나 의지 등에 대

개방형 질문하기 예시

- "오늘 어떻게 오셨습니까?"
- "오늘 무슨 이야기를 먼저 하고 싶으신가요?"
- "요즘 고민되는(걱정되는) 점이 무엇인가요?"
- "게임이 가족관계에 어떠한 영향을 준다고 생각하나요?"
- "단주를 하는 데 방해되는 요인은 무엇이라고 생각하나요?"

해 인정함으로써 지지하는 것을 말한다. 인정하기를 통해 오랜 어려움과 힘든 상황으로 힘들어하는 클라이언트의 자기효능감을 높일 수 있고, 스스로 가치 있고 존중받을 수 있다고 느끼게 함으로써 사회복지사와 클라이언트의 관계 형성에도 도움이 된다.

인정하기 예시

- "여러 가지 어려움이 많으셨는데 잘 버텨 오셨네요."
- "좌절하지 않고 여기까지 오신 것은 대단한 일입니다."
- "누구라도 힘든 상황에서 잘 생활하신 것입니다."
- "힘든 상황에서도 부모님과의 약속을 지키기 위해 최선을 다하셨네요."
- "일자리를 구하기 위해 계속 노력하고 계시는군요."

셋째, 반영하기(R)란 사회복지사가 클라이언트의 말을 바꾸어 말하거나(내용 반영), 생각이나 감정 상태에 대해 언급함으로써(감정 반영), 사회복지사가 클라이언트의 말을 집중해서 잘 듣고 있으며, 공감하며 이해하고 있음을 전달하는 것을 말한다. 반영은 동기강화 모델의 가장 핵심적인 기술이지만 훈련하기에 어려운 기술이기도 하다.

반영하기 예시 (1)

상황: **성인이 된 정신장애인 자녀를 돌보기 힘들어하는 어머니**

클라이언트: 내가 죽을 때까지 딸을 돌봐야 하는데…… (내가 죽고 나면) 도와줄 사람이 없어요……. 때론 너무 힘이 들어요…….

사회복지사

- 내용 반영: 어머님을 도와서 따님을 돌봐 줄 사람이 필요하겠어요.
- 감정 반영: 네, 아픈 자녀를 돌보는 것은 정말 힘든 일이지요. 그동안 정말 힘드셨겠네요. 오랫동안 아픈 가족을 돌보는 것은 보통 일이 아니지요.

반영하기 예시 (2)

상황: **가족의 생계를 걱정하는 남편**

클라이언트: 저는 건강이 안 좋아 이미 몇 년 전에 실직했어요. 그 후 와이프가 식당일을 나가 생활을 꾸려 나갔어요. 요즘 전셋값은 계속 오르고 경기도 좋지 않고…….

사회복지사

- 내용 반영: 오랫동안 수입이 없으셨군요. 부인이 생활비를 버셨다는 말씀이시지요?
- 감정 반영: 수입이 안정적이지 않아 많이 불안하시지요. 또 살고 있는 집을 잃을까 봐 걱정이 많으시겠어요.

넷째, 요약하기(S)란 상담회기 동안 사회복지사와 클라이언트의 대화 내용을 상담이 진행되는 동안 간헐적으로, 또 마지막에 요약하여 전달하는 것이다. 요약하기 기술은 상담의 주요 내용을 정리하고, 클라이언트가 자신의 문제에 대해 객관적으로 인식하도록 할 뿐 아니라 사회복지사가 클라이언트의 상황을 잘 이해하고 있음을 전달하는 효과도 있다.

요약하기 예시

"오늘 상담에서는 직장에서의 어려움과 대인관계에서 힘든 부분에 대해서 이야기했고, ○○○님이 직장생활에 대해 걱정하고 있지만 많이 노력하고 있음을 알았습니다. 제가 이야기한 내용이 오늘 ○○○님이 이야기한 내용과 맞는지요?"

동기강화상담 모델의 전략은 피드백(Feedback), 책임감(Responsibility), 조언(Advice), 대안 목록(Menu of options), 공감(Empathy), 자기효능감(Self-efficacy)으로, FRAMES로 칭한다.

먼저 피드백(F)은 사회복지사가 클라이언트의 현재 상황에 대해 면밀히 평가하여 객관적으로 알려 주는 과정을 말한다. 예를 들어, 음주문제가 의심되는 클라이언트와 그의 가족을 대상으로 표준화된 도구(예: 알코올 사용장애 선별도구: AUDIT)를 실시한 점수를 피드백하고 점수의 의미를 논의한다. 만일 음주문제자 본인과 가족의 점수가 다르게 나타났다면 그 이유부터 다루는 것이 상담의 시작이 된다. 책임감(R)이란 현재 가지고 있는 문제로 인한 부정적인 결과는 오로지 본인의 책임이며, 변화에 대한 선택도 본인 자신에게 있음을 알려 줌으로써 책임감을 가지도록 한다. 즉, 그동안 문제나 어려움에 대해 가족이나 직장 탓을 하거나 타인의 책임으로 돌리는 클라이언트에게 변화의 주체는 본인임을 강조하는 것이다. 조언(A)이란 문제 해결을 위해 필요한 정보를 충분히 제공해 주고 스스로 선택하도록 돕는 것이다. 음주문제를 가진 클라이언트의 경우 중독이 건강문제나 질병을 초래하고 악화시킨다는 사실을 잘 모르는 경우가 많으므로 조언을 통해 과도한 음주로 인한 위험에 대한 인식을 증가시키도록 한다. 사회복지사는 클라이언트가 본인의 상황을 다루는 데 가장 적절한 선택을 할 수 있도록 대안 목록(M, 예: 여가 시간 보내기, 스트레스 관리하기 등)을 함께 찾아봄으로써 적절한 선택을 하도록 돕는다. 공감하기(E)는 동기강화상담의 전 과정에서 필수적인 것으로 공감을 통해 클라이언트 관점에서 상황을 이해하는 것이 중요하다. 이때 공감(empathy)과 동정(sympathy)의 차이를 사회복지사 스스로 구분할 줄 알아야 하며 공감의 태도를 유지해야 한다. 마지막은 자기효능감(S)으로 클라이언트 스스로 변화할 수 있다는 자신감, 믿음을 가지는 것이다. 만성적인 문제나 어려움을 갖고 있는 클라이언트는 무력감, 절망감과 포기하려는 경향도 보이므로 상황을 통제할 수 있으며 변화할 수 있다는 자기효능감을 갖도록 돕는다.

5. 사례

음주문제를 보이는 가정폭력행위자는 자신의 폭력행동을 술의 탓으로 돌리고, 음주에 대해서도 그리 심한 정도가 아니며 가정이 편안하고 스트레스가 없으면 얼마든지 끊을 수 있다고 하는 경향이 있다. 따라서 이들은 폭력과 음주행동 모두에 대해 변화 동기가 낮은 비자발적 클라이언트로서 실천현장의 사회복지사들이 매우 어려워하는 대상이다. 다음에서는 음주문제를 가진 가정폭력행위자를 대상으로 동기강화상담 모델, 인지행동 모델에 기반을 둔 집단 프로그램을 실시한 사례를 소개하고자 한다(장수미, 2004).

(1) 프로그램 참여자

참여자는 음주문제를 가진 남성 가정폭력행위자(14명)다.

(2) 프로그램 내용

동기강화상담 모델과 인지행동 모델을 통합한 13회기의 집단 프로그램을 진행하였다(〈표 7-2〉 참조).

표 7-2 음주문제를 보이는 가정폭력행위자 집단 프로그램

단계	회기	내용	MI 원리	MI 기술
1단계 (음주 개입: 동기강화 상담 모델)	1	오리엔테이션 기대 나누기, 자기소개	공감 표현하기	개방형 질문하기
	2	음주가 신체에 미치는 영향 음주의 득과 실	불일치감 발전시키기	반영하기
	3	나의 음주습관에 대한 이해	불일치감 발전시키기	반영하기 인정하기
	4	단주방법 나누기	저항과 함께 구르기, 자기효능감 지지하기	인정하기 요약하기
2단계 (폭력 개입: 인지행동 모델)	5	폭력에 대한 이해	정보 제공 비폭력 도구 학습 과제 부여 이완훈련	
	6	남성의 권력과 통제	정보 제공 이완훈련	
	7	나의 인생 이야기	자기노출/공감/지지 이완훈련	
	8	폭력이 자녀에게 미치는 영향	정보 제공 이완훈련	
	9	분노조절 기술	인지재구조화 ABC 모델 자기대화(Self-talk)	
	10	의사소통 기술	역할극 모델링/강화 과제 부여	
	11	문제해결 기술	브레인스토밍 이완훈련 과제 부여	

	12	자기표현 기술	역할극 모델링/강화 과제 부여
	13	평가 및 수료식	마술가게 폭력 중단 계약

출처: 장수미(2004), pp. 110-111.

(3) 프로그램 구성의 이론적 기반 및 기술

이 프로그램에서는 1단계로 동기강화상담 모델에 기반을 둔 음주 개입을 먼저 실시하였으며, 2단계로 인지행동 모델에 기반을 둔 폭력 개입을 순차적으로 실시하였다. 이와 같이 실시한 이유는 집단 구성원들은 가정폭력으로 인하여 수강명령으로 프로그램에 참여한 클라이언트들이므로 자신의 폭력행동보다는 음주문제에 대해 상대적으로 덜 저항을 보이기 때문이다. 따라서 동기강화상담 모델에 기반을 둔 음주 개입을 먼저 하는 것이 용이하다. 이와 같이, 동기강화상담 모델은 다른 개입 모델과 통합하여 실시할 수 있으며, 본격적인 프로그램 실시 전에 1단계로 실시하는 것이 사회복지사와의 관계 형성, 프로그램에 대한 관심 유도, 참여율 증진에 효과적이라는 근거가 있다(Easton et al., 2007).

동기강화상담 모델은 단기개입으로도 효과를 보이므로, 음주에 대한 개입을 4회기, 폭력에 대한 개입을 9회기 등 총 13회기로 구성하였다. 동기강화상담 모델에 의한 구체적인 음주 개입 프로그램을 살펴보면 다음과 같다.

1회기에는 전체 프로그램에 대한 오리엔테이션(프로그램 내용, 집단에서 지켜야 할 규칙, 진행자 소개 등)을 하고 자기 소개를 하는 동시에 프로그램에 대한 기대 나누기 시간을 갖는다. 처음에 음주폭력행위자는 매우 긴장되고 화가 나 있는 상태로 프로그램에 임하므로 여기까지 오게 된 과정에 대해 충분히 공감을 표현해 주는 것이 좋다. 또 개방형 질문을 통해서 현재의 감정 상태를 털어놓고 공유하며 지지받을 수 있도록 한다.

2회기에는 음주가 신체에 미치는 영향을 주제로 시청각 자료를 활용하여 교육을 한 후 자신의 경험을 나누도록 한다. 역시 개방형 질문을 통해 집단 구성원 개개인의 고유한 경험을 나누도록 격려하며, 반영을 통해 음주문제로 인하여 신체적 · 정신적 폐해를 공감한다. 또한 음주의 득과 실(decision matrix)을 파악하기 위해 음주로 인해 좋은 점과 좋지 않은 점을 생각해 봄으로써 단주에 대한 클라이언트의 양가감정을 주의 깊게 탐색하도록 한다. 이 과정에서는 사회복지사의 반영이 필요하며, 이를 통해 클라이언트는 자신이 힘들어하는 상황을 사회복지사 및 집단 구성원들에게 이해받고 있음을 느낄 수 있게 된다.

3회기 나의 음주습관에 대한 이해에서는 알코올 사용장애 선별검사(AUDIT-K)와 같은 측정도구를 활용하여 음주문제를 사정해 보고 다른 사람과 비교해 봄으로써 실제 검사 결과와 집단에서 나타나는 음주행동 간의 차이를 발견하도록 한다. 이때 클라이언트의 부정(denial)이 심하면 가족상담을 할 수도 있고, 음주폭력 당시 사건 기록에 대해 자세히 상담함으로써 불일치를 발전시켜 나가도록 한다.

4회기 단주방법 나누기에서는 브레인스토밍을 통해 각자의 단주 경험과 방법을 충분히 공유할 수 있도록 하는데, 사회복지사가 인정하기 및 요약하기 기술을 통해 각각의 방법을 존중하면서 각 방법의 실효성에 대해 나누도록 한다. 이 과정이 완료되면, 음주폭력행위자들은 사회복지사 및 집단 구성원 간에 친밀한 관계가 형성되고 집단을 어느 정도 안전하다고 느낄 수 있게 되므로 2단계로 폭력에 대한 개입을 시작할 수 있는 응집력 및 집단역동이 형성된다. 인지행동 모델에 기반한 폭력 프로그램은 폭력의 개념에 대해 정확히 알고 폭력의 발생 원인으로 개인의 특성, 사회문화적 특성을 살펴보게 된다. 무엇보다 스트레스 상황에서 적절한 대처방법이 없을 때 폭력행동을 하는 것으로 보고 구체적인 대처기술(분노조절 기술, 의사소통, 문제해결, 자기표현 등)의 습득에 초점을 맞춘다.

제3부 … 체계 수준별 사회복지실천기술

제8장

개인 대상 사회복지실천기술

이 장에서는 개인을 대상으로 하는 사회복지실천의 기본적인 내용으로서 효과적인 원조관계 형성, 면접과 의사소통의 구체적인 기술을 살펴보고자 한다.

1. 원조관계 형성

개인을 대상으로 하는 사회복지실천에서 '관계'는 클라이언트를 도움의 상황, 원조 과정에 효과적으로 참여시키기 위한 사회복지사와 클라이언트의 원조관계를 말한다. 이러한 원조관계에서 사회복지사와 클라이언트 상호 간에 발전되는 결속을 '라포'(rapport)라고 한다. 라포는 단순히 클라이언트에게 긍정적인 느낌을 갖는다거나 클라이언트의 모든 선택이나 행동을 승인한다는 것이 아니라, 도우려는 열망을 가지고 클라이언트의 안녕에 대한 진실하고 확고한 관심과 고통에 대한 감정이입을 하는 것을 말한다.

사회복지사와 클라이언트 간의 원조관계는 다음과 같은 특성을 갖는다.

- 원조관계 형성은 초점과 목적을 가진다.
- 원조관계는 개인적인 이유가 아니라 문제해결 수행을 위해 형성된다.
- 원조관계는 전문적 관계다.
- 원조관계는 기관 지침과 법률적 범위 내에서 비밀보장의 원칙을 지켜야 한다.
- 원조관계는 윤리적이어야 한다.
- 목표를 세울 때는 실천가와 클라이언트가 함께 협의한다.
- 사회복지사는 수용적인 의사소통, 보살핌, 온정, 진실성, 감정이입을 전달해야 한다.
- 관계 형성은 상호 합의된 목표가 이루어지면 종결된다.

2. 효과적인 원조관계 형성을 위한 기본 요소

1) 자아인식

사회복지사는 자신의 인간됨이나 편견 등이 자신이 하는 일에 영향을 미친다는 사실을 인지하고, 자신의 태도와 감정을 이해하고 변화시킬 수 있도록 자아인식(self-awareness)을 개발하려고 노력해야 한다. 특정 대상이나 사람에 대한 편견은 그들을 대하는 태도나 방식에 직접적으로 영향을 미치기 때문에 사회복지사로서 클라이언트에 대해 어떤 생각을 갖고 있는지 자신을 점검해야 한다. 예를 들어, '그 이슈에 대한 나의 입장은 무엇인가?', '나의 견해는 어디로부터 나온 것인가?', '나의 가치는 수정 가능한 것인가?', '나의 가치관을 바꾸도록 도전해 보았는가?', '클라이언트에게 나의 가치관을 받아들이도록 재촉하고 있지는 않은가?'와 같은 질문을 통해 자아인식을 향상시켜야 한다.

2) 감정의 파악과 감정이입

클라이언트가 기관이나 사회복지사를 찾아올 때에는 위기 상황이나 어려움에 처한 경우가 많으며, 이때 클라이언트의 감정을 잘 알아차리고 적절히 반응해야 한다. 감정이입은 다른 사람의 내면 깊숙한 감정을 민감하고도 정확히 인지하고 그 감정을 이해하고 있음을 전달하는 능력인데, 첫 대면에서부터 클라이언트의 복잡한 감정을 파악하고 감정이입해야 한다. 감정이입을 위해서는 평소에도 감정을 표현하는 단어들을 풍부하게 알고 있고, 클라이언트와 유사한 상황에 있다면 나는 어떤 감정을 느낄 것인가에 대해 상상해 보는 것도 도움이 된다. 다음은 클라이언트의 감정을 파악하기 위한 사례 연습이다.

예시

클라이언트: (사장과의 관계를 설명하면서) 노력을 무척 하는데도 잘 안 돼요. 제 생각에 제대로 했다고 생각하는데, 사장님께서는 또 좋아하시지 않아요. 어떻게 해야 될지를 모르겠어요.

▶ 이 사례에서 클라이언트의 감정을 가장 잘 나타내는 단어를 고르시오.

① 죄책감 ② 분노감 ③ 좌절감

☞ 이 경우에 클라이언트는 잘 해 보려고 노력했으나 잘 안 돼서 좌절감을 느끼고 있을 것이다. 클라이언트가 화가 날 수도 있으나 그렇게 결론을 내리려면 클라이언트의 그 상황에 대한 더 많은 정보가 필요하다.

사례 출처: 성숙진 역(2000).

3) 진실성

진실성은 사회복지사가 클라이언트에게 거짓을 말하지 않고 정직해야 하는 것만을 의미하는 것이 아니라 진실하게 말하고 행동하는 것, 예측 가능하며 일관되고 신뢰할 수 있어야 함을 말한다.

4) 직접성

직접성(immediacy)은 면접 중에 사회복지사와 클라이언트가 현재 경험하고 있는 감정이나 사고에 대해 명확히 묘사하고 토론하는 것을 말한다. 다음은 면접 중 클라이언트가 초점 없이 겉도는 말만 하고 있을 때 사회복지사가 취할 수 있는 직접적인 반응에 대한 사례 연습이다.

예시

> 클라이언트: (상담 처음 10분 동안 평범했던 한 주 동안의 일에 대해 이야기하며) 상당히 무미건조했던 한 주였어요. 그냥 대부분 빈둥거리며 지냈어요.

▶ 이 사례에서 적합한 답변을 고르시오.

① "이야기를 들으면서 왜 우리가 좀 더 중요한 일에 대해 이야기 안 하고 있었나 싶네요."

② "그 밖에 또 오늘 하고 싶은 이야기가 뭔가요?"

③ "오늘은 상담을 계속 해 봤자 별 소용이 없을 것 같네요. 다음 주에 다시 오시겠어요?"

☞ 이 경우에는 ①과 같이 반응하는 것이 적절한데, 명백하게 방향성이 결여된 클라이언트의 이야기에 우려를 제기함으로써 솔직하고 적절한 논의를 할 수 있게 해야 한다. ②와 같은 답변은 더 많은 초점 없는 잡담으로 이끌 수 있고, ③의 답변은 사회복지사의 즉각적 관심사를 다루고는 있으나 너무 냉정한 답변이다.

사례 출처: 성숙진 역(2000).

5) 구체성

면접에서 클라이언트는 자신의 경험과 감정을 정확하고 구체적으로 표현함으로써 자신의 문제에 대해 더 잘 인식할 수 있고, 자신을 표현함으로써 사회복지사와의 공감을 촉진할 수 있다. 또한 클라이언트의 구체적인 진술을 통해 사회복지사는 문제해결의 구체적 계획을 세우는 데 근거가 되는 정보를 얻을 수 있다. 예를 들어, "두렵다"고 하는 클라이언트에게 구체적으로 "무엇이 두려운가요?"라고 질문함으로써 클라이언트가 두려워하는 것을 알 수 있고, '나는 늘 논쟁에서 진다'는 생각을 갖고 있는 클라이언트에게 "항상 지나요? 지지 않을 때는 없나요?" 등을 구체적으로 질문함으로써 클라이언트의 왜곡된 생각에 직면하거나 예외적인 상황을 찾을 수 있다.

6) 클라이언트 입장에서 시작하기

클라이언트 입장에서 시작한다는 것은 도움을 요청하는 클라이언트의 관심사를 최우선시해야 한다는 의미다. 클라이언트가 관심을 갖고 있는 문제나 상황에 우선순위를 두고 접근해야 클라이언트는 보다 적극적으로 변화동기를 갖게 될 것이다.

7) 적극적 경청

클라이언트와의 관계 형성에서 적극적 경청은 가장 기본이 되는 기술이다. 잘 듣는다는 것은 매우 적극적인 과정이며, 사회복지사가 반드시 습득해야 하는 중요한 능력이다. 단순히 클라이언트의 말을 잘 듣고 기억하는 것뿐 아니라 클라이언트의 말에 초점을 맞추고 클라이언트가 말하고 행동하는 것에만 주의를 기울여야 한다.

8) 인정하기/정당화하기

이 기술은 클라이언트의 실제 상황과 감정을 인정하는 것이다. 클라이언트의 감정이 잘못되었다거나 적절치 못하다고 하면서 설득한다면 클라이언트는 자신이 인정받고 있다는 느낌을 갖지 못하기 때문에 도움이 되지 않는다. 자신의 감정이 존중되고 인정될 때 클라이언트는 자신의 감정을 더 쉽게 극복하고 새로운 현실감을 갖게 된다. 다음 사례에서 사회복지사 B는 클라이언트를 정당화하는 적절한 반응을 하였다.

예시

- **클라이언트**: 나는 요즘 내가 바보 같게만 느껴져요. 나이도 들고 뚱뚱하고 못생기고…….
- **사회복지사 A**: 나는 당신이 그런 식으로 말할 때가 제일 싫어요. 당신은 똑똑하고 훌륭해요. 당신도 아시잖아요? 당신이 빨리 우울한 기분에서 벗어나길 바라요.
- **사회복지사 B**: 당신이 자신에 대해 그렇게 느끼시는 줄 몰랐어요. 무슨 일이 있었나요?

사례 출처: 성숙진 역(2000).

9) 행위와 사람, 행위와 감정을 구분하기

사회복지사가 만나는 클라이언트는 많은 문제를 드러낼 수 있는데, 클라이언트 개인의 행위만을 판단하지 말고 행위와 인간으로서의 가치를 구분하는 것이 중요하다. 클라이언트의 행위는 적절하지 않더라도 그 행위와 인간으로서의 가치를 구분함으로써 클라이언트에 대한 존중감을 높일 수 있다.

10) 자기노출

자기노출이란 사회복지사가 자신의 개인적인 이야기, 사생활 등을 클라이언트에게 말하는 것이다. 사회복지사의 자기노출은 면접 시 관심의 초점을 클라이언트로부터 사회복지사로 옮기게 되고, 클라이언트가 사회복지사를 문제가 많고 도움이 필요한 사람으로 보게 할 수 있기 때문에 주의가 필요하다. 적절한 내용과 수준의 자기노출은 클라이언트에게 혼자가 아니라는 느낌을 가질 수 있게 하고, 클라이언트와 경험을 공유할 때 클라이언트는 사회복지사의 경험을 배울 수 있게 되는데, 이러한 점을 잘 활용해야 한다. 사회복지사 역시 자신의 사생활을 지킬 권리가 있음을 인식하고, 자기노출을 할 경우에는 짧게 하고 초점을 다시 클라이언트에게 맞추는 것이 중요하다. 또한 클라이언트가 왜 그런 질문을 했는지 그 밑에 깔려 있는 염려를 반영해 줌으로써 면접을 효율적으로 이끌 수 있을 것이다. 다음은 클라이언트가 사회복지사의 개인적인 일에 관심을 표명할 때 할 수 있는 적절한 반응의 예시다.

예시

- **클라이언트**: 혹시 가정폭력으로 남편에게 맞아 본 적 있나요?
- **사회복지사**: 폭력 피해 여성만이 이런 일을 이해할 수 있다고 생각하시는군요.

- **클라이언트:** 예, 그렇지 않겠어요?
- **사회복지사:** 그 말도 맞을 거예요. 아무도 남이 겪은 것을 완전히 이해할 수는 없어요. 그러나 당신의 상황을 이해하려고 매우 노력하고 있어요. 저는 당신과 남편의 관계에 대해서 계속 이야기해 주셨으면 해요.

사례 출처: 성숙진 역(2000).

11) 비언어적 의사소통 이해하기

관계 속에서 우리의 메시지는 약 65%가 말 이외의 수단으로 전달되기 때문에 면접 상황에서의 클라이언트의 비언어적 행동에도 관심을 기울여야 한다.

3. 면접기술

면접(interview)은 사회복지사와 클라이언트가 대면하여 대화하는 것 이상의 의미를 갖는다. 면접 및 의사소통 기술을 사용함으로써 사회복지사는 클라이언트의 감정, 사고, 사상, 욕구, 결정, 기대를 알 수 있으며 동시에 클라이언트에 대한 존중과 관심을 전달해야 한다. 면접을 위해서는 클라이언트가 안정감을 갖고 면접에 집중할 수 있는 물리적 환경을 갖추는 것은 물론 면접의 목적을 염두에 두고 질문의 내용과 구조를 미리 계획해야 한다. 여기서는 면접에 필요한 기술로서 듣는 기술, 질문기술, 관찰기술, 해석기술의 4가지 기술에 초점을 두고 살펴본다.

1) 듣는 기술

(1) 적극적 경청

면접에서 클라이언트의 말을 듣는 것은 가장 기본적이며 중요한 일이다. 경험이 부족한 사회복지사는 무엇을 질문하고 말할 것인가에 관심을 두고 조언을 하려고 한다. 조언이 클라이언트에게 도움이 되는 경우도 있지만, 자칫하면 클라이언트의 의존심을 길러 주고 조언의 결과가 나쁠 경우 사회복지사에 대한 신뢰도가 감소할 수 있어서 주의가 필요하다. 면접에서 사회복지사는 적극적 경청의 자세를 견지해야 한다. 적극적 경청은 단순히 있는 그대로의 내용을 잘 듣는 것이 아니라 상대방의 의도, 관점, 견해를 파악하며 듣는 것이다. 또한 적극적 경청을 통해 사회복지사가 생각하는 바가 정확한지를 체크할 수 있고, 의사소통하는 두 사람이 서로의 감정과 의도를 충분히 이해함으로써 의사소통의 수준과 원조관계를 더욱 향상시킬 수 있다. 다음은 클라이언트의 말에 적극적 경청의 태도로 반응한 사회복지사의 예시다.

예시

클라이언트: 4년 전 은행에서 기절한 적이 있는데, 의식이 돌아왔을 때 많은 사람이 쳐다보고 있었어요.

▶ 이 사례에서 적합한 답변을 고르시오.

① "하지만 그건 4년 전 일이잖아요. 아직까지 그 일로 힘들어하면 안 되죠."

② "자신감을 찾을 때까지 매일 은행에 가 봐야겠네요."

③ "그때 정말 당황스러웠겠네요."

☞ ③의 반응은 당시 클라이언트가 가졌을 느낌을 반영해 주면서 이야기를 따라가고 있음을 보여 준다. 또한 이해하고 있으니 겪은 일을 계속 말해 보라는 권유의 의미를 담고 있어서 가장 적절한 반응이다. ①의 반응과 같이 문제를 별것 아닌 것처럼 깎아내리거나, ②와 같이 성급한 해결책과 동정심을 주는 것으로는 부족하다. 신중하게 듣고 그 이야기에 반응하고 논의 내용에 집중해야 한다.

사례 출처: 성숙진 역(2000).

(2) 짧은 즉각적 반응

클라이언트의 말이나 행동, 반응 등에 대해 "음", "그래서……", "알겠어요"와 같은 반응을 하는 것은 클라이언트에게 관심을 갖고 집중하고 있음을 보여 주기 때문에 적절한 때에 짧게 반응을 보이는 것이 좋다.

(3) 강조 반응

강조하기는 클라이언트가 방금 말한 것을 반복하는 것인데, 클라이언트의 말, 비언어적 반응에 대해 그 의미를 분명하게 하고 이슈나 상황을 보다 자세히 설명하도록 하기 위하여 사용된다.

(4) 환언

환언(paraphrasing)은 클라이언트가 말한 것을 사회복지사 자신의 언어로 바꾸어 다시 한번 말해 주는 것이다. 다음은 클라이언트가 말한 것을 바탕으로 사회복지사의 언어로 반응해 주는 환언의 예시다.

예시

- **클라이언트**: 아버지를 화나게 해서 너무 죄송하더라고요. 아버지는 심장병이 있어

서 건강이 안 좋으시거든요. 난 아버지가 오래 살기를 바라요. 하지만 때때로 아버지가 죽기를 바라기도 해요. 왜 우리가 잘 지내지 못하는지 이해할 수 없어요.

- **사회복지사**: 아버지를 걱정하고 관계가 좋아지기를 바라지만 때로는 아버지와 함께 하는 것이 어렵기도 하신 것 같네요.

사례 출처: 성숙진 역(2000).

(5) 감정의 반영

환언과 비슷하지만, 반영(reflection)에는 들은 내용을 환언하는 것뿐 아니라 클라이언트의 감정이나 비언어적 의사소통을 다시 한번 재음미해 주는 것을 포함한다. 다음은 클라이언트의 감정을 반영하여 상담한 예시다.

예시

클라이언트: 제가 할 수 있는 게 뭐죠? 돈도 없고, 기술도 없고, 도와줄 사람도 전혀 없는데, 뭔가 하긴 해야겠는데 뭘 해야 될지 모르겠어요.

▶ 이 사례에서 적합한 답변을 고르시오.

① "지금 혼란스러우신 것 같네요."

② "희망을 포기하신 것 같네요."

③ "그 모든 게 두렵겠네요."

☞ ①의 답변은 클라이언트의 감정을 정확히 파악한 것이다. ②의 답변은 클라이언트의 이야기 중 극히 일부에만 초점을 둔 답변이다. "뭔가 해야 되긴 하는데."라는 말 속에서 자신의 상황을 변화시켜 보겠다는 갈망이 드러나 있기 때문에 클라이언트에게 희망을 포기한 것 같다는 말을 하는 것은 적절치 않다. 클라이언트가 두렵다고 말하지는 않았는데, ③과 같이 답변하는 것은 클라이언트가 보인 감정을

과장되게 진술한 말이다. 이렇게 부정확한 반영을 해 주면 클라이언트는 의아하거나 짜증이 날 수 있다.

사례 출처: 성숙진 역(2000).

(6) 명확화

클라이언트의 말이 모호할 때는 면접 중간중간에 주기적으로 클라이언트가 하는 말의 의미를 명확화(clarification)하는 것이 클라이언트를 이해하는 데 도움이 된다. "~라고 말씀하신 것은 구체적으로 무슨 뜻입니까?", "~에 대해 더 자세히 이야기해 주시겠어요?"와 같이 질문함으로써 클라이언트가 의도한 바를 분명히 할 필요가 있다.

예시

예시 1

- **클라이언트(50세)**: 나는 젊은 사회복지사와 일해서 잘된 적이 없어요. 당신들은 순진해서 아직 아무것도 몰라요.
- **사회복지사(25세)**: 젊은 사회복지사와 일해서 잘된 적이 없다는 말씀은 그 당시 어떤 문제가 있었다는 것 같은데, 어떤 어려움이 있었습니까?

예시 2

- **클라이언트**: 아내와 나는 사이가 좋지 않아요. 오랫동안 이래왔지요. 나는 이런 관계가 정말 싫어요.
- **사회복지사**: 이런 관계가 정말 싫다고 하셨는데, 구체적으로 어떤 것을 말씀하시는 건가요?

사례 출처: 성숙진 역(2000).

(7) 정보제공과 교육

클라이언트에게 도움이 될 정보나 클라이언트가 알아야 할 내용을 비심판적인 방식으로 클라이언트에게 전달, 제공하는 전문적 방법이다. 다음은 경제문제를 호소하는 클라이언트에게 필요한 정보를 제공하는 상담의 예시다.

예시

클라이언트: 여기 올 때는 돈 문제에 대해 도움을 주실 거라고 생각했는데 말씀을 들어 보니 일자리를 찾아주는 것이군요. 제 능력과 흥미를 평가하는 것이 중요하다는 것은 알겠는데 거기에 맞는 일자리가 없을 때는 어떻게 되는데요?

▶ 이 사례에서 적합한 답변을 고르시오.

① "안 일어날지도 모를 일을 가지고 지금 생각해 볼 필요가 있는지 모르겠네요. 만약 그런 일이 생기면 그때 그 문제를 의논해 보죠."

② "만약 그런 일이 생기면 완벽하진 못해도 본인 능력과 흥미에 가까운 직업과 다른 직업 사이에서 선택을 해야 할 것입니다."

③ "그것은 걱정하실 필요가 없어요. 우리가 알고 있는 일자리가 많기 때문에 분명 자리가 있을 거예요."

☞ ①의 반응은 일자리 관련된 상황을 점검해 보고 싶어 하는 클라이언트의 바람을 인정하지 않는 답변이다. ③의 답변은 허황된 장담이고, 본인 능력과 흥미에 맞는 일자리가 없을 때 어떻게 되는 건지를 알아보려는 클라이언트의 욕구를 충족시키지 못했다. ②의 답변은 가능한 결과를 폭넓게 생각해 보고자 하는 클라이언트의 욕구에 맞는 현실적인 정보를 준 답변이다.

사례 출처: 성숙진 역(2000).

(8) 직면

직면기술은 클라이언트가 갖고 있는 모순되거나 불일치한 점을 찾아서 다른 해석이나 시각을 고려하도록 유도하기 위한 기술이다. 이는 클라이언트의 생각이나 행동에서 모순된 점을 언급해야 하기 때문에 클라이언트와 충분히 라포가 형성된 상태에서 사용하는 것이 적절하다. 다음은 직면기술을 활용한 상담의 예시다.

예시

클라이언트: (방금 전 비싼 옷을 샀다는 말을 하고) 이번 달 집세를 어떻게 낼지 진짜 걱정이에요.

▶ 이 사례에서 적합한 답변을 고르시오.

① "돈에 쪼들리면 정말 스트레스가 쌓이죠."

② "은행에서 대출을 받을 수 있지 않을까요?"

③ "제가 좀 혼동이 되는데요. 좀 전에는 비싼 옷을 샀다고 하시더니 지금은 집세 내는 것이 걱정된다고 하시니 말입니다. 돈 관리하시는 게 힘드신가 봐요."

☞ ①의 답변은 클라이언트의 걱정을 반영했지만 문제가 되는 행동은 직면하지 못했다. 그런 행동을 묵인하면 클라이언트는 자신의 행동을 적절한 것으로 믿게 될 것이다. 대출이 당면한 재정 문제에 대한 해결책이 될지 모르나 ②와 같은 답변은 클라이언트의 근본적인 돈 관리 문제를 다루지 못하게 만들 수도 있다. ③의 반응은 클라이언트의 말 속에 있는 구체적인 모순점을 비심판적으로 표현한 직면이다.

사례 출처: 성숙진 역(2000).

2) 질문기술

(1) 질문의 일반적 원칙

면접 중에 클라이언트의 말을 경청하고 반응하는 것 외에 적절하게 질문하는 것도 중요하다. 특별한 정보를 수집해야 한다고 판단될 때는 질문을 하는데, 한 번에 한 가지의 질문만 해야 클라이언트가 대답할 때 혼란스럽지 않게 대답할 수 있으며, 질문 후에는 클라이언트가 대답할 시간을 충분히 주는 것이 좋다. 또한 '왜'라는 질문은 비난조로 들리며 클라이언트를 방어적으로 만들기 때문에 다른 방식으로 질문하는 것이 좋다. 예를 들면, "왜 그러셨어요?"라는 질문보다는 "겪고 있는 어려움에 대해 말씀해 주십시오."와 같이 요청하는 방식으로 질문을 하는 것이 클라이언트의 부담을 감소시킨다.

(2) 폐쇄형 질문과 개방형 질문

일반적으로 질문 유형에는 폐쇄형 질문과 개방형 질문이 있다.

① 폐쇄형 질문

폐쇄형(closed-ended) 질문은 예, 아니요 또는 성별, 연령과 같이 분명하고 간단하게 응답할 수 있는 질문을 말한다. 클라이언트의 초점을 제한하고 확실한 사실에 대하여 질문하거나 짧은 시간에 많은 양의 정보를 얻기 위해 묻는 질문 형식이다. 때로는 너무 말이 많은 클라이언트를 중단시키고 주제에 초점을 맞추기 위해서도 사용한다. 그러나 폐쇄형 질문을 너무 많이 사용하면 클라이언트는 조사받는 느낌을 가질 것이고 관계 악화의 우려가 있으므로 주의 깊게 사용한다.

② 개방형 질문

개방형(open-ended) 질문은 클라이언트가 자신의 감정, 생각 등을 자유롭게 대답할 기회를 제공하며, 이러한 답변으로 주제에 대한 클라이언트의 인지 상태를 알 수 있다. 개방형 질문에는 여러 가지 유형이 있는데, 예를 들면 "당신의 걱정은 무엇입니까?", "당신은 무엇을 했습니까?"와 같은 '무엇 질문(what question)'이 있고, "당신은 어떻게 반응했습니까?"와 같은 '어떻게 질문(how question)'이 있다. 이유를 묻는 '왜 질문(why question)'도 있는데, 직접적으로 이유를 물어보면 클라이언트는 방어적 태도를 보일 수 있으므로 "그것이 왜 그런지 궁금합니다.", "왜 그런 일이 일어났다고 생각하십니까?" 등으로 완곡한 표현으로 전환해서 질문하는 것이 좋다. 다음은 개방형 질문의 상담 예시다.

예시

'무엇' 개방형 질문

클라이언트: 여러 일로 싸우지만 가장 많이 싸우는 것은 제가 집에 잘 있지 않고 나가 있는 것 때문에 그렇죠.

▶ 이 사례에서 사실적 자료를 끌어내는 적합한 답변을 고르시오.

① "본인이 처한 상황을 어떻게 생각하세요?"

② "부인께선 남편이 집에 없을 때 무얼 하세요?"

③ "무슨 일로 집에 거의 안 계세요?"

☞ ①의 질문은 개방형 질문이지만 이 상황에서는 사실적 정보는 끌어내지 못할 것이다. ②의 질문은 논의 내용에서 벗어난 개방형 질문이다. ③의 질문은 문제에 관한 사실적 정보수집을 가능하게 하는 개방형 질문이다.

사례 출처: 성숙진 역(2000).

예시

'어떻게' 개방형 질문

클라이언트: 집사람은 늘 돈 걱정인데, 저는 생활비를 대려면 2가지 일을 해야 하거든요. 그러니 매일 오전 7시부터 밤 10시까지 일을 하게 되죠.

▶ 이 사례에서 클라이언트의 주관적 관점을 끌어내는 적합한 답변을 고르시오.

① "무슨 일에 돈이 그렇게 들어가는데요?"

② "2가지 일을 하는 것이 뭐 그리 나쁜데요?"

③ "그것에 대해 어떻게 느끼세요?"

☞ ①의 질문은 사실적 정보만을 끌어내는 개방질문이다. ②의 질문은 사회복지사의 가치관을 받아들여야 한다고 시사하는 유도질문이다. ③의 질문은 클라이언트의 감정에 초점을 둔 개방형 질문이다.

사례 출처: 성숙진 역(2000).

예시

'왜' 개방형 질문

클라이언트: 어제도 집에 들어서자마자 불평을 늘어놓기 시작하더군요. 피곤해서 진짜 아무 소리도 듣고 싶지 않았어요. 전들 뭐 불평이 없겠어요?

▶ 이 사례에서 적합한 답변을 고르시오.

① "왜 그런 식으로 행동하셨어요?"

② "아내의 불평 중 짜증 나는 부분이 뭔지 말씀해 보시겠어요?"

③ "왜 잔소리가 듣기 싫은 건지 알고 계세요?"

☞ ①의 질문을 하면 그런 식으로 행동하지 말았어야 했다는 것 같아 클라이언트는 방어적인 태도를 가질 것이다. ③의 질문은 상대방 이야기를 경청하지 않았음을 보여 주는 질문이다. ②의 질문은 클라이언트가 방어적이 되지 않으면서 자기 문제를 이야기하게 할 수 있는 질문이다.

사례 출처: 성숙진 역(2000).

폐쇄형이든 개방형이든 질문한 것에 대해서는 클라이언트의 대답을 적극적으로 경청해야 한다. 또한 질문이 항상 정보수집만을 위해 사용되는 것은 아니라는 것을 유념할 필요가 있다. 예를 들어, "어머니와 이야기해 보셨나요?"라는 질문은 실제로 클라이언트가 어머니와 대화했는지를 확인하고, 그 사실을 묻는 것일 수도 있지만, 클라이언트가 어머니와 대화해 보기를 기대하는 것을 표현한 것일 수도 있고, 클라이언트와 어머니의 관계를 파악하기 위한 질문일 수도 있다.

한편, 면접 중에 피해야 할 질문 유형은 다음과 같다.

① 이중 혹은 삼중 질문

예시

"당신은 오늘밤 다시 그 쉼터에서 머물 겁니까? 아니면 친구 집으로 돌아갈 것입니까? 아니면 제가 거처할 곳을 마련해 주길 원하십니까?"

사례 출처: 성숙진 역(2000).

② '왜'라는 질문

예시

"왜 ○○씨는 어머니와 잘 지내지 못하나요?"라는 질문은 "어머니와의 관계를 어렵게 하는 것은 무엇인가요?"로 전환하여 질문할 수 있다.

사례 출처: 성숙진 역(2000).

③ 단순한 호기심에서 나온 질문

예시

- **클라이언트:** (오열하며) 지금 너무 힘들어요. 내 딸이 지난주에 차 사고로 죽었어요.
- **사회복지사:** 딸이 몇 살이죠?

사례 출처: 성숙진 역(2000).

④ 유도성 질문

사회복지사가 생각하는 대로 말하도록 암시하는 질문은 클라이언트의 생각과 감정을 왜곡시킬 수 있으므로 바람직하지 않다.

예시

- "그것을 정말로 하지는 않을 거지요? 그렇지요?"
- "~라고 생각하지 않나요?"

사례 출처: 성숙진 역(2000).

3) 관찰기술

면접 중에는 클라이언트의 이야기를 듣고 질문하는 언어적 의사소통 외에 비언어적 측면도 살필 수 있어야 한다. 클라이언트의 비언어적 표현에 민감해야 클라이언트의 진술의 타당성을 체크할 수 있고, 클라이언트에게 적절한 반응을 할 수가 있다.

면접에서 클라이언트의 비언어적 행동을 관찰할 때는 클라이언트의 외모, 목소리, 냄새, 사회복지사와의 거리 등을 살펴보아야 한다. 예를 들어, 클라이언트가 오늘 유난히 부스스하지는 않은지, 알코올 문제가 있는 클라이언트에게 술 냄새가 나지 않는지, 사회복지사와 눈을 맞추지 못하고 불안해하는 모습 등을 살펴야 한다. 그러나 클라이언트의 이러한 비언어적 특징으로 인해 선입견을 갖지 않는 것이 중요하다.

클라이언트의 비언어적 행동을 이해하는 것과 함께 사회복지사의 비언어적 의사소통도 중요하다. 클라이언트와의 적절한 눈 맞춤, 자세와 거리, 얼굴표정, 목소리와 언어 등에 신경을 써야 한다. 사회복지사는 면접을 이끌어야 한다는 부담 때문에 침묵 상황을 불편해하는데, 때로는 침묵을 적절히 활용할 수 있어야 한다. 예를 들면, "말씀이 없으시군요. 지금 무슨 생각을 하세요?", "계속 이야기하기가 힘든 것 같네요.", "말할 준비가 되면 그때 이야기를 듣도록 하죠."와 같이 클라이언트가 침묵하는 상황에서 클라이언트가 자신의 생각을 정리하거나 감정을 정리할 수 있도록 도울 수 있다.

4) 해석기술

해석이란 클라이언트의 다양한 행동의 의미, 관계에 대하여 설명이나 가정을 하는 것이다. 해석은 사회복지사와 클라이언트의 상호작용 속에서 여러 사건이나 상황 간의 관련성을 클라이언트가 이해하게 되는 과정이다.

해석을 하는 목적은, 첫째, 클라이언트의 함축적 메시지와 행동 사이의 관계를 파악하기 위해, 둘째, 클라이언트가 다른 견해를 가지고 자신의 행동을 검토해 보도록 하기 위해, 셋째, 클라이언트가 자기 패배적 또는 비효과적 행동을 더욱 기능적 행동으로 바꿀 수 있도록 동기화시키기 위함이다. 다음은 담배를 끊으려고 노력 중인 남성의 말을 적절히 해석하여 반응하는 상담의 예시다.

예시

(담배를 끊으려고 몇 주 동안 금연 프로그램에 참여해 온 남성인데 계획한 일 중 하나도 해내지 못했다.)
클라이언트: 시간이 없어서 만들라고 하신 기록 프로그램을 못했는데 어떡하죠? 생각은 했는데 그 카드를 구할 수가 없었어요.

▶ 이 사례에서 적합한 답변을 고르시오.

① "지금까지 진행 상황을 보니까 정말 담배를 끊겠다는 준비가 아직 안 된 것 같아요. 끊을까 말까 생각 중인 단계에 있으신 것 같아요."

② "할 생각이 있었는데 카드를 구하실 수 없었다니 믿기 어렵네요. 그 카드 파는 가게가 얼마나 많은데요. 담배를 끊고 싶으시면 정말 노력하셔야 합니다."

③ "담배 끊는 것을 중요하게 여기시지만 시간이 더 필요하신 것 같네요. 매주 만나기보다 2주에 한 번씩 만나는 게 좋을 것 같아요."

☞ ②의 반응은 클라이언트가 한 말의 오직 한 측면(카드)에만 초점을 두고 있다. 이것은 클라이언트의 금연을 가로막고 있는 것과 별 상관이 없다. ③의 답변은 클라이언트가 한 말의 표면적 의미는 파악하였지만 숨은 내용을 파악하지 못한 것이다. 이 답변과 제안한 것은 목표 달성을 도울 가능성이 거의 없다. ①의 답변은 금연하고자 하는 실천 열의가 부족한 클라이언트의 말 속의 숨은 내용을 파악하였다. 현재 클라이언트가 속한 변화과정 단계를 해석해 주었기 때문에 클라이언트는 자기 행동을 더 잘 이해하게 되고 책임감도 높아지게 할 수 있을 것이다.

사례 출처: 성숙진 역(2000).

예시

(앞의 장면에 이어서 클라이언트가 다음과 같은 반응을 보인다.)
클라이언트: (의아해하면서 불안해하는 모습이지만 아무 대꾸도 않는다.)

▶ 이 사례에서 적합한 답변을 고르시오.

① "제가 드린 말씀으로 기분이 언짢으신 것 같네요. 자, 이제 앞으로 어떻게 해 나갈지 이야기해 봅시다."

② "제가 드린 말씀으로 기분이 언짢으신 것 같네요. 저는 단지 담배 끊는 데 도움이 되어 드리고자 할 뿐입니다."

③ "제가 드린 말씀으로 기분이 언짢으신 것 같네요. 방금 제가 드린 말씀에 대한 의견을 말씀해 보시겠어요?"

☞ ①의 답변은 해석을 듣고 난 후 클라이언트가 보인 비언어적 반응은 파악했다. 하지만 해석의 여파를 살피기보다 계속 진행할 것을 선택했다. 해석을 한 후 그 해석에 대한 클라이언트의 반응을 이해하지 못하면 해석의 유용성이 수포로 돌아갈 수 있다. ②의 답변은 해석에 대해 클라이언트가 보인 비언어적 반응은 파악하였다. 그러나 해석에 대해 더 논의해 보지 못했다. ③의 답변은 사회복지사의 해석에 대한 클라이언트의 불쾌감을 파악하였고 그 해석이 정확하다고 생각하는지 알기 위해 개방형 질문을 한 것이다.

사례 출처: 성숙진 역(2000).

클라이언트의 언어적 · 비언어적 의사소통을 해석할 때 몇 가지 주의할 점이 있다. 우선, 해석은 클라이언트의 실제 메시지에 기반을 두고 해야지 사회복지사의 편견이나 가치로 해서는 안 된다. 해석할 때는 문제의 긍정적 양상을 강조하는 것이 좋다. 부정적 측면을 강조해서 해석하면 비난받는 느낌을 줄 수 있다. 클라이언트가 해석에 대해 방어적이거나 불안, 저항을 보이면 해석을 보류하며, 해석을 할 때는 "아마 ~가 아닌지 궁금합니다.", "~처럼 보입니다." 와 같이 말한다. 그리고 해석 후에는 사회복지사의 해석이 정확했는지 클라이언트에게 물어봄으로써 사회복지사와 클라이언트 모두 상황을 정확하게 이해하고 공유할 수 있어야 한다.

4. 개인을 대상으로 한 사회복지실천기술의 적용 사례

다음 내용은 사회복지사와 클라이언트의 상담에 사회복지사가 적용한 상담기술을 설명한 것이다. 다음 사례를 연습해 보고, 이후 사회복지사와 클라이언트의 대화 내용을 새롭게 구성하여 역할연습을 해 보기를 권장한다.

사회복지사: 오늘 무슨 말씀을 하고 싶으세요? **클라이언트:** 글쎄요…… 제 아들 문제인데요. 아들을 어떻게 해야 할지 그냥 모르겠네요.	-기초적 상담기술인 집중하며 따라가기 위해 시선 접촉, 편안한 자세, 클라이언트의 이야기에 이해를 보이는 언어적 반응
사회복지사: (짧은 침묵 후) 아들이요? **클라이언트:** 네, 제 아들이요. 작년부터 문제가 있었는데 얼마 전부터는 가게에서 물건을 훔치네요.	-짧은 침묵은 상대방 이야기를 따라가고 있음을 보여 줌
사회복지사: 가게 물건을 훔쳤다고요……. **클라이언트:** 네, 지난주에는 경찰이 집으로 찾아왔더라고요. (격앙된 목소리로) 한두 번이 아니었더라고요.	-내용의 반영기술이며, 클라이언트의 말을 따라가며 그 이야기에 관심이 있음을 보여 줌
사회복지사: 그 일로 화가 많이 나신 것 같네요. **클라이언트:** 예, 맞아요. 아들이 한 짓을 보면 누구라도 화가 날 거예요.	-감정의 반영기술이며, 클라이언트의 이야기뿐 아니라 클라이언트가 어떻게 느끼고 있는지에도 주의를 기울이고 있음을 보여 줌

사회복지사: 그 이야기를 조금 더 해 보시겠어요?	–아들 문제를 더 이야기하도록 이끄는 개방질문
클라이언트: 한 1년 정도 된 것 같아요. 집에도 잘 들어오지 않고, 학교도 안 가려 하고.	
사회복지사: 그런 행동을 어떻게 다루어 오셨어요?	–개방질문
클라이언트: 처음엔 가끔 그랬기 때문에 대수롭지 않게 여겼는데 최근에는 자정이 넘어도 안 들어오고. 그러면 안 자고 기다리다 아들을 혼내요. 정말 심하게 혼내주죠.	
사회복지사: 아들이 늦으면 정말 화가 나시는군요.	–클라이언트는 아들이 늦을 때 자신의 행동을 말했고, 사회복지사는 그런 행동이 시사하는 감정을 반영해 줌
클라이언트: 예, 당시에는 화가 나는데 아침이 되면 후회가 되기도 해요. 그냥 우리가 자기를 얼마나 아끼는지 이해시킬 수 있으면 얼마나 좋을까 싶어요.	
사회복지사: 그러니까 여러 감정이군요. 화도 나고, 걱정도 되시고, 사랑하는 마음도 있고요.	–클라이언트는 여러 가지 감정을 보였고, 사회복지사는 그것을 파악하여 반영함. 감정반영을 통해 클라이언트는 자신의 감정을 알고 설명해 볼 수 있게 됨
클라이언트: 예, 아들 걱정도 되고, 우리 걱정도 되죠. 어떻게 아들 마음을 바꿀 수 있을지 모르겠어요.	
사회복지사: 아들이 물건을 훔치고, 집에도 늦게 들어오는데 이 문제에 대한 해결책을 찾고 싶어 하시는군요.	–클라이언트가 한 말을 요약함으로써 지금 까지 말한 내용에 대해 클라이언트가 주의를 기울이게 됨
클라이언트: 예, 그거예요. 부모로서 안 해 본 게 없는데 어떤 것도 효과가 없더라고요.	
사회복지사: 해 보신 모든 방법이 안 되셨군요.	–재진술 기술을 통해 클라이언트가 말하는 문세에 초점을 둠

출처: 성숙진 역(2000), pp. 126-132의 사례를 재구성함.

제9장

가족사회복지실천의 이해

1. 가족에 대한 이해

1) 가족의 개념

가족은 모든 사회와 문화에서 발견되는 보편적인 사회현상이자 제도임에도 그것을 정의하기는 쉽지 않다. 전통적으로 가족은 “사회적으로 인정받는 성적 관계를 유지하는 최소한 두 명의 성인 남녀와 그 성인이 낳았거나 입양한 한 명 또는 그 이상의 자녀를 포함하며, 공동거주, 경제적 협력, 재생산으로 특징지어지는 사회집단”(Murdock, 1949)으로 정의된다. 같은 맥락에서 가족은 “혈연, 결혼, 입양 등으로 관련된 둘 이상의 사람으로 구성된 집단으로 동일한 가구에서 함께 거주하는 사람들의 집단”(Barker, 1987)으로 정의되기도 한다. 이러한 정의는 가족을 주로 결혼, 혈연, 입양과 같은 법적 지위나 부모-자녀로 구성된 가족구조 및 형태에 따라 규정짓는 것을 볼 수 있다.

근대 이래 핵가족은 인류의 가장 보편적인 가족 모습으로 여겨지면서 정상과 비정상을 구분하는 준거틀로 작용해 왔다(이여봉, 2006). 그러나 이러한 가족 형태를 기반으로 한 정의는 오늘날 다양한 가족 형태가 등장하고 있는 상황에서 더 이상 우세하거나 실제적이기는 어렵게 되었다. 실제 증가하고 있는 한부모가족, 재혼가족, 무자녀가족, 조손가족, 결혼이민자가족, 미혼모부자가족, 기러기가족, 동성애가족 등 다양한 가족 형태의 출현은 새로운 방식의 가족 개념 정의가 필요함을 보여 주고 있다(최선희, 최정숙, 박화옥, 2008).

Gittins(1993)는 '전형적인 정상 가족(the family)'은 더 이상 정의할 수 없다고 전제하면서 가족의 보편적 특성으로 가족관계를 제시하고 가족에 대한 역사적 · 문화적 특수성을 인식하는 것이 중요함을 주장하였다. Giddens(1992)가 "가족은 정서적이고 물질적인 지지에 기반을 둔 둘 또는 그 이상의 사람들이 상호 간에 기대를 갖고 그들의 삶의 유형에 관계없이 상호 책임감 · 친밀감과 지속적인 보호를 주고받는 구성체"라고 정의한 개념, 그리고 이효재(1983)가 가족을 "일상적인 생활을 공동으로 영위하는 부부와 자녀, 그들의 친척, 입양이나 기타 관계로 연대의식을 지닌 공동체 집단"이라고 정의한 개념에서 가족을 연대의식을 갖고 지속적인 관계를 갖는 것에 초점을 두어 정의하고 있는 것을 볼 수 있다. 현대사회에서는 획일성보다는 다양성이, 정형화보다는 유연화가, 규칙과 규율의 적용보다는 정서와 사랑의 공동체로서의 가족기능이 부각될 것으로 전망되고 있다(신용하, 장경섭, 1996: 양옥경, 2000, 2005).

사회복지실천 분야에서도 최근에는 구조나 형태보다는 기능이나 관계의 질적인 측면에서 가족을 정의 내리고 있는 것을 볼 수 있다. Hartman과 Laird(1988)는 "둘 이상의 사람들이 친숙한 한 가족이라고 여기고 밀접한 감정적 유대와 가정이라는 생활공간, 생물적 · 사회적 · 심리적 요구의 충족에 필요한 역할과 과제를 공유할 때 가족이다."라고 정의하였다. 같은 맥락에서 미국사회복지사협회(NASW) 가족분과위원회(1982)에서도 가족을 "그들 스스로 가족이라고 생각하고 건강한 가족생활에 필수적인 의무, 기능, 책임을 수행하는 두 명 이상의 사람들"로 정의하고 있다. 이러한 정의는 다양한 가족구조, 생활주기, 문화적 차이를 포괄하고 있으며(성정현, 여지영, 우국희, 최승희, 2004 재인용), 가족의 관계와 기능에 초점을 두어 정의하고 있는 것을 볼 수 있다.

가족의 범위, 형태와 관련된 지속적인 논의가 이어지고 있으나, 다른 가족 형태를 인정하는 것은 전통적 가족을 의도적으로 벗어나려 하거나 평가절하하는 것이 아니며 오히려 사람들이 소속감, 충성심, 상호적 돌봄, 밀접한 관계를 경험하는 풍부한 기회를 더해 주는 것(Hepworth, Rooney, Rooney, Strom-Gottfried, & Larsen, 2010)임이 고려되어야 할 것이다. 다양한 가족 관점에서는 가족 스스로가 구성원으로 정의하는 것이 가족 범위로 가장 명확한 것이 될 것이고, 가족 형태는 가족 구성원 의식만큼이나 다양할 수 있을 것이다. 하지만 사회복지실천에서 더 중요하게 관심을 가져야 할 것은 가족의 보편적이고 중요한 특성인 '관계'가 잘 정립될 수 있도록 하는 것과 가족 및 그 구성원의 복지와 발달에 기여하는 '기능'이 잘 수행될 수 있도록 하는 것일 것이다.

2) 가족의 변화

가족의 개념에서 이미 살펴본 바와 같이 오늘날의 가족은 많은 변화를 보여 주고 있다. 다양한 가족 형태가 등장하고 있을 뿐만 아니라 규모와 구성에서도 변화가 나타나고 있으며, 가족의 기능 면에서도 기존에 수행하던 기능에 변화가 발생하고 가족기능에 대해 기대하는 바도 달라지고 있다. 또한 가족주기가 달라지고 다양한 형태의 가족주기도 나타나고 있는 상황이다. 최근의 가족 변화 동향을 세부적으로 살펴보면 다음과 같다.

첫째, 가족구조 면에서의 변화다. 먼저, 낮은 출생률, 독신 및 노인 단독가구의 증가로 1인 가구가 증가하는 등 가족의 규모가 축소되고 구성이 단순화되는 특징을 보여 주고 있다. 우리나라 가구 규모의 변화를 살펴보면 1980년에 평균 4.6명이던 것이 1990년에는 3.7명, 2000년에는 3.1명, 2010년에는 2.8명으로 점차 축소되고 있으며, 1972년에 4.2%에 불과했던 1인 가구가 2000년에는 15.5%, 2010년에는 23.9%, 2022년에 34.5%에 이를 정도로 급격하게 증가(통계청, 2023)되고 있는 것을 볼 수 있다. 다음으로, 이혼율, 재혼율, 국제결혼의 증가로 한부모가족, 재혼가족, 조손가족, 결혼이민자가족 등 다양한 가족 비율이 증가하고 있는 특징이 나타나고 있다. 이혼율은 1970년에 1만 1,615건(조이혼율 0.4)이었으나 2003년에는 급격히 늘어나 16만 7,096건(조이혼율 3.4)으로 절정에 달했으며, 2010년 11만 6,900건(조이혼율 2.3), 2022년 9만 건(조이혼율 1.8)으로 최근 다소 줄어들긴 했으나 여전히 높은 비율을 보여 주고 있다. 재혼율 또한 증가하여 1980년에 3만 1,341건에서 2005년 7만 9,942건으로 혼인 4쌍 중 1쌍이 재혼이었으며, 2018년 5만 7,132건으로 총 혼인건수 대비 재혼비율이 22.1%, 2022년에는 22.6%로 많은 비율을 차지하고 있으며, 국제결혼도 1990년대 초까지만 해도 전체 결혼의 1%에 불과했으나 1990년대 중반부터 증가하여 2000년 3.7%, 2010년 10.8%, 2022년 8.7%에 이를 정도로 증가한 것을 볼 수 있다(통계청, 2023).

둘째, 가족기능 면에서의 변화다. 일반적으로 가족의 주요 기능은 Murdock (1949)이 제시한 4대 기능인 출산과 재생산 기능, 성적 기능, 경제적 기능, 교육 및 사회화 기능으로 이해되어 왔다. 이러한 가족기능은 점차 사회로 이양되어 왔는데, 경제적 기능은 시장으로, 교육 및 사회화 기능은 공식적인 교육기관으로, 그 외 노인과 돌봄이 필요한 가족 구성원에 대한 보호 또한 공적인 영역으로 이전되고 있다(성정현 외, 2004). 미래의 가족기능은 출산이나 양육의 기능, 교육이나 사회화의 기능보다 정서적 기능이 가장 주요하게 부각될 것으로 전망되고 있다(양옥경, 2000, 2005). 실제 우애적 결혼이 보편화되고, 이혼 사유로 정서적 유대와 관련된 이유가 증가하고 있다(이여봉, 2019)

셋째, 가족주기 면에서의 변화다. 결혼연령의 상승, 출산 자녀 수 감소, 평균수명의 연장 등으로 자녀 출산과 양육 시기는 짧아지고 자녀 출가 후 노인 부부만 남는 시기는 점차 길어지고 있다(성정현 외, 2004). 초혼연령이 1974년 이전에는 20.8세였던 데 비해 2000년 남성 29.3세, 여성 26.5세, 2022년 남성 33.7세, 여성 31.3세로 높아졌으며(통계청, 2023), 평균수명도 1945년에는 남성 45.6세, 여성 50.7세(최성재 외, 2002)였던 것이 1970년에 남성 58.7세, 여성 65.8세, 2000년에는 남성 72.3세, 여성 79.7세, 2021년에는 남성 80.6세, 여성 86.6세(통계청, 2022)로 점차 연장되고 있다. 또한 이혼가족과 재혼가족의 증가로 기존의 가족생활주기 단계 및 과업과는 다른 경험을 하게 되는 가족이 늘어나게 되었고, 그 외 무자녀가족, 조손가족, 결혼이민자가족의 증가는 기존 가족발달주기와 다른 과정과 과업을 갖게 될 가족에 대한 조사와 이해의 필요성을 제기하고 있다.

3) 가족의 문제 및 욕구

가족문제를 어떻게 정의하는가 하는 것은 정의하는 사람이나 집단의 가치, 관점에 따라 달라질 수 있을 것이다. 김혜란, 홍선미와 공계순(2006)은 현대 가족이 가족 구성원의 보호기능 약화, 가족 구성원 간의 갈등, 가정폭력, 가족해체, 빈곤 등의 문제를 나타내고 있다고 하였다. 조흥식, 김인숙, 김혜란, 김혜련과 신은주(2017)는 오늘날 우리 사회의 가족문제를 가족 가치관의 혼재, 경제적 부양의 문제, 가족의 돌봄(보호)기능 약화, 가족의 통제능력과 통제기능의 약화 및 사회화와 정서적 지지 기능의 약화, 결손가정 증가에 따른 문제, 다양한 가족 유형에 따른 어려움으로 정리하고 있다. 한편, Hepworth와 그의 동료들(2010)은 빈곤과 공공정책, 자녀의 독립이나 가족 구성원의 사망, 이혼과 별거 같은 생애전환과 분리, 전쟁 파병과 같은 의외의 가족 전이가 가족의 스트레스 요인이 될 수 있다고 하였다. 또한 Walsh(2002)는 변화하는 가족 형태(이혼과 재혼 가족, 게이와 레즈비언 커플과 가족), 실직과 직장 이전 이슈를 갖는 가족, 정신적 · 신체적 질환이 있는 구성원을 둔 가족, 임종 도전과 상실 이슈를 가지고 있는 가족, 전쟁 관련 외상과 회복 이슈를 가지고 있는 가족 등 다양한 상황에 처한 가족과 일해야 한다고 하였다.

가족사회복지에서 대상으로 하는 가족 문제 및 욕구에 대해서는 1970년대 미국에서 가족복지의 대상으로 일반적으로 제시한 가족 스트레스, 경제적 · 사회적 어려움, 가족관계 및 가족 구성원의 기능 손상이라는 분류가 잘 설명해 주고 있다. 여기서 가족 스트레스란 가족 구성원의 갑작스러운 사망, 이혼, 전근, 이사, 실직 등으로 인한 스트레스를 말하고, 경제적 · 사회적 어려움은 경제적 곤궁 및 사회자원 도입의 곤란 등으로 경제적 · 사회적 요구를 충족할 수 없는 상황에 놓이는 것을 의미한다. 그리고 가족관계 및 가족 구성원의 기능 손상은 가족관계나 가족 구성원의 개인적 기능장애 등으로 인해 가족이 사회적 제 기능을 수행하는 데 제한이 생기는 경우를 의미한다(NASW, 1990; 조홍식, 김연옥, 황숙연, 김용일, 2009 재인용).

오늘날의 가족은 기혼 취업여성의 증가, 평균수명의 연장, 신체적 · 정신적 질환자에 대한 장기보호, 가족 규모의 축소로 인한 보호책임 분담의 어려움 등 사회적 여건의 변화로 인하여 과거 어느 때보다 더 많은 책임을 수행하고 있으며 그에 따른 스트레스를 경험하고 있다(이원숙, 2016). 가족 스트레스 요인에 대해 McKenry와 Price(2000)는 가족의 경계, 구조, 목표, 역할이나 가치에 변화를 불러일으키는 것이나 변화 자체의 어떤 측면으로 설명한다. 스트레스는 갑작스러운 사고와 같이 예측할 수 없는 사건뿐 아니라 결혼, 출산과 같이 예측된 발달적 생활 전이와도 관련된다. 또한 스트레스에는 부적절한 의사소통 기술이나 역할 분담 같은 가족 내부 역동과 과도한 환경적 요구, 사회적 차별과 같은 외부 환경적 요소가 관련된다. 어떤 가족, 특히 그들의 차이 때문에 일상생활에서 냉담하거나 무관심한 환경과 자주 접하는 사람에게는 다른 형태의 스트레스 요인이 발생할 수 있는데, 이러한 무관심은 사회의 일반적인 사람뿐 아니라 공공정책 구조에도 있을 수 있으며, 전문가가 그 가족을 수용할 만한 규범을 벗어나 기능하고 있는 것으로 인식할 때 실천에서의 무관심 또한 발생할 수 있다(Hepworth et al., 2010).

경제적 어려움, 빈곤의 문제는 여전히 심각한데, 특히 여성한부모가족, 노인가족, 장애인가족의 빈곤문제는 노동시장에서의 차별, 사회보장정책의 미흡 등 사회환경적인 요인의 영향을 크게 받고 있다. 저소득층 가족의 경제적 · 문화적 결핍은 자녀교육의 문제로 이어져 빈곤의 세습화를 가져올 수 있기 때문에 빈곤의 영향은 더욱 심각하다(김혜란, 홍선미, 공계순, 2006).

그 외 부부갈등, 부모-자녀 간 세대갈등, 가정폭력 등 가족관계상의 이슈 또한 가족과 함께 하는 실천에서 다루어야 할 문제 및 욕구에 해당된다. 최근 부부관계가 평등하고 민주적인 방향으로 변화하고는 있지만 부부간의 실제적 평등에 기반한 조화로운 관계는 아직 실현되고 있지 않으며(조홍식 외, 2017), 최근 여성의 성평등의식 고양, 기혼여성의 취업률 증가로 가족 내 새로운 역할 분담 등의 과제를 안고 있음에도 가부장제와 양성평등의 가치가 혼재하고 있는 가운데 갈등이 증폭되고 있다. 더욱이 최근에는 자신의 자녀를 '특별한' 자녀로 키우고자 하는 부모의 경쟁이 과열되면서 자녀양육 부담은 증가하고, 교육 현장의 치열한 생존경쟁과 입시 및 교육 제도하에서 가족의 사회화 기능이 혼란되고 있으며(이원숙, 2016), 부모-자녀 기대와 요구의 갈등, 긴장의 이슈가 발생하고 있다. 배우자폭력, 아동학대, 노인학대를 포함하는 가정폭력의 문제 역시 여전히 심각한데, 이와 같은 폭력은 개인 및 가족의 신체적 · 정신적 측면에 치명적 손상을 끼칠 수 있으므로 가정폭력의 예방은 물론 대책을 위한 사회 단위의 적극적인 관심이 계속되어야 할 것이다. 이 외에도 신체적 · 정신적 질환과 장애 이슈를 가지고 있는 가족, 비행 · 범죄 · 약물중독 등의 이슈를 가지고 있는 가족의 가족기능을 지원하는 것도 필요하다. Dattilio와 Jongsma(2006)는 가족치료 시에 나타나는 가족의 이슈를 모아 가족문제 목록을 만들었는데, 가족관계상의 이슈를 포함하여 사회복지 실천현장에서 만날 수 있는 가족의 어려움이 포함되어 있어 그 내용을 참고하도록 소개한다([그림 9-1] 참조).

1. 가정생활과 외부 활동 사이의 불균형이 초래한 가족문제
2. 청소년 자녀/부모 간의 갈등문제
3. 입양가족 문제
4. 알코올 문제
5. 분노조절 문제
6. 불안문제
7. 다른 가족 구성원을 비난하는 문제
8. 혼합가족 문제
9. 아동/부모의 갈등문제
10. 가족의 의사소통 문제
11. 강박행동 문제
12. 자녀의 사망 문제
13. 부모의 사망 문제
14. 의존문제
15. 우울증을 가진 가족 구성원의 문제
16. 가족 응집력의 상실과 분리문제
17. 섭식장애를 가진 가족 구성원의 문제
18. 가족 외부 가해자에 의한 성학대 문제
19. 가족 활동에 대한 분쟁
20. 가족사업 갈등
21. 가족 구성원의 별거
22. 원가족의 간섭
23. 경제적 변화
24. 거주지 이전
25. 근친강간
26. 혼외 성관계
27. 형제간의 상속분쟁
28. 혼혈가정 문제
29. 편협함과 방어적 문제
30. 질투와 불안감 문제
31. 생명에 위협적/만성적 질환
32. 다태아 출산의 딜레마–쌍둥이 혹은 세쌍둥이 등
33. 신체적 · 언어적 · 심리적 학대
34. 종교적 · 영적 갈등
35. 별거/이혼
36. 성적 지향성 갈등
37. 정신 외상적 사건
38. 원치 않은/계획하지 않은 임신

[그림 9-1] 가족문제 목록

출처: Dattilio & Jongsma (2006).

2. 가족사정

가족은 공간과 시간 차원에서 역동적으로 기능하는 하나의 사회체계나. 가족을 대상으로 실천하는 사회복지사는 가족을 공간과 시간 차원에서 이해할 필요가 있다. 공간적 차원에서 가족은 가족 구성원으로 이루어진 상위체계임

과 동시에 확대가족, 지역사회, 문화 등과 지속적으로 상호작용하는 하위체계로 존재한다. 또한 시간적 차원에서 가족은 생애주기에 따라 계속 변화하고 가족의 문화와 가치, 관계 유형 등을 다음 세대로 전승한다(김혜란 외, 2006). 사회복지사는 실천의 대상이 되는 가족에 대해 공간적 차원에서 가족 내부의 역동과 외부 환경과의 관계를 이해할 수 있어야 하며, 시간적 차원에서 가족이 처한 생애주기 및 발달과업에 대해 이해하고, 이전 세대로부터 전수받은 문화와 가치, 관계 유형에 대해 이해할 수 있어야 한다.

여기서는 가족을 이해하기 위해 사정해야 할 영역으로 가족의 구조와 기능, 가족의 발달에 대해 살펴보고, 가족사정 시 유용하게 사용할 수 있는 가족사정 도구에 대해 살펴본다. 가족사회복지실천과정에서 사정 단계를 이끌어 가는 방법과 기술의 구체적 지침은 제10장에서 다룬다.

1) 가족의 구조와 기능

(1) 가족의 경계와 하위체계

가족의 경계는 가족 외부적으로 가족과 환경체계를 구분하는 경계와 가족 내부적으로 가족 하위체계 간, 가족 구성원 간 경계로 나누어 이해할 수 있다.

경계선은 체계 안팎으로 에너지와 정보가 흐르는 정도와 상호 교류와 접촉 정도를 말하는 것으로, 가족체계의 경계선은 모호함과 경직의 연속선 위에 존재한다. 경계선은 모호한 경계, 분명한 경계, 경직된 경계로 구분할 수있다. 모호한 경계는 지나치게 개방적이어서 모든 정보가 공유되고 서로에게 지나치게 관여하며 얽혀 있는 것이 특징이다. 경직된 경계는 지나치게 폐쇄적이어서 경계 내외로 정보 공유나 교류가 거의 없는 것을 말한다. 분명한 경계는 경계가 유연하게 존재하여 정보가 적절히 공유되고 경계 내외로 관여하는 정도도 적당한 것을 말한다.

가족과 환경체계를 구분하는 경계는 비가족 환경으로부터 가족을 구분시키는 비가시적 분계선으로, 가족의 정체성을 보호하며 가족체계의 구성원이 누구인지를 결정해 준다(이원숙, 2016). 가족과 환경의 경계는 그 침투성 정도에 따라 개방형 가족, 폐쇄형 가족, 방임형 가족으로 구분할 수 있다. 개방형 가족이란 가족 외부와의 경계가 분명하면서도 침투력이 있는 가족을 말하며, 폐쇄형 가족은 침투력이 없는 가족을 말하고, 방임형 가족은 가족 외부와의 구분이 거의 없는 가족을 말한다(조흥식 외, 2017: 123).

가족 하위체계는 성(gender), 세대, 이해관계, 가족의 생존에 필요한 기능을 기반으로 발달하는데, 대표적인 하위체계로는 부부 하위체계, 부모 하위체계, 부모-자녀 하위체계, 형제자매 하위체계를 들 수 있다. 각 하위체계는 경계를 가지고 다른 체계와 구별되는 기능을 수행하게 되며, 각 하위체계가 영향을 주고받는 방식에 따라 가족의 구조적 특성과 기능은 달라진다.

가족 구성원 간 경계는 가족 구성원 간의 연계 및 분리의 연속선상에 따라 가족 구성원 간 경계가 모호하여 서로 지나치게 관여하는 밀착가족(enmeshed family)과 가족 구성원 간에 경직된 경계를 가지고 교류를 거의 하지 않는 유리가족(disengaged family) 개념으로 설명할 수 있다.

(2) 가족의 권력구조

가족권력이란 한 가족 구성원이 다른 가족 구성원에게 미치는 영향력을 의미한다. 일반적으로 가족 내에서 다른 가족 구성원의 욕구(경제적 욕구, 사회적 욕구, 애정, 사랑, 인정 등)를 충족시킬 수 있는 자원을 많이 가진 가족일수록 권력을 더 많이 가지는 경향이 있다.

가족은 이 권력구조를 통해서 구성원의 행동을 허용 가능한 범위 내에서 유지시키는 기능을 한다. 하지만 경우에 따라 가족권력은 갈등의 원천이 되거나 가정폭력과 같은 권력 오남용의 문제를 가질 수 있다. 가족의 권력 기반과 권력배분에 대해 사정해야 하며, 가족의 권력구조가 체계의 유지기능을 순조롭게 수행하도록 하는지, 가족 구성원이 권력의 상대적 배분에 만족하는지 등이 사정되어야 한다(Hepworth et al., 2010: 259).

(3) 가족 역할

가족 내 각 구성원은 가족구조에 통합되는 많은 역할을 이행하며, 기대되고 허용되고 금지된 행동을 드러내게 된다. Nichols와 Schwartz(1998)에 따르면, 가족 역할은 서로 독립적이지 않고, 역할행동은 두 사람이나 그 이상의 사람들을 상호 교류에 관여하게 한다. 가족체계 내의 역할은 법적 혹은 연령적 지위 또는 문화적이고 사회적인 각본의 기초 위에서 분담될 수 있으며, 역할과 역할 기대는 사회적 상호작용 과정을 통해 학습되고 지위와 성별에 기반을 두고 있을 수 있다.

생애전이와 가족갈등은 역할행동에 변화, 유연성, 수정을 요구한다. 가족은 생애전이에 따른 역할전환에서 어려움을 경험할 수 있다. 예를 들어, 노부모는 성인자녀에게 의존하게 되는 역할전환에 적응하기 어려울 수 있으며, 중년 부모는 자녀가 독립해 나간 빈 둥지에 적응하기 어려울 수 있다. 가족 구성원 개개인이 역할에 불만족하거나 역할에 대한 이견이 있거나 지나친 역할 부담이 있을 때 가족갈등 또한 발생할 수 있다. 역할 간 갈등은 가족 구성원 개인이 여러 가지 역할의무에 직면했을 때, 특히 2가지 혹은 그 이상의 역할이 양립하기 어려울 때 발생할 수 있다. 예를 들어, 여성은 아내, 어머니, 딸, 고용자, 노부모의 보호 제공자로 다중적 역할을 수행하느라 과도한 역할요구를 경험할 뿐 아니라 그들의 직업활동과 삶에 유해한 영향을 끼치는 대인관계 갈등, 신체적 탈진, 신체적 건강에 대한 염려를 경험하는 것으로 보고된다(Rooney, 1997).

가족 역할에 대한 사정에서는 가족 내 역할분담, 역할이 정의되는 방식, 역할갈등을 이해하는 것이 중요하다. 각 문화와 가족 형태는 나름대로의 역할 정의를 가지고 있기 때문에, 사회복지사는 구성원의 욕구와 부합되는지의 여부를 판단하고 사정해야 한다. 그리고 가족 구성원이 각자에게 주어진 역할에 얼마나 만족하고 있는지, 만족하지 못하고 있다면 가족이 역할을 수정하거나 변화시킬 여지가 있는지를 사정해야 한다(Hepworth et al., 2010: 264-265).

(4) 가족규칙

가족규칙은 명시적으로나 암묵적으로 가족 구성원의 행동이나 관계를 통제하는 패턴화되고 예측 가능한 규범이나 기대를 의미한다(성정현, 여지영, 우국희, 최승희, 2004). 가족체계에서 발견되는 암묵적 규칙이나 '규범'은 기능적일 수도 있고 경우에 따라서는 역기능적일 수도 있다.

기능적인 가족규칙은 가족이 환경적 스트레스, 개인적 욕구, 가족 단위의 욕구에 유연하게 반응하게 하며, 가족이 해결책을 찾을 수 있는 기회를 제공해 가족 구성원이 가족체계 내에서 유능하고 적응적이며 건강하게 발달하도록 돕는다. 기능적인 가족규칙의 예로는 '가족 구성원 모두의 아이디어와 피드백은 중요하다', '가족 구성원이라고 항상 같은 것을 좋아하거나 동의해야 하는 것은 아니다', '감정(실망, 두려움, 분노, 성취감)에 대해 이야기하는 것이 좋다', '실수를 인정하는 것이 좋다. 다른 가족 구성원이 이해하고 지지할 것이다'와 같은 내용을 들 수 있다(Hepworth et al., 2010: 240).

한편, '아버지는 자신의 욕구나 바람을 표현할 수 있지만 다른 가족 구성원은 아버지와 일치하지 않는 한 욕구나 바람을 표현할 수 없다', '자아통제는 힘을 상징한다. 따라서 다른 사람이 너의 약점을 알지 못하게 하라', '다른 가족 구성원과 달라서는 안 된다'와 같은 가족규칙(Hepworth et al., 2010: 240)은 상황이나 문화에 따라 차이가 있겠지만 가족 전체 혹은 개개 구성원의 적응과 발달에 어려움을 가져올 수도 있다.

가족이 제시하는 문제 및 욕구가 가족의 역기능적인 규칙과 관련 있는 것은 아닌지 혹은 역기능적인 규칙을 통해 반복적인 상호작용 형태로 나타나고 있는 것은 아닌지를 사정하고, 가족규칙이 역기능적이어서 가족 전체 혹은 개개 구성원의 적응과 발달을 가로막는다면 그 규칙을 변화시킬 수 있도록 계획해야 한다.

(5) 가족 응집력

가족 응집력(cohesion)은 "가족 구성원이 서로에게 갖고 있는 정서적인 유대"(Olson, Russell, & Sprenkle, 1983)를 말한다. 가족 응집력이 적절한 가족은 가족의 독립성과 자율성을 유지하면서 동시에 친밀감과 상호 연결 상태를 유지한다. 응집력이 낮은 가족은 서로 유리되는(disengaged) 경향이 있으며, 가족 구성원은 매우 독립적이지만 가족에 대한 헌신의 정도는 매우 낮게 나타난다. 반면, 응집력이 매우 높은 가족은 밀착된(enmeshed) 관계 양상을 보이며, 가족에 대한 높은 의존과 충성을 보이지만 독립성과 자율성은 별로 나타나지 않는다.

(6) 가족 적응력

가족 적응력(adaptability)은 "부부 혹은 가족 체계가 상황적 혹은 발달적 스트레스에 반응하여 권력구조나 역할관계, 관계의 규칙을 변화시킬 수 있는 능력"(Olson, Russell, & Sprenkle, 1983)을 말한다. 적절한 수준의 적응력을 가진 가족은 이런 스트레스 상황에 잘 적응할 수 있지만, 지나치게 경직된 가족은 가족 내부 혹은 환경의 변화에도 불구하고 기존의 문제해결 방식을 그대로 활용하기 때문에 적응하기가 어렵다. 반면, 특정한 규칙이나 규범이 없어 혼란스러운 가족은 지나치게 변화를 시도하기 때문에 안정성과 예측성이 떨어지게 된다(성정현 외, 2004).

(7) 가족 의사소통

의사소통이란 언어적 · 비언어적 메시지를 통해 사실적인 정보, 생각, 감정을 내용과 관계 차원에서 전달하고 상호 교류하는 과정으로, 가족기능을 이해하는 핵심 개념 중 하나다(김혜영, 석말숙, 최정숙, 김성경, 2010: 205). 의사소통의 과정은 송신자의 메시지 개념화 과정과 전달매체를 통한 전달, 수신자의 인지적 · 감정적 해석과 반응 과정을 따라 진행되며, 메시지 전달과정에서 왜곡 · 축소 · 확대가 발생할 수 있다(Johnson & Yanca, 2010).

가족 의사소통을 사정할 때는 의사소통의 일치성과 명확성, 수용성과 표현성 차원을 사정해야 한다. 의사소통의 일치성이란 의사소통 시에 언어적 수준, 비언어적 수준, 상황적 수준에서 메시지가 일치하는지의 여부를 말하는 것이며, 의사소통의 명확성이란 상대방에게 메시지를 전달할 때 생각이나 감정을 모호하지 않고 분명하게 전달하는지의 여부를 의미한다. 의사소통의 수용성이란 수신 기술을 나타내는 것으로 말하는 사람에 대한 존중과 이해를 포함하는 반응 패턴을 말하며, 의사소통의 표현성은 송신 기술에 해당되는 것으로 자신의 생각과 감정을 가족 내 다른 사람에게 표현할 수 있는지를 의미한다(Hepworth et al., 2010: 265-269).

2) 가족발달: 가족생애주기

가족은 가족생애주기에 따라 발달하며, 각 생애주기 단계에서 요구되는 발달과업을 갖는다. 가족생애주기(family life cycle)란 시간의 경과에 따른 가족 내의 발달적 경향을 묘사하기 위해 일반적으로 사용하는 용어다(Carter & McGoldrick, 1999). 가족을 발달적 관점에서 사정하는 것은 가족을 시간적 차원에서 이해할 수 있게 할 뿐 아니라 특정 단계에서 발생할 수 있는 발달적 위기를 이해하고 대처할 수 있게 한다는 점에서 유용하다.

가족생애주기는 가족 유형과 사회문화적 맥락에 따라 달라질 수 있는데, 가족생애주기의 대표적 학자 Duvall(1977)은 2세대 핵가족을 중심으로 8단계의 가족생애주기를 개념화하였다. 그리고 Carter와 McGoldrick(1999)은 3세대 이상의 대가족체계를 중심으로 6단계의 가족생애주기를 개념화하였다. Duvall(1977), Carter와 McGoldrick(1999)이 제시한 가족생애주기 단계와 각 단계에서의 발달과업에 관한 내용은 각각 〈표 9-1〉, 〈표 9-2〉와 같다.

표 9-1 Duvall의 가족생애주기

단계		가족 내 지위	가족발달 단계에 따른 과업
1	결혼 부부	아내 남편	• 상호 만족하는 부부관계 확립 • 임신과 부모 됨에 적응 • 친족관계에 참여
2	자녀 출산 가족	아내–母 남편–父 유아(딸, 아들)	• 유아발달 환경 조성 및 적응 • 부모와 유아에게 만족스러운 가정 조성
3	학령 전 자녀 가족	아내–母 남편–父 딸–자매 아들–형제	• 학령 전 자녀의 욕구와 관심을 격려하고 성장을 촉진하도록 적응 • 에너지 고갈과 사생활 축소에 대처
4	학령기 자녀 가족	아내–母 남편–父 딸–자매 아들–형제	• 학령기 가족의 공동체에 참여 • 자녀의 학업 성취 격려
5	청소년 자녀 가족	아내–母 남편–父 딸–자매 아들–형제	• 자유와 책임의 균형 유지 • 부모의 관심과 경력 형성
6	청년자녀 독립 가족	아내–母–祖母 남편–父–祖父 딸–자매–이모 아들–형제–삼촌	• 청년자녀를 떠나보내며 적절한 의식과 지원 제공 • 지지적인 가정의 토대 유지
7	중년기 부모	아내–母–祖母 남편–父–祖父	• 결혼관계 재정립 • 노인 세대와 젊은 세대의 유대 유지
8	노년기 가족	과부/홀아비 아내–母–祖母 남편–父–祖父	• 사별과 홀로되는 것에 대한 대처 • 노화에 대한 적응 • 은퇴에 대한 적응

출처: Duvall (1977), p. 179.

표 9-2 Carter와 McGoldrick의 가족생애주기

가족생애주기 단계		전환의 정서적 과정: 주요 원리	발달 진전에 필요한 가족 상황의 2차적 변화
1	결혼전기	자신에 대한 정서적 · 재정적 책임 받아들이기	• 원가족으로부터의 자아분화 • 친밀한 동년배 관계 발달 • 직업과 재정독립 면에서 자기 확립
2	신혼기	새로운 체계에 관여하고 헌신하기	• 부부체계 형성 • 배우자를 포함하도록 확대가족과 친구관계 재정비
3	자녀 아동기	새로운 구성원을 가족체계로 받아들이기	• 부부체계에 자녀를 위한 공간 만들기 • 자녀양육, 재정, 집안일에 공동 참여 • 부모, 조부모 역할이 포함되도록 확대가족 관계 재정비
4	자녀 청소년기	자녀의 독립과 조부모의 연약함을 허용하는 가족 경계의 융통성 증가시키기	• 청소년 자녀가 가족체계 내외 출입이 자유롭도록 부모-자녀 관계 전환 • 중년기 부부의 결혼 및 진로문제에 재초점 • 노인세대를 돌보기 위한 준비 시작
5	자녀 독립기	가족체계의 다양한 출입을 수용하기	• 부부체계를 2인군 관계로 재조정 • 부모-자녀 관계를 성인 대 성인 관계로 발전 • 사돈과 며느리, 사위, 손자녀가 포함되도록 관계 재정비 • 부모, 조부모의 장애와 죽음에 대처
6	노년기	세대 간 역할 변화 받아들이기	• 신체적 노쇠에 직면하면서 자신과 부부의 기능 및 관심 유지 • 다음 세대가 중심 역할을 하도록 지원 • 노년기의 지혜와 경험으로 가족체계 내 여유 만들기 • 배우자, 형제, 친구의 죽음에 대처하면서 자신의 죽음 대비, 생애 재검토 및 통합

출처: Carter & McGoldrick (1999), p. 2.

결혼연령의 상승, 출산율 감소, 평균 수명의 연장, 여성의 역할 변화, 이혼율과 재혼율의 증가 등은 가족생애주기에 변화를 가져왔으며, 다양한 가족생애주기에 대한 이해를 요구하게 되었다. 이혼 및 재혼의 증가는 가족 재구성 과정과 그 과정에서 대처해야 하는 과업에 대한 이해를 요구하게 되었는데, Carter와 McGoldrick(1999)이 제시하고 있는 이혼 및 재혼 가족의 발달 단계와 과업에 대한 자료는 이혼 및 재혼 가족의 가족생애주기와 성취되어야 하는 과제에 대한 이해를 돕는다. 이혼가족, 재혼가족의 발달 단계 및 과업은 각각 〈표 9-3〉, 〈표 9-4〉와 같다.

표 9-3 이혼가족의 발달 단계 및 과업

발달단계	전환의 정서적 과정: 태도	발달과업
이혼 결정	• 부부간 긴장관계를 지속함으로써 충분히 해결할 수 없음을 수용하기	• 결혼 실패를 초래한 자신의 잘못 수용하기
가족해체 계획	• 체계의 모든 부분을 위해 실행할 수 있는 준비하기	• 자녀 양육권, 방문, 재정문제 협력하기 • 확대가족과 이혼문제 다루기
별거	• 협력적 공동 부모 관계를 지속하고 아동에 대한 재정원조 함께하기 • 배우자에 대한 애착을 해결하기 위해 노력하기	• 함께 살아온 가족 구성원의 상실 애도하기 • 부부관계, 부모-자녀 관계, 재정문제를 재구조화하고 별거에 적응하기 • 본인의 확대가족과의 관계, 배우자의 확대가족과의 관계를 재조정 · 재정립하기
이혼	• 정서적 이혼을 위해 더 노력하고, 상처, 분노, 죄책감 극복하기	• 원가족 상실을 애도하고 재결합 환상 버리기 • 결혼에 대한 희망, 꿈, 기대 회복하기 • 확대가족과의 관계 유지하기

이혼 후	한부모 (자녀양육 부모)	• 재정적 책임 유지, 전 배우자와 부모로서의 접촉 지속하기, 자녀와 전 배우자 및 그 가족과 접촉을 지지하기	• 전 배우자와 그 가족의 방문을 융통성 있게 허용하기 • 자신의 재원 재구축하기 • 자신의 사회관계망 재구축하기
	한부모 (비양육 부모)	• 전 배우자와 부모로서의 접촉 유지, 자녀에 대해 보호적인 부모관계 유지하려는 의지 갖기	• 자녀와 효과적인 부모관계 지속하는 방법 찾기 • 전 배우자와 자녀에 대한 재정적인 책임 유지하기 • 자신의 사회관계망 재구축하기

출처: Carter & McGoldrick (1999), p. 375.

표 9-4 재혼가족의 발달 단계 및 과업

발달단계	요구되는 태도	발달과업
새로운 관계의 시작	• 첫 번째 결혼 상실 회복하기 (적절한 정서적 이혼)	• 결혼과 가족을 형성하기 위해 재헌신하며, 이를 위해 복잡성, 모호성 등을 다룰 준비하기
새로운 결혼생활과 가족에 대한 개념화와 계획	• 자신의 두려움 및 재혼과 복합가족 형성에 대한 새 배우자와 자녀의 두려움 수용하기. 다음 3가지 측면에서 복잡성과 불명확성에 적응하기 위한 시간과 인내가 필요함을 받아들이기 –새로운 다양한 역할 –경계: 공간, 시간, 멤버십, 권위 –정서적 문제: 죄책감, 부모에 대한 충성심 갈등, 상호관계에 대한 바람, 미해결된 과거의 상처	• 새로운 관계에서 개방적인 태도를 취하며 가식적인 관계 피하기 • 전 배우자와 재정 협력 및 공동 부모관계를 유지하기 위한 계획 세우기 • 자녀가 두 가족체계 내에서 겪는 두려움, 충성심 갈등, 멤버십을 다루도록 돕는 계획하기 • 새 배우자와 자녀를 포함한 확대가족과의 관계 재조정하기 • 전 배우자의 확대가족과 자녀의 접촉을 유지하기 위한 계획 세우기

재혼과 가족의 재구성	• 전 배우자와 이상적인 '완전한' 가족에 대한 애착을 최종적으로 정리하기 • 유연한 경계를 가진 다양한 가족 모델 수용하기	• 새 배우자와 새 부모를 포함할 수 있는 가족 경계선 재구성하기 • 몇 개의 체계를 서로 혼합하기 위해 하위체계를 통한 관계와 재정적 조정 재편성하기 • 친부모(비양육 부모), 조부모, 그 외 확대가족과 모든 자녀와의 관계를 위한 공간 마련하기 • 새로운 가족의 통합을 증진시키기 위해 추억이나 역사 공유하기

출처: Carter & McGoldrick (1999), p. 375.

3) 가족사정 도구

(1) 가계도

가계도(genogram)는 2~3세대에 걸친 가족의 구조와 관계를 도표 형태로 제시하는 것으로, 클라이언트 가족의 역사와 가족구조, 관계 역동에 대해 한눈에 이해할 수 있도록 정보를 제공하는 유용한 도구다. 가계도는 가족이 세대에 걸쳐 생물학적 · 법적 · 정서적으로 어떻게 관련되어 있는지를 도표로 묘사하게 되며(McGoldrick & Gerson, 1992: 129), 이 과정을 통해 가족의 구성과 구조 분석, 세대 간 반복되는 관계 유형을 포함한 가족 역사에 대한 통찰, 클라이언트가 제시하는 문제 및 욕구와 관련되는 가족 맥락에 대한 이해, 해결을 위한 자원과 강점에 관한 정보를 가족력에서 얻을 수 있다.

가계도는 사회복지사와 클라이언트 가족이 함께 작성한다. 이는 가족구조를 도식화하고, 가족에 대한 정보를 기록하고, 가족관계를 기술하는 순서로 작성된다. 가계도는 가족 성원을 표시하는 기호, 간략한 정보 기입, 관계를 나타내는 상징을 활용하여 작성하게 되며, 가족의 인구사회학적 정보(연령, 성, 직업)와 가족에게 나타난 중요한 생활사건(결혼, 별거, 이혼, 사망, 입양 등)에 대한

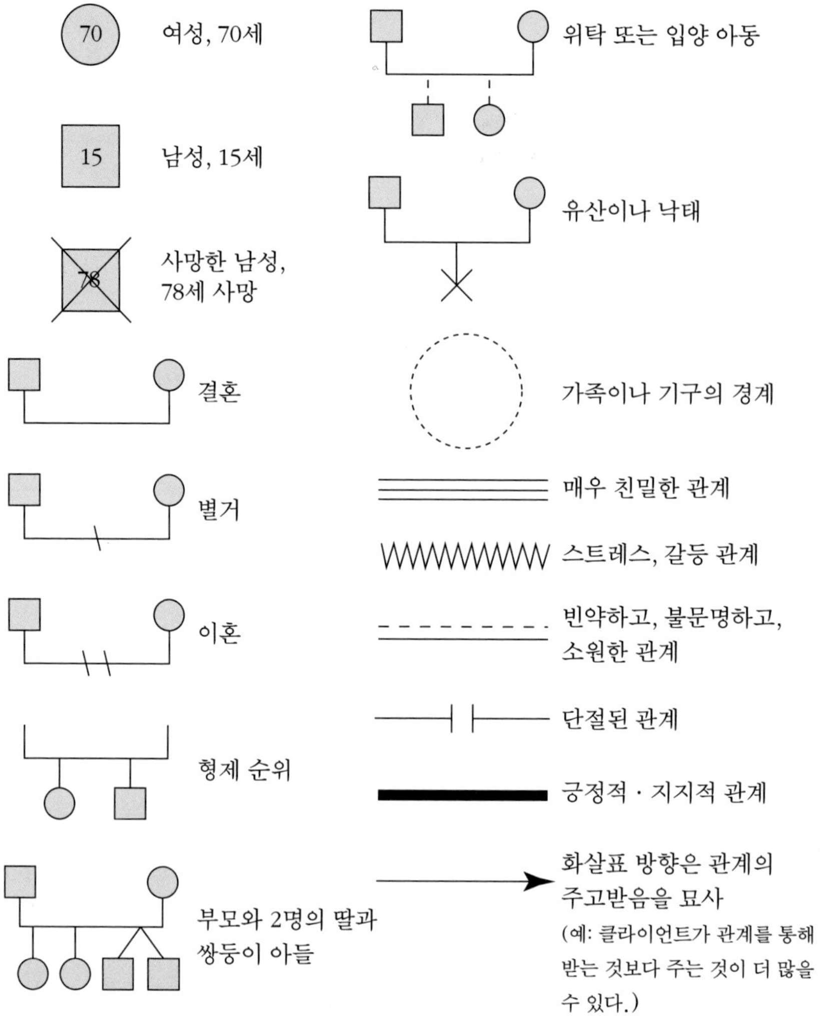

[그림 9-2] 가계도와 생태도에 사용되는 상징

출처: Sheafor & Horejsi (2008), p. 248.

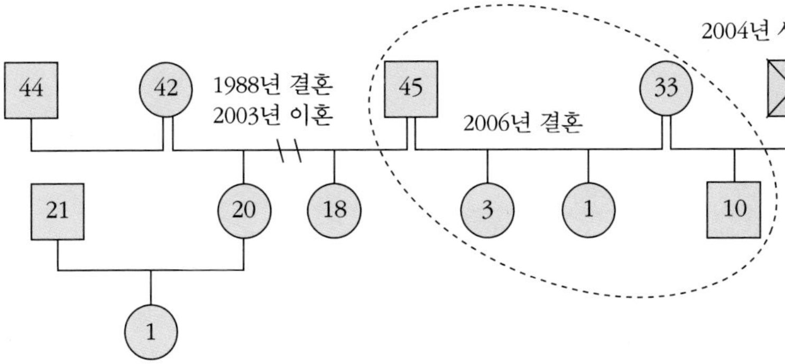

[그림 9-3] 가계도 예시

출처: Sheafor & Horejsi (2008), p. 249.

기술이 포함된다. 가계도에 사용되는 상징은 [그림 9-2]와 같고, 가계도 예시는 [그림 9-3]과 같다.

(2) 생태도

생태도(ecomap)는 가족 및 가족 구성원과 환경 간 관계를 그림으로 나타낸 것이다. 이는 가족이 상호작용하는 주요 환경체계를 분명하게 하고 가족과 환경체계 관계의 연결 정도, 긍정적 · 부정적 관계 양상, 자원과 에너지의 흐름, 갈등 및 긴장 관계의 유무에 대한 이해를 제공한다. 생태도는 또한 가족이 그들의 욕구를 어떻게 충족시켜 왔는지 보여 주고, 기존의 자원이 그 가족의 욕구를 충족시키기에 적합한지 탐색하게 하며(Collins, Jordan, & Coleman, 2010), 부족한 자원과 보충되어야 할 자원, 해결되어야 할 관계 양상에 대한 이해를 제공한다.

생태도도 가계도와 같이 사회복지사와 가족이 함께 작성하고 분석한다. 생태도를 작성하는 방법은 먼저, 가운데에 원을 그려 넣고 그 안에 가족체계를 그려 넣은 후 가족에 대한 간략한 정보(이름, 연령, 결혼 시기)를 표기한다. 다음으로, 가족과 상호작용하는 외부 환경체계를 각각 원으로 그려 넣는데, 이들

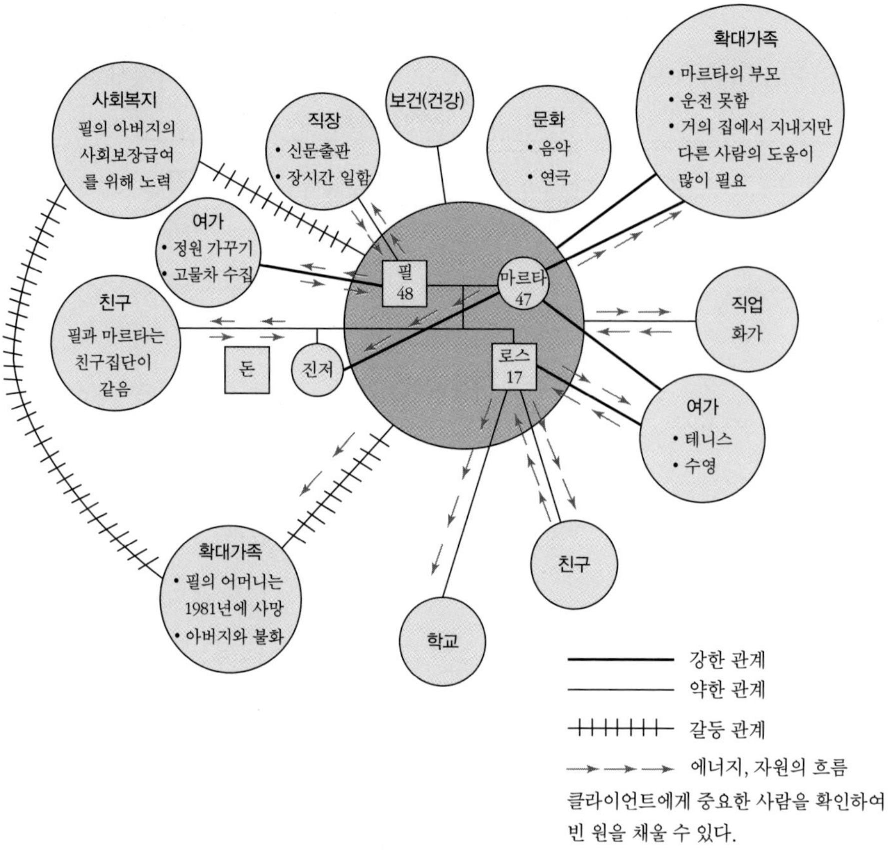

[그림 9-4] 생태도 예시

출처: Hartman & Laird (1983); 성정현 외(2004) 재인용.

체계에는 확대가족, 직장, 학교, 친구, 교회, 사회복지기관, 사법기관, 의료기관 등이 포함될 수 있다. 마지막으로, 가족과 환경체계의 관계를 선과 화살표 등의 상징을 활용해 나타낸다. 강한 관계는 두꺼운 선으로, 약한 관계는 가는 선으로 표시하며 스트레스가 있거나 갈등적 관계는 사선으로, 체계 간의 자원과 에너지 흐름은 화살표로 표시한다.

(3) 사회관계망 표

사회관계망 표는 사회관계망 지도와 함께 Whitaker와 Tracy에 의해 개발된 것으로 가족의 사회적 지지자원을 사정하는 도구다. 사회적 지지란 "사회적으로 친밀한 사람이나 친밀한 존재로 생각되는 사람들이 제공하는 언어적 · 비언어적 정보나 충고, 가시적인 도움이나 행동, 수혜자에게 정서적으로나 행동적으로 바람직한 효과를 제공하는 것"(Gottlieb, 1983; Sheafor, Horejsi, & Horejsi, 1988 재인용)으로 사회관계망은 이러한 사회적 지지를 제공하는 관계의 망을 의미한다.

사회관계망 표는 가족의 사회관계망 속에 있는 사람들이 가족 및 가족 구성

표 9-5 사회관계망 표

성명		생활 영역	물질적 지지	정서적 지지	정보/조언	비판	원조 방향	친밀도	접촉 빈도	알고 지낸 기간
		1. 가구원 2. 다른 가족 3. 직장/학교 4. 조직 5. 친구 6. 이웃 7. 전문가 8. 기타	1. 거의 없음 2. 간혹 있음 3. 거의 항상 있음	1. 거의 없음 2. 간혹 있음 3. 거의 항상 있음	1. 거의 없음 2. 간혹 있음 3. 거의 항상 있음	1. 거의 없음 2. 간혹 있음 3. 거의 항상 있음	1. 양방향 2. 그들에게만 3. 그들이 당신에게만	1. 친하지 않음 2. 가까운 정도 3. 매우 가까움	0. 보지 않음 1. 1년에 몇 번 2. 한 달에 몇 번 3. 주마다 몇 번 4. 매일	1. 1년 미만 2. 1~5년 3. 5년 이상
	1									
	2									
	3									
	4									
	5									
	⋮									
	⋮									
	15									

출처: Sheafor, Horejsi, & Horejsi (1997), p. 399.

원과 어떤 관계를 형성하고 있는지, 그들이 주고받는 물질적 · 정서적 · 정보적 지원은 어느 정도인지, 도움의 방향은 어떠한지, 친밀도와 접촉 빈도는 어느 정도인지에 대한 세부적이고 종합적인 정보를 제공한다. 그리하여 가족이 현재 지지받고 있는 구체적인 영역과 정도에 대한 통찰을 제공할 뿐 아니라 가족이 향후 개선하고 개발할 필요가 있는 사회적 지지의 영역은 무엇인지 발견하고 대안을 모색할 수 있도록 돕는다.

(4) 실연 및 가족조각

실연(enactment)은 구조적 가족치료의 한 기법으로 면담 상황에서 가족 상황을 재연해 보게 하는 방법을 말하는데, 이는 가족관계나 상황에 대한 가족의 진술 이외에 가족의 실제 상황을 재연한 행동의 관찰을 통해 가족 상호작용에 대한 정보를 얻을 수 있는 방법이다.

가족조각(family sculpture)은 특정 상황을 설정한 후 가족 구성원 중 한 사람이 조각가가 되어 다른 구성원의 위치나 신체적 동작을 조각해 보게 하여 가족의 역동을 시각적으로 표현하는 방법이다. 이는 비언어적인 방법으로 가족 관계나 상호작용에 대한 가족 구성원의 인식을 파악하는 방법이다. 가족관계를 사정할 때 많이 활용되며, 가족이 원하는 상태를 가족조각으로 표현해 보게 함으로써 가족관계 변화의 목표를 사정하는 데도 활용할 수 있다. 실연과 가족조각은 가족 내 권력관계, 경계, 갈등 등 가족 내 역동(상호작용)에 대한 유용한 정보를 제공한다.

(5) 가족사정 척도

가족을 사정 · 평가하는 척도는 가족의 기능 및 관계, 적응, 스트레스 등에 대한 구체적인 정보를 제공해 가족의 문제 및 욕구에 초점을 두는 구조적인 방법으로 목표를 세울 수 있게 해 준다.

가족기능을 측정하는 도구로는 적응력과 응집력을 측정하는 FACES

III(Olson, 1986), 가족의 자신감, 구조, 융통성을 사정하는 비버스-팀버론 가족평가척도(Beavers-Timberlawn Family Evaluation Scale), 가족의 기본 과업, 발달과업, 어려운 과업을 포함하여 현재의 가족기능을 검사하는 맥마스터 모델(McMaster Model; Epstein, Baldwin, & Bishop, 1983), 가족기능의 구체적인 영역(문제해결, 의사소통, 역할, 정서적 반응, 정서적 관여, 행동통제)의 평가를 목표로 하는 맥마스터 임상척도(McMaster Clinical Rating Scale; Epstein, Baldwin, & Bishop, 1983)가 있다(Collins, Jordan, & Coleman, 2010: 184 재인용).

그 외 부부적응척도(Spanier, 1976), 결혼만족도척도(Schumm et al., 1986), 부모양육태도척도(이시형 외, 1999), 원가족척도(최현미, 1997), 가족관계척도(양옥경, 김민영, 2003; Hudson, 1997) 등을 활용할 수 있다.

제10장

가족사회복지실천기술

가족사회복지실천과정은 크게 초기 단계, 중간 단계, 종결 단계로 나눌 수 있다. 실천의 초기 단계에는 초기 면담과 사정, 계획이 이루어지고, 중간 단계에서는 계획된 사항이 실행되며, 종결 단계에서는 실천의 평가와 종결이 이루어진다. 이 장에서는 가족 단위를 대상으로 하는 사회복지 실천과정에서 활용되는 가족사회복지실천기술을 살펴보고자 한다.

1. 초기 단계

가족과 함께 하는 사회복지실천의 초기 단계에서는 초기 면담과 사정, 계획이 이루어진다. 먼저, 초기 면담에서는 사회복지사와 가족 간의 관계를 형성하는 것과 가족의 문제 및 욕구를 정의하기 위해 가족의 인식을 파악하고 반영하는 것이 주요 과제가 된다. 다음으로, 사정 과정에서는 가족이 제시하는 문제 및 욕구와 관련된 자료를 수집하고, 문제 및 욕구를 해결할 수 있는 자원에 대한 정보를 수집하여 해석하는 전문적 판단 과정을 수행하게 된다. 마지막으로, 계획 단계에서는 사정 과정에서 파악된 내용을 토대로 하여 가족과 함께 실행 목표를 설정하며, 목표 달성을 위한 전략을 수립하고, 실행을 위한 구체적인 사항을 가족과 협의하고 계약하는 활동을 수행하게 된다.

1) 초기 면담

가족의 초기 면담 경험은 가족 구성원의 이후 과정 참여 여부에 영향을 미칠 수 있으므로 주의 깊게 운영되어야 한다. 초기 면담에서 라포를 형성하고 가족과의 동맹관계를 형성하는 것은 중요한데, 이는 가족에 대한 정보를 수집하는 데 자발적으로 참여하게 할 뿐 아니라 변화 활동을 위한 참여 동기를 높인다. 여기서는 초기 면담에서 중요하게 이루어져야 하는 과업인 가족과의 관계 형성과 가족의 문제 및 욕구 정의, 초기 면담 운영 지침에 대해 살펴본다.

(1) 가족과의 관계 형성

사회복지실천의 초기 단계에서 사회복지사와 가족은 신뢰관계를 형성할 수 있어야 하며, 이러한 신뢰관계를 형성하기 위해 가족과 합류할 수 있어야 한다. 여기서 합류란 가족의 세계 속으로 들어가는 것을 의미한다. 가족에게 합류하기 위해서는 그들에게 진정한 관심을 보이고 그들의 이야기를 경청하고 공감하는 것과 같은 기본적인 관계 태도와 방법을 적용해야겠지만, 이에 덧붙여 가족이 사용하는 언어 패턴을 관찰하고 가족 구성원이 대화하는 방법을 따라 대화하며(Goldenberg & Goldenberg, 2000), 가족 간의 호칭을 신중하게 고려해 사용하는 방법(Collins, Jordan, & Coleman, 2010)을 활용할 수 있다. 또한 가족의 문화를 고려해 사회복지사가 존중해야 하는 관계 형태가 있는지, 가족의 문화 맥락에서 가족이 어떻게 행동하는지, 어떤 태도를 갖는지 등을 알아야 한다(Lum, 1992).

가족과 관계를 형성함에 있어 중요하게 고려되어야 할 사항은 가족 구성원 모두와 관계를 맺어야 한다는 것이다(Collins et al., 2010: 105). 가족이 처음 회기에 오게 되었을 때 자발적으로 참여한 경우도 있겠지만, 특정 구성원의 요구에 이끌려 참여했거나 가족 전체가 의뢰 및 강제명령에 의해 참여하게 된 경우도 있으므로 가족이 참여 동기가 없거나 다를 수 있다. 따라서 가족 단위의 실천을 시작하기에 앞서 가족 구성원의 참여 동의가 선행되는 것이 필요하다. 또한 사회복지사는 가족 구성원 중 특정 구성원과만 관계를 맺거나 특정 구성원에게만 관심을 쏟아 가족에게 특정 구성원의 입장이나 이익을 반영한다는 느낌을 주어 관계 형성이 제한받지 않도록 해야 한다. 가족을 단위로 실천하는 사회복지사는 한 단위로서의 가족과 연합(connectedness)을 발전시킴과 동시에 각 가족 구성원과 개인적인 관계를 수립해야 하는 이중과업(Hepworth, Rooney, Rooney, Strom-Gottfried, & Larsen, 2010)을 잘 수행할 수 있어야 한다.

(2) 가족의 문제 및 욕구 정의

가족의 문제 및 욕구를 정의할 때는 모든 가족 구성원의 인식을 고려하는 것이 필요하다(Collins et al., 2010: 106). 당면 이슈를 명확히 하기 위해서 가족 구성원 개개인이 그 문제를 어떻게 보고 있는지 파악해야 하고, 가족 구성원 개개인이 다른 가족의 간섭이나 방해 없이 그 문제에 대해 자유롭게 자신의 시각을 표현할 수 있게 해야 하며(Hepworth et al., 2010: 460), 필요하면 개별 면담을 병행해야 한다. 문제와 욕구를 규명하는 과정에서 그 이슈에 관심이 있는 가족 구성원 간의 상호작용을 촉진해 문제해결에 공헌할 수 있는 가족의 패턴을 계속해서 유지할 수 있게 하고, 문제의 출현이나 해결에 있어 가족 개개인에게 배타적으로 책임이 돌아가지 않도록 문제를 규정해야 한다(Collins et al., 2010: 106). 문제와 해결이 가족 구성원 모두의 과업이라는 '초점 확대하기'(Nichols & Schwartz, 2007)를 통해 가족 모두가 책임의식을 갖고 문제해결에 참여할 수 있게 하는 것이 필요하다.

(3) 가족과의 초기 면담 운영 지침

Hepworth와 그의 동료들(2010)은 가족과의 초기 면담을 계획하거나 평가하는 지침으로 '가족과의 초기 면담 구성'을 제안하고 있다(〈표 10-1〉 참조). 이는 가족과의 초기 면담 시에 이루어져야 하는 활동 내용과 고려해야 할 사항을 세부적으로 잘 언급하고 있어 초기 면담 운영을 안내하는 지침으로 활용하기에 적합하다.

표 10-1 가족과의 초기 면담 구성

- 집단으로서의 가족과 연합하고 개별 가족 구성원과 개인적인 관계를 수립하라.
- 기대를 분명하게 하고 약자 지위의 잠재적인 역동과 문화를 포함하여 원조 과정에서 은폐된 사항을 조사하라.
- 원조 과정의 본질과 역할을 분명히 하라.
- 참여에 대한 선택 사항을 분명히 하라.
- 문제에 대한 가족의 인식을 이끌어 내라.
- 가족 구성원의 바람과 욕구를 규명하라.
- 문제를 가족문제로 정의하라.
- 가족 강점을 강조하라.
- 가족의 패턴화된 행동에 대한 정보를 이끌어 내는 질문을 하라.
- 반복되는 의사소통에 대한 가족 구성원의 관심을 끌어내고 그들이 패턴을 변화시키기 원하는지 토론하라.
- 가족 구성원이 다른 성원과 더 긍정적인 방법으로 관계 맺도록 돕기 시작하라.
- 가족과 개별 구성원의 목표나 해결책을 수립하라.
- 가족 구성원이 이후 회기에 참여하고 계약에 협의할 동기를 측정하라.
- 그 주간 달성할 과업을 협의하라.
- 토론된 사항과 해결책, 진전 사항을 요약하면서 회기를 마무리하라.

출처: Hepworth et al. (2010), p. 461.

2) 가족사정

가족사정이란 가족을 하나의 단위로 보고 가족 내부의 요인과 외부의 요인 그리고 이들 양자 간의 상호작용을 파악하기 위해 자료를 수집하고 분석하고 종합하여 가족에 대한 개입을 계획하는 일련의 과정을 말한다(조홍식, 김인숙, 김혜란, 김혜련, 신은주, 2017). 가족을 사정할 때 사회복지사는 가족이 제시한 문제 및 욕구에 대한 초점을 유지하면서 가족 내부의 역동과 가족과 환경 간 관계, 가족발달 과정에 대한 사정을 통해 사회복지 실천과정에서 역점을 두어야 할 변화 영역과 활용 가능한 자원을 확인하고 목표 설정을 위한 기초 자료를 얻을 수 있어야 할 것이다.

가족사정의 목적은 다음과 같다(Collins et al., 2010: 165-166). 첫째, 그 가족이 가족 단위로 일하기에 적합한 가족인지를 판단하고, 만일 그렇다면 어떤 개입이 주요 이슈를 다루기에 적절한지 판단한다. 둘째, 가족에게 어떤 변화가 구체적으로 일어나야 하는지를 규명한다. 셋째, 현실적인 목표에 기초해 장·단기 목표를 세운다. 넷째, 가족이 바라는 변화를 위해 필요하거나 활용 가능한 환경과 지역사회 자원, 가족의 강점과 자원을 확인한다. 다섯째, 개입 결과를 평가하기 위한 기초로 가족기능의 기초선에 대한 정보를 모으고 이해한다. 여섯째, 최종 도달 지점을 분명히 하고 사회복지사와 가족이 바라는 결과의 달성을 측정할 수 있도록 상호 동의된 변화 표적을 규명한다.

(1) 사정방법

① 면접

가족을 사정하는 방법으로 주로 많이 활용되는 방법은 면접이다. 면접은 기본적인 면접기술과 의사소통 기술을 활용해 가족과 관계를 형성하면서 동시에 가족이 구두로 전달하는 내용을 중심으로 자료를 수집하는 방법이다. 사정을 위한 면접에서는 주로 직접적/간접적인 질문과 개방적/폐쇄적인 질문을 활용하여 면접을 하며, 경청, 공감, 반영, 명료화 등의 방법을 통해 자료수집과 초점화를 해 나간다.

면접과정은 질문과 진술의 혼합체다(Tomm, 1988). 사정 과정에서 활용되는 질문의 종류로는 개방질문, 폐쇄질문, 간접질문, 단선적 · 순환적 · 전략적 · 반향적 질문, 초점질문이 있다. 개방질문은 주로 '무엇을 어떻게, 누가, 언제, 왜, 어디서'와 같은 단어로 시작하며 반응의 수준을 클라이언트가 선택해 자발적으로 정보를 제공할 수 있게 한다. 폐쇄질문은 '예', '아니요'와 같이 간단한 반응을 요구하는 질문으로 구체적인 정보로 좁혀 확인할 필요가 있을 때 활용된다. 간접질문은 질문 효과를 얻을 수 있는 진술문으로, "나는 당신이 아버지에 대해 어떻게 생각하는지 알고 싶군요."와 같이 말해 대답을 강요하지 않지만 관심 있는 문제를 제시하는 방법이다. 단선적 질문은 "오늘 무슨 일로 오셨습니까?"와 같이 정보를 끌어내기 위해 요청하는 질문이다. 순환적 질문은 문제에 대한 설명을 전개하고 사람, 생각, 사건 간 관계성을 확인하는 데 목표를 두며, "남편이 당신에게 화가 났다고 말했을 때 당신은 어떻게 반응하셨나요?"와 같은 방식으로 이루어진다. 전략적 질문은 가족 내 패턴에 도전하거나 대면할 때 활용되는 것으로, "당신의 생각을 언제 어머니에게 얘기하려고 하십니까?"와 같은 질문이다. 반향적 질문은 자기 관찰자가 되도록 질문하는 것으로, "자녀에게 화내는 것을 조절하기 위한 당신의 계획은 무엇입니까?"와 같은 방식으로 이루어지는 질문이다. 초점질문은 클라이언트가 구체적인 주제에 초점을 맞추도록 도와주는 질문으로, "당신을 괴롭히는 것이 여러 가지가 있군요. 그중에서 가장 먼저 얘기하고 싶은 것은 어느 것인가요?"와 같은 질문을 말한다(Collins et al., 2010: 280).

② 관찰

관찰은 비언어적인 형태의 자료를 수집할 때 유용한 방법으로, 가족의 신체적 특징, 비언어적 행동, 에너지 수준, 감정, 언어적 · 비언어적 표현 사이의 일치 여부 등을 알 수 있게 해 준다. 가족을 사정하는 동안 사회복지사는 '내용'과 '과정'을 파악할 수 있어야 하는데, '내용'이란 가족이 사회복지사에게 제공하는 실제적인 정보를 말하며, '과정'이란 가족이 서로 어떻게 상호작용하는지를 의미하는 것이다. 내용에 대한 정보가 면접을 통해 얻을 수 있다면, 과정에 대한 정보는 가족 내 상호작용 방식을 관찰하는 과정에서 얻을 수 있다. 사회복지사는 가족 상호작용 과정, 예를 들어 힘, 권력과 관련된 미묘한 이슈, 도움을 요청하고 받는 데 대한 양가감정을 관찰하고, 또 사회적으로 낙인이 부여된 문제를 논의하는 것, 강렬한 느낌의 직접적이고 충분한 표현을 억압하는 것을 관찰해야 한다. 가정방문은 환경적 · 물질적 자원에 대한 정보를 사회복지사에게 제공하는 것 외에 일상생활에서 가족 구성원이 어떻게 상호작용하는지 관찰할 기회를 제공한다(Collins et al., 2010: 293-294).

③ 도구의 활용

도구의 활용은 면접, 관찰과 더불어 가족에 대한 정보를 얻고 해석할 수 있는 방법의 하나다. 가족사정 과정에서 활용할 수 있는 도구에는 가계도, 생태도, 사회관계망, 실연 및 가족조각, 가족사정 척도 등이 있다. 이러한 도구들은 내용적인 면에서 가족사정에 유용한 정보를 제공하기도 하지만, 사정 과정을 이끌어 감에 있어 면접과 관찰 과정을 촉진하는 도구로도 기능을 한다. 가계도, 생태도를 함께 작성해 가면서 참여자와 연합을 도모하고, 사정의 초기 단계에서 이야기의 실마리를 풀어 가는 시작점을 제공할 수 있다. 그리고 실연 및 가족조각 기법과 같은 도구를 활용해 가족 상호작용 양상을 관찰할 수 있게 하며 가족이 자신들의 상황에 대해 함께 인식할 수 있게 함으로써 이후 과정으로의 진전을 촉진할 수 있다.

(2) 가족사정틀

Johnson과 Yanca(2010)는 가족 단위의 클라이언트 체계를 사정하는 틀로 가족 단위의 사회력 전개틀을 제안하고 있다(〈표 10-2〉 참조). 이 가족사정틀은 '체계로서의 가족(가족의 구조, 기능, 발달)' '가족이 제시하는 관심사 및 욕구' '욕구를 충족시킴에 있어서 강점과 도전'으로 구성되어 있다. 이 가족사정틀은 가족 단위에서 사정되어야 하는 영역을 체계적으로 담아내고 있어 사정과정을 이끌어 가거나 사정 내용을 기록하는 지침으로 유용하게 활용될 수 있을 것이다.

표 10-2 사회력 전개틀: 가족

I. 일반적인 정보(기관의 필요에 따라 구성)

A. 가족 구성원의 이름과 생년월일, 사망일

B. 결혼 날짜, 이전 결혼 날짜

C. 종교, 인종, 문화적 배경

D. 처음 접촉한 날짜, 의뢰자

II. 체계로서의 가족(각 회기에서 강점, 자원, 도전 기록)

A. 가족구조

1. 가족체계 내에서 기능하고 있는 모든 사람 규명(체계의 일부로 기능한다면 확대가족과 비혈연 관계도 포함)

2. 하위체계: 부부, 부모, 형제, 부모-자녀 하위체계나 그 외 하위체계의 기능과 관계 기술

3. 가족 결속력: 가족이 그 체계, 경계, 관계를 유지하는 방법 기술. 가족 구성원 사이의 연결과 분리의 이슈, 가족규칙과 규범, 정서적인 분위기 포함

4. 가족환경

1) 생활 상태

2) 사회경제적 지위

3) 지역사회나 이웃의 특징 및 그 가족과 지역사회나 이웃의 관계: 가족에게 중요한 지역사회 조직과 기관, 이들과의 관계 특성 포함. 지역사회와 이웃 자원 그리고 그 지역사회에서 가족을 위한 책임 및 영향력 기술

4) 확대가족: 친척, 확대가족 내 중요한 사람, 이 가족체계의 영향에서의 강점, 이로부터 비롯되는 자원 · 책임 · 영향력

B. 가족기능

1. 의사소통 패턴
2. 의사결정 패턴
3. 역할 수행
   1) 일과 집안일의 기준과 실천
   2) 부모 역할과 자녀양육의 기준과 실천
   3) 체계 구성원 지지: 성장 격려, 돌봄, 관심
4. 가족이 습관적으로 적응하고 대처하는 메커니즘
5. 가족의 생태도 구성

C. 가족발달 · 역사

1. 뿌리, 문화집단과 이전 세대가 가족체계에 미친 영향
2. 가족생애에 중요한 사건
3. 가족생애 발달 단계
4. 가계도 구성

Ⅲ. 관심사 및 욕구

A. 이 가족은 왜 기관에 왔는가? 어떤 서비스를 요구하는가?

B. 가족 구성원 개인의 욕구

C. 가족 내 하위체계의 욕구(부부체계나 부모체계에 특별한 관심 필요): 적절한 기능 위해 필요한 변화나 자원, 그 외 원조 규명

D. 가족체계의 욕구: 개인과 하위체계의 욕구가 가족체계에 어떻게 영향을 주는지 고려. 체계로서의 가족에 영향을 주는 환경적인 책임, 기대, 다양한 요인 고려. 가족체계의 욕구 충족 방해물 규명

Ⅳ. 욕구를 충족시킴에 있어 강점과 도전

A. 이 가족은 서비스가 제공된 결과로 무슨 일이 일어나기를 원하는가?

B. 서비스와 관련된 가족의 생각, 관심, 계획은 무엇인가?

C. 변화 혹은 서비스 이용에 대한 가족의 동기는 무엇인가?

D. 대처와 변화를 위한 가족의 역량은 무엇인가? 무엇이 영향을 줄 것인가?

E. 변화를 위한 가족의 자원은 무엇인가(체계 내부)?

F. 이 가족의 변화를 지지할 수 있거나 경감시킬 수 있는 환경적인 자원, 책임, 영향력은 무엇인가?
G. 변화와 관련된 가족체계의 동기, 역량, 기회에 영향을 줄 수 있는 다른 어떤 요인이 있는가?
H. 이 가족에 대해 체계 및 환경의 현실적인 기대가 있는가?
I. 욕구 충족과 관련하여 가족의 강점과 도전은 무엇인가?

출처: Johnson & Yanca (2010), pp. 314-315.

3) 가족과의 계획

계획은 변화에 초점을 둔 실행과 사정을 연결하는 가교 역할을 한다. 계획은 사정에 기초하며 사정의 산물로, 합리적인 선택에 기초하고 가능한 범위에 대한 판단을 포함한다. 사정과정이 가족 상황을 이해하고 잠재적인 자원을 규명하는 것이라면, 계획 과정은 사정 내용을 바라는 결과를 기술하는 목적 진술로 바꾸는 것이다(Johnson & Yanca, 2010: 204). 계획 과정은 구체적인 목표를 설정하는 것뿐 아니라 목표를 달성하기 위한 행동 단계를 구체화하여 누가, 무엇을, 언제까지 수행할 것인지를 분명히 하며, 시간계획, 투입 비용 및 평가 수단에 대해 고려하는 것을 포함한다.

가족과의 계획 단계에서는 사정 과정에서 파악된 내용을 기반으로 하여 가족과 함께 실행의 목표를 설정하며, 목표 달성을 위한 전략을 수립하고, 목표와 전략을 포함해 실행을 위한 구체적인 사항을 가족과 협의하고 계약하는 활동을 수행하게 된다.

(1) 공동의 목표 및 전략 설정

가족과 계획을 세우는 데 있어 도전은 각 개인의 욕구와 목표를 다른 사람과 가족체계의 욕구와 목표와 함께 균형을 맞추어야 한다는 것이다(Johnson &

Yanca, 2010: 325). 이 단계에서는 가족 내 모든 구성원을 포괄하는 공동의 목표를 설정하는 것이 주요 과제가 된다. 목표 설정에 동의하기 위해 협력하는 것은 필수적이다. 가족의 문제 인식 및 변화 동기를 사정하고, 그에 기초해 가족이 공유할 수 있는 공동 목표를 수립해야 한다. 목표는 문제해결을 위해 가족 모두가 참여하여 행동할 수 있는 것이어야 하며, 이를 달성하기 위한 전략을 명확히 해야 한다.

(2) 가족과의 계획 합의: 계약

가족과 계획한 사항에 대해 가족 구성원 모두와 합의하고 계약하는 것은 중요하다. 실행 단계에서 가족이 주체적으로 참여하고 행동하기 위해서는 실행을 위한 중요한 의사결정이 이루어지는 계획 단계에서 가족 구성원의 욕구와 실행 의지가 반영되어 참여 동기를 높이는 것이 중요하기 때문이다.

가족 단위의 실천에 있어 문제 및 욕구에 대해 논의하는 것뿐 아니라 문제 및 욕구를 정의하는 것, 목표와 방법에 대해서 가족 모두가 합의하고 계약하는 것이 필요하다. 만남의 시간, 장소에 관한 사항뿐 아니라 가족 구성원 개개인의 행동과업에 대해서도 가족 구성원의 합의를 얻어 이후의 실행 과정에서 참여를 확보할 수 있어야 할 것이다.

2. 중간 단계

1) 가족과의 실행활동

(1) 가족 내부의 관계 변화를 위한 실천기술

가족 내부의 관계 변화를 위한 실천방법 및 기술에 대해서는 가족치료 모델에서 많은 내용을 제시하고 있다. Walsh와 Crosser(2000)는 주요 가족치료 모델로 정신역동, 보웬, 경험적, 구조적, 전략적, 포스트모던, 인지행동, 심리교육 모델을 정리하여 소개하고 있다(김혜란, 홍선미, 공계순, 2006 재인용; 〈표 10-3〉, 〈표 10-4〉 참조). 이는 가족치료의 주요 모델을 잘 담아내고 있을 뿐 아니라 각 모델에 따라 가족문제에 대한 시각과 치료목표, 변화 과정에 대한 내용을 잘 요약 · 정리하고 있다.

표 10-3 주요 가족치료 접근: 세대 간/성장 지향적 접근

가족치료 모델	문제에 대한 시각	치료목표	변화과정
정신역동 모델 (Ackerman, Boszormenyi-Nagy Framo Pau & Paul)	증상은 과거 원가족에서 해결되지 않은 갈등 혹은 상실로부터 발생하는 가족투사 과정에서 비롯됨	• 원가족과의 갈등과 상실의 해결 • 가족투사 과정의 감소 • 개인과 가족의 성장	• 과거와 현재 역동을 통찰 지향적으로 연결 • 갈등과 상실의 해결을 지원 • 보다 건강한 관계 양식을 촉진
보웬 모델 (Bowen Carter McGoldrick)	원가족과의 관계에 의해 기능이 손상됨 -분화의 부족 -불(반응성) -삼각화 -단절	• 분화 • 인지적 기능의 향상 • 정서적 반응성의 감소 • 가족체계에서 관계의 수정 -탈삼각화 -단절의 개선	• 다세대 장에 대한 연구(가계도 사용) • 가족과 직접적으로 자기 변화에 초점을 둔 개입을 계획 • 회기 밖에서의 행동에 대한 코치
경험적 모델 (Satir Whitaker & Keith)	증상은 현재 의사소통의 역기능을 나타내는 비언어적 메시지	• 직접적이고 분명한 의사소통 • 개인과 가족의 성장	• 지금-여기 상호작용의 변화 • 관계에 대한 감정을 공유 -자기노출 -직접적 의사소통 -경험적 기법 • 치료자는 과정을 촉매하기 위해 가족과의 경험을 사용

표 10-4 주요 가족치료 접근: 문제해결 접근

가족치료 모델	문제에 대한 시각	치료목표	변화과정
구조적 모델 (Minuchin Philadelphia Child Guidence Clinic)	증상은 현재의 가족 구조 불균형에서 비롯됨 –역기능적 위계와 경계 –발달적·환경적 변화에 대한 부적응적 반응	가족구조 재구조화 –부모의 지도력, 권위 –분명하고 융통성 있는 하위체계와 경계 –보다 적응적인 대처	치료자는 상호작용 유형을 변화 –가족과 합류 –문제 실연 –구조 분석, 재구조화 단계 계획 –과제와 지시
전략적 모델 (Palo Alto group Haley & Madanes Milan approach)	증상은 가족의 비성공적인 문제해결 시도에 의해 유지	제시된 문제의 해결: 구체적·행동주의적으로 규정된 목표	실용적, 초점화, 행동 지향적: • 증상을 유지하는 연쇄를 변화 • 환류 주기를 중단 • 재명명, 재구성 • 순환적 질문
포스트모던 모델 –해결중심 (Berg & deShazer) –이야기 (White & Epston) –대화 (Anderson & Goolishian)	• 정상 개념은 사회적으로 구성 • 문제로 포화된 이야기	• 새로운 가능성 모색 • 인생 이야기를 다시 저술	• 문제를 외재화 • 미래 지향적 가능성 • 예외와 독특한 결과를 추구 • 협동
인지행동 모델 (Patterson Alexander Jacobson)	• 부적응적·증상적 행동이 가족의 주의와 보상에 의해 강화	• 구체적·행동주의적 목표 • 의사소통과 문제해결의 증진	• 치료자는 모델링, 교육, 행동의 대인 간 결과를 변화 • 가족이 바람직한 행동을 보상하도록 지도·협의하여 문제해결 기술 교육

심리교육 모델 (Anderson Goldstein Falloon)	• 생물학적 장애: 스트레스/소진 • 재혼, 만성질환 등 규범적이거나 비규범적인 적응적 도전	• 스트레스 조건 관련 가족관리 • 스트레스와 낙인의 감소 • 가족 적응적 도전에 숙달	• 정보 • 관리 지침 • 사회 지지 • 존중하는 협동

출처: Walsh & Crosser (2000); 김혜란 외(2006), p. 176 재인용.

가족 내부의 관계 변화를 위해 사회복지실천 시에 활용할 수 있는 실천기술은 다음과 같다.

① 탈삼각화

Bowen의 세대 간 접근기법으로, 가족 내 두 사람 간 갈등해결 방법으로 제3자를 끌어들이는 것에서 벗어나게 하는 것을 말한다. Bowen에 따르면, 구성원의 분화가 이루어지지 않은 가족일수록 두 구성원 간 불안 수준이 높아지면 다른 구성원을 끌어들여 삼각관계를 형성하려 한다. 탈삼각화(detriangulation)란 두 구성원의 감정 영역에서 제3의 구성원을 분리시키는 과정이다(김혜영, 석말숙, 최정숙, 김성경, 2020: 336). 예를 들어, 부부갈등 시 부부 중 한편이 자녀가 자신의 편을 들어 자신의 정당성을 확보하려는 태도를 취할 때, 자녀를 우회하지 않고 부부가 직접 문제를 해결할 수 있게 함으로써 자녀가 부모의 갈등에서 벗어나게 하는 것을 말한다.

② 경계 만들기

경계 만들기(boundary making)는 구조적 기법으로, 가족 내 구성원이 지나치게 밀착되거나 분리되어 있는 경우 적절한 경계를 만드는 것을 말한다. 지나치게 밀착된 관계를 맺고 있는 가족은 어느 정도 거리를 두어 개인의 독립성과 자율성이 확보될 수 있도록 하고, 지나치게 분리되어 있는 가족은 상호작용이 더욱 활발해질 수 있도록 지원한다. 세대 간 경계를 명확히 하고 부모 하위체계와 자녀 하위체계가 분리될 수 있도록 면담 상황에서 부모끼리, 자녀끼리 자리 재배치하기, 취약한 하위체계와 번갈아 가며 일시적 동맹 맺기 등의 방법을 사용할 수 있다.

③ 역기능적 균형 깨뜨리기

구조적 접근기법으로, 가족 내 역기능적 균형을 깨뜨리는 것(unbalancing)을 말한다. 가족체계 내에서 지위나 권력구조를 변화시키기 위한 활동으로, 하위체계 간의 관계를 재배치하거나 낮은 지위에 있는 구성원에게 힘을 부여함으로써 가족을 재구조화할 수 있도록 돕는다.

④ 가족규칙 다루기

가족규칙(family rules)이 명확하지 않다면 그것을 공개적으로 다룰 필요가 있고, 규칙이 시기적으로 적절하지 않거나 공정하지 않다면 가족이 규칙 유지 여부를 결정하도록 도와야 한다. 가족이 자신들의 규칙을 평가하도록 돕는 질문은 다음과 같다. "현재의 가족규칙을 따를 수 있나요? 가족규칙은 현재의 상황에 맞는 것이며 이후의 상황에도 근접하나요? 규칙에서 남성과 여성의 역할은 무엇인가요? 어떤 규칙이 정보를 공유하는 데 장애가 되나요?" 등이다.

⑤ 실연

실연(enactment)이란 가족의 상호작용 행동을 면담 상황에서 그대로 재현하게 하는 것이다. 예를 들어, 자녀가 문제를 일으킬 때 부모가 어떻게 하는지 면담 상황에서 행동으로 해 보게 하는 것이다. 이는 '~에 대하여' 이야기하게 하는 것보다 더 실제적인 정보를 얻을 수 있는 방법이다.

⑥ 가족조각

가족조각(family sculpture)은 가족 구성원으로 하여금 가족관계를 표현하는 조각을 만들어 보게 하여 가족관계에 대한 구성원의 인식을 파악하는 기법이다. 한 가족 구성원에게 다른 구성원을 배치하게 하여 표현된 가족 구성원의 위치, 몸짓, 자세를 통해 가족관계에 대한 가족 구성원의 인식을 알아보고, 참여한 구성원이 각자의 느낌을 이야기하거나 질문하도록 하여 가족관계에 대한 구성원의 생각이나 느낌을 서로 이해하도록 한다. 가족관계, 의사소통 유형, 가족규칙 등 가족의 역동성을 시각적으로 사정하고 새로운 대처방법을 찾아보는 데 활용할 수 있으며, 또한 가족이 바라는 가족관계를 조각으로 표현해 보게 함으로써 가족관계 변화의 목표를 설정하는 데도 활용할 수 있다(김혜영 외, 2020: 337).

⑦ 역할연습

역할연습(role playing)은 새로운 행동 양식을 익히고 실행해 보기 위해 주로 활용하며, 가족 상황을 역할극으로 표현해 보게 하여 역할 재현을 통해 가족 상황을 이해하는 방법으로도 활용된다. 또한 가족 구성원 간에 서로의 역할을 바꾸는 '역할전환(role reversal)'을 통해 다른 가족 구성원의 위치에서 상황을 경험해 봄으로써 다른 구성원의 상황과 감정에 대한 이해를 높이는 데도 활용할 수 있다.

⑧ 가족과제

가족과제(task of family)는 면담 시간에 시작된 변화 노력을 계속 연장할 수 있게 하고, 일상생활 속에서 변화의 노력을 확장시켜 나갈 수 있게 하는 기법이다. 가족의 행동 변화에 초점을 두고 면담 사이에 수행할 수 있는 다양한 과제를 제시하는 것은 면담 이외 일상적 상황에서도 새로운 행동 패턴을 반복해서 활용하고 연습할 수 있게 한다. 가족의 재구조화 과정에 도움이 되는 특정 행동 영역을 찾아 과제를 내주는데, 언제, 어디서, 누구와, 어떻게 상호작용하는지를 구체적으로 분명하게 제시한다. 가족과제의 예로 아버지와 아들 간 경직된 경계를 보여 줄 때, 두 사람이 같이 할 수 있는 과제로 할아버지 댁 방문이나 함께 목욕 다녀오기를 내줄 수 있다.

⑨ 재구성

재구성(reframing)은 가족이나 가족 구성원의 행동이나 경험을 다른 관점으로 그리고 더 긍정적인 시각으로 볼 수 있도록 돕는 기법을 말하는 것으로서 재명명(relabeling), 재정의(redefining)와 유사한 개념으로 사용된다(Sheafor & Horejsi, 2008). 가족이 관계갈등을 경험하고 있거나 현재의 문제에 대해 지나치게 부정적으로 생각하고 있는 경우 특정 사건, 행동, 경험에 부여하는 의미를 다른 방법으로 인식하게 함으로써 다르게 느끼고 다르게 행동할 수 있게 하는 접근이다. 예를 들어, 자녀 사생활에 대한 간섭 문제로 부모-자녀 갈등이 심화된 경우, 부모의 간섭을 자녀에 대한 애정과 관심, 걱정으로 생각하게 하거나 자녀의 간섭 거부에 대해 발달 과정에 따라 자율성을 확립해 나가는 과정으로 재구성함으로써 서로 부정적으로 대립하고 있는 상황을 완화시킬 수 있다.

⑩ 순환적 질문하기

전략적 접근에서 개발한 순환적 질문하기(circular questioning)는 가족 구성원이 문제에 대해 제한적이고 단선적인 시각에서 벗어나 문제의 순환성을 깨닫도록 돕기 위한 질문을 연속적으로 하는 기법이다(김혜영 외, 2020: 337). 순환적 질문의 예로는 "영수가 우울해서 누가 가장 힘들까?", "아버지가 영수를 야단치면 그다음에 어떤 일이 일어날까?" 등이 있다.

⑪ 역설적 지시

역설적 지시(paradoxical directions)는 전략적 기법으로, 문제를 유지시키는 연쇄를 변화시키기 위해 역설적인 행동, 즉 문제행동을 유지하거나 혹은 강화하는 행동을 오히려 수행하도록 지시하는 기법이다. 가족이 역설적 지시를 따르게 되면 문제를 통제한다는 것을 인정하는 것이며, 따르지 않으면 문제를 포기하게 되는, 치료적 이중구속 상황이 만들어지는 것이다(김혜영 외, 2020: 338). 역설적 지시에는 증상 처방(예: 부부가 계속 싸우는 것이 문제가 되는 경우 매일 시간을 정해 놓고 계속 싸우라고 하는 것), 시련 기법(예: 불면증이 있는 클라이언트에게 밤새워 책을 읽으라고 하는 것) 등이 있다.

⑫ 문제의 외재화

문제의 외재화(externalization)는 이야기 접근에서 주로 사용하는 기법으로, 사람과 문제를 동일하게 간주하는 문제의 내재화를 벗어나 가족문제를 사람과 분리시켜 별개의 존재로 보게 하는 기법이다. 지배적 이야기를 해체하여 문제와 사람을 분리함으로써 대안적 이야기로 바꾸는 '외재화 대화' 방법을 적용한다. 예를 들어, "우리 아들이 난폭해서 걱정이에요."와 같은 진술(문제의 내재화)을 "난폭이라는 놈이 아들을 휘어잡고 있어서 걱정이네요."와 같은 진술(문제의 외재화)로 전환하게 하는 것이다. 또 알코올중독 문제를 가지고 있는 가족에게 '알코올'을 가족원이 함께 물리쳐야 하는 '적'으로 보게 하는 것도 그 예가 된다.

⑬ 의사소통 및 문제해결 기술

가족을 한 단위로 보는 체계적 개입에서 가족의 의사소통 및 문제해결 기술을 향상시키는 것은 가족체계 내 원활한 상호작용을 가능하게 하며, 가족 스스로 문제를 해결할 수 있는 역량을 기르고, 특히 모든 구성원이 수용할 수 있는 해결책 협의 과정을 배울 수 있게 한다는 점에서 유익하다. 의사소통 향상을 위해 자신의 생각과 감정과 바람을 인식하고 자신의 것으로 표현할 수 있는 '말하기'와 상대방의 생각과 감정과 바람을 들을 수 있는 관심 기울이기, 공감하기, 요약하기, 질문하기와 같은 '듣기 기술'을 배우도록 지원할 수 있다(최정숙, 강학중, 김태진, 이의수, 2006). 문제해결의 단계는 문제 정의, 바람 확인 및 목표 설정, 다양한 해결안 탐색, 해결안 평가 및 선택, 실행계획 및 실행, 실행에 대한 평가 등의 과정으로 구성된다. 사회복지사는 가족이 스스로 문제를 파악하고 해결책을 구축할 수 있도록 도와야 한다.

⑭ 전화, 편지, 방문과 가족 의례의 활용

부모-자녀, 조부모-손자녀 간의 세대 차이에서 발생하는 거리감을 완화시키기 위해 세대를 이어 주는 기법이다. 가족 의례나 기념일은 가족 됨과 가족으로서의 정서를 느끼게 해 주고 가족 구성원 간의 관계를 다시 이어 주는 중요한 기능을 한다. 의례적이고 의무적인 관례화된 패턴을 깨고 '가족식사 모임'과 같은 새롭고 편안한 의례를 마련하여 진로문제, 주거 등과 관련된 문제를 놓고 의견을 교환한다. 전화 걸기와 편지 교환 등의 방법도 활용할 수 있다(Hartman & Laird, 1983; 성정현 외, 2004 재인용).

(2) 가족과 환경의 관계 개선을 위한 실천기술

가족의 문제 및 욕구가 가족과 환경 사이 원활한 상호작용의 부족이나 교류의 부조화와 관련이 있다면 그 관계를 개선하기 위한 실천을 해야 할 것이다. Hepworth와 Larsen(1993)은 사회복지사가 가족을 위해 수행하는 생태학적 개입의 목록으로 가정환경에 보충적인 자원 및 지지체계를 발전시키고 강화하기, 클라이언트를 새로운 환경으로 옮기기, 개인의 욕구에 따라 기관이 좀 더 반응할 수 있게 하기, 기관과 제도 간의 관계 강화하기, 제도적인 환경 향상시키기, 기관의 환경 강화하기, 새로운 자원 개발하기를 들고 있다.

환경으로부터 자원 보충이 필요하다면 환경자원 개발 및 연결이, 서비스 누락과 중복의 문제가 있다면 서비스 조정이, 그리고 가족이 정당한 권리를 누리지 못한다면 가족옹호의 방법이 적용되어야 한다. 그 외 가족관계망에 대한 개입과 필요에 따라 가족환경을 전환하는 실천을 할 수 있다.

① 환경의 자원 개발, 연결 및 서비스 조정

가족의 문제 및 욕구가 부족한 자원의 보충과 관련된 것이라면, 사회복지사는 환경 내 자원과 지지를 개발하고 연결해야 한다. 이때 존재하지 않는 자원과 지지는 발굴하고, 존재하지만 작용하지 않는 자원과 지지는 활성화하며, 경미하게 작용하는 자원과 지지는 강화한다. 또한 가족 욕구의 복합성 때문에 여러 서비스를 받는 과정에서 필요한데 누락된 서비스가 있다면 서비스를 받을 수 있도록 연결 및 의뢰하고, 동일한 서비스를 여러 기관에 걸쳐 중복적으로 받고 있다면 서비스 망에 대한 사정을 통해 효율적으로 서비스 전달이 이루어질 수 있도록 서비스를 조정해야 할 것이다.

② 가족옹호

가족옹호는 가족이 정당한 권리가 있음에도 불구하고 권리보장이 이루어지지 않거나 서비스 확대가 필요한 경우 가족의 권리를 대변하고 서비스를 확충하도록 노력하는 것을 말한다(최선희, 최정숙, 박화옥, 2008). 옹호 과정에 서 사회복지사는 가족과 지역사회의 자원을 중재하거나 지역사회 자원과 협의 혹은 대결해야 하기 때문에 사회복지사 자신뿐 아니라 사회복지기관이 난처한 입장에 처하게 될 수도 있다. 그러나 가족옹호는 가족의 사회환경을 향상시키고 사회정의를 증진하기 위한 필수적인 사회복지 실천과정이다(김혜란 외, 2006). 가족을 옹호하기 위해서는 면담뿐 아니라 클라이언트를 위해 갈등관계에 있는 사람으로부터 원하는 것을 얻을 수 있는 주장, 협상, 소송에 이르는 기술을 활용할 수 있어야 한다(조홍식 외, 2017).

③ 가족관계망 개입

가족관계망 개입이란 가족, 친구, 이웃, 동료의 관계망 내 에너지와 자원을 활용해 가족이 겪고 있는 곤경을 완화시키는 데 필수적인 지지와 만족, 통제를 제공하고 지역사회 전문가들과 관계망 개입을 위한 팀 접근을 시도하는 것이다(Hartman & Laird, 1984; Secck & Attneave, 1973; 성정현 외, 2004 재인용). 가족관계망에 개입하는 방법은 첫 번째로 부족화 단계에서 집단이 모여 응집력을 갖게 하고, 두 번째로 양극화 단계에서는 불일치와 문제에 대한 대안을 표현하게 한다. 세 번째로 동원 단계에서는 관계망의 리더가 자원을 동원하고 집단이 구체적 행동을 지향하도록 촉구한다. 이때 문제가 해결되지 않으면 좌절을 경험하기도 하지만, 다시 돌파(break through)하는 단계를 거쳐 소모-고양(exhaustion-elation) 단계에서 회기를 종결하게 된다(Hartman & Laird, 1984; Maquire, 1991; 성정현 외, 2004 재인용).

④ 가족의 환경 변화 활동

가족의 욕구는 가족 혹은 가족 구성원과 환경 간 교류의 부조화에서 비롯된 것일 수 있다. 가족이나 가족 구성원이 환경의 지나친 요구로 어려움을 경험한다면 이 교류를 변화시켜 가족 내 스트레스를 감소시키고 가족체계의 균형을 회복시키는 것이 필요할 것이다. 가족 크기, 구성원의 나이, 직장이나 학교 같은 환경적 요구는 가족 구성원이 다양한 과업을 수행할 시간에 영향을 주기 때문에 실천활동에서 예정 시간을 정하고 조절하는 것을 포함할 수 있다. 또한 공간의 이동과 변화 활동을 지원할 수 있는데, 가족이나 구성원의 주거지 변경, 권리 보호와 자원 접근의 필요성에 따른 이동, 교육을 위한 장소 조정 등의 활동을 할 수 있다(Johnson & Yanca, 2010: 331-332).

3. 종결 단계

종결은 가족사회복지실천의 마지막 단계로, 이 단계의 주요 초점은 제시되었던 가족의 문제나 욕구가 실천과정을 통해 해결되었는지를 평가하고 실천 과정에서 성취한 변화가 견고하게 지속될 수 있게 하는 것이다. 또한 남아 있는 문제를 재검토하여 이후의 작업을 결정하고 사후지도 및 의뢰 과정을 진행하는 것이 포함된다. 종결과 관련된 정서를 다루는 것 또한 종결의 중요한 과제다. 여기서는 종결의 유형 및 대처와 종결의 과제에 대해 살펴본다.

1) 종결의 유형 및 대처

가족과의 종결은 가족의 문제 및 욕구의 성공적인 해결로 종결하는 경우, 미리 시간제한적 계약을 한 경우, 가족문제 해결에 진전이 나타나지 않아 가족 구성원과 사회복지사 간 협의하에 종결하는 경우, 실천과정에서 가족 구성원이 비협조적이거나 저항이 심각하여 더 이상의 진행이 어려운 경우, 사회복지사의 사정으로 종결하는 경우로 나누어 볼 수 있다(김익균, 2003).

가족문제가 성공적으로 해결되어 종결하는 경우가 가장 이상적이겠으나 실천 상황에서는 시간 제한적인 상황에 따라 혹은 예기치 않은 이유로 종결을 하게 되는 경우가 있다. 시간제한적인 상황이거나 종결 시점을 미리 계획한 경우라면 종결 시기가 다가올 때 가족에게 종결을 상기시키고 종결과제를 함께 다루는 것이 필요하다. 미해결 과제가 있을 경우에는 종결 연장을 논의할 수 있으나, 가족 스스로 해결할 수 있는 시점으로 판단되면 종결하는 것이 좋다. 가족문제에 진전이 나타나지 않아 종결하게 되는 경우에는 가족문제에서 진전이 없는 것을 주제로 가족과 함께 개방적으로 논의하는 것이 필요하다. 사회복지사가 미처 인식하지 못한 불만이나 문제가 있었는지 파악하고 종결 혹은 의뢰와 같은 대안을 모색해야 한다. 가족 구성원이 비협조적이거나 저항이 심해서 종결하게 되는 경우에는 클라이언트에게 종결할 수 있는 권리가 있음을 알려 주되 그동안 성취한 것을 돌아볼 수 있는 기회를 갖고 가족 스스로 종결의 타당성을 재검토하고 의사결정을 하도록 지원해야 한다(성정현 외, 2004).

실천과정이 불만족스러워 종결하는 경우에도 이상적으로는 이미 진행했던 것을 재검토해 보는 마지막 회기를 통해 실천과정에서의 진전 사항을 돌아보고 이후의 과제에 대해 검토하는 것이 바람직하다(Collins et al., 2010).

2) 종결의 과제

(1) 목표 달성 및 변화 평가

종결 단계에서는 가족과 함께 계획 과정에서 설정한 목표가 어느 정도 달성되었는지 평가해야 한다. 성취한 사항을 평가하는 것은 가족이 달성한 변화를 확인하고 진전된 사항을 견고하게 하는 기능을 하며, 미해결 이슈를 확인하게 하여 이후 계획을 세우는 데 도움을 준다. 가족의 목표 달성 정도나 변화를 평가하기 위해서는 가족이 지각하는 변화에 대해 함께 개방적으로 토의하는 시간을 가져야 하며, 목표 달성 정도를 측정할 수 있는 척도를 함께 활용하거나 변화 과정에 동참했던 사회복지사가 관찰한 변화에 대해 함께 논의할 수 있다. 또한 사회복지사의 실천에 대한 평가와 피드백을 통해 실천에서 효과적이었고 확대되어야 할 사항과 보완이 필요한 사항에 대한 합의를 얻고 성장 가능성을 모색하는 기회를 가져야 할 것이다.

(2) 종결에 관련된 정서 다루기

종결 시기에 클라이언트와 사회복지사는 성취감, 자신감, 상실감이나 두려움, 후회 등의 감정을 경험할 수 있다. 종결이 실천 초기에 설정한 목표를 달성하는 단계임을 생각한다면 긍정적인 정서를 경험하는 것이 당연하겠지만, 가족과 사회복지사가 과도하게 책임감을 느끼거나 의존하는 방식으로 적절한 경계를 유지하고 있지 않은 경우에는 종결 시기가 분리에 대한 불안과 상실감을 불러일으키는 시간이 될 수 있다(Collins et al., 2010). 클라이언트 입장에서는 종결에 대한 어려움을 사회복지사에게 지나치게 의존하는 형태로, 혹은 이전의 문제가 다시 나타나기 시작했다고 보고하거나 새로운 문제를 제시한다거나 사회복지사를 대체할 만한 대안을 찾는 형태로 표현할 수 있다(Hepworth & Larsen, 1993). 사회복지사의 입장에서도 같은 방식으로 상실감과 걱정 같은 반응이 있을 수 있는데, 클라이언트에 대해 과도한 책임감을 느껴 더 돌보아야 한다는 느낌을 가지고 종결을 주저할 수 있다. 물론 클라이언트의 미해결 이슈가 심각하여 클라이언트의 안전을 보장하기 어려운 경우 서비스의 연장이 필요할 수 있지만, 그와 같은 경우가 아니라면 클라이언트가 스스로 해결해 나갈 수 있는 기반을 마련하고 클라이언트가 비공식적인 지지망과 연결될 수 있도록 지원하는 등의 방법을 활용함으로써 클라이언트를 놓아 주고 앞으로 나갈 수 있게 해야 한다(Collins et al., 2010).

(3) 변화의 유지 및 사후관리

실천과정에서 가족이 진전시킨 사항, 변화를 이룬 사항과 변화를 일으키는데 가족 구성원이 기여한 사항을 확인할 수 있게 하는 것은 가족이 성취감과 긍지를 느낄 수 있게 할 뿐 아니라 가족이 달성한 변화를 지속시키고 이후의 도전에 대처할 수 있는 유능감을 갖게 한다. 미래에 대해 이야기하게 하고 미래의 목표를 성취하기 위한 전략을 개발하도록 돕는 활동도 달성된 목표를 유지하고 이미 획득한 것을 확고하게 하는 좋은 방법이다(Collins et al., 2010). 가족이 종결 이후의 도전을 다룰 수 있도록 돕기 위해서는 변화나 실패를 가져올 수 있는 도전을 예견해 보게 하고 그런 도전을 다루기 위해 가족이 계획한 것을 묘사해 보게 하는 것이 도움이 된다. 또한 종결이 가까워 올 때 모임의 간격을 점차 늘리면서 가족 구성원이 프로그램에 의존하는 것을 줄여 나가도록 격려해야 한다.

사후관리를 위해 사후면접을 약속하거나 전화 연락을 통해 가족의 근황을 묻고 성공적으로 대처해 나가는 것을 격려하는 것이 필요할 수 있다. 사후관리는 가족이 취약할 수 있는 시기에 '두 번째 예방접종'이 되며, 과도기에 있는 가족을 도울 수 있다(Lum, 1992).

(4) 의뢰

종결 시기에 가족이나 그 구성원에게 또 다른 전문적 도움이나 특정 자원이 필요하다고 판단될 경우 적절한 전문가나 기관에 의뢰할 수 있다. 또한 실천과정이 진행되고 있는 도중 클라이언트 가족이 이사를 한다거나 사회복지사의 출산이나 이직 등의 사정으로 종결해야 하는 경우 의뢰를 통해 서비스가 지속될 수 있게 해야 한다. 특히, 후자의 경우 사회복지사와 이미 라포를 형성한 가족을 의뢰한다는 것은 어려운 일일 수 있다. 기존의 사회복지사가 새로운 사회복지사와 가족이 만나는 첫 모임에 참여한다거나 의뢰 이전에 가족이 자신들의 염려를 표현하고 의뢰에 대해 질문하는 등 충분한 의사소통을 할 수 있는 기회를 제공해 의뢰와 관련된 오해나 미해결 이슈를 해결하는 시간을 갖는다면 의뢰 과정이 좀 더 순조로울 수 있다(Collins et al., 2010).

4. 사례

1) 초기 단계

(1) 초기 면담

① 가족과의 관계 형성

사회복지사: 반갑습니다. 사회복지사 ○○○입니다. 복지관을 찾아오시는 데 어렵지는 않으셨는지요? (의자를 가리키며) 이쪽으로 앉으시지요…….

가족: (자리에 앉으며) 네……. 별로 어렵지는 않았어요…….

사회복지사: 프로그램을 찾아서 이렇게 참여하신다는 것이 쉽지 않은 일인데…… 찾아서 신청하시고 이렇게 오신 걸 보니 적극적인 가족분들로 생각이 됩니다. 저희 복지관 프로그램은 어떻게 아셨는지요?

아내: 네…… 제가…… 이대로는 못살겠다 싶어서 이것저것 찾아도 보고 사람들에게도 물어봤더니 ○○복지관에 가면 시원하게 얘기하고 필요한 도움도 받을 수 있을 거라고 해서 찾아오게 되었어요.

남편: 뭐…… 저는…… 이렇게 올 필요가 딱히 없는데…… 별 문제도 없고…… 그런데 집사람이 하도 가 보자고 재촉을 해서…… 어쩔 수 없이 이렇게 한번 따라와 보긴 했는데…… 이렇게 와야 할 이유가 전혀…… (손사래 치며) 없고…… 다음부터는 안 오려고…….

사회복지사: 네. 그러니까…… 남편분께서는 본인은 프로그램에 오실 이유가 없다고 생각하셨음에도 아내분이 원하신다는 이유로 이렇게 함께 오셨다는 말씀이시네요……. 자신이 원하지 않더라도 배우자나 가족이 원하고 필요하다 할 때 귀 기울이고 함께하는 모습에서 이 가족은 아주 힘이 있는 가족이구나 하고 생각이 됩니다. 어떤 어려운 상황에서도 이 가족은 함께 헤쳐 나갈 그런 가족으로 보이는군요.

[가족 스스로 복지관 프로그램을 찾아오는 적극성을 부각시켜 강화하고, 상대적으로 참여 동기가 적은 남편에게 가족의 필요에 반응하는 태도를 가지고 이렇게 참여하였음을 강점으로 부각시키고 격려하면서 가족과 관계를 형성하고자 하였으며 변화를 위한 참여동기를 높이고자 함]

② 합류하기

어머니: 우리 애가 사춘기라서 그런지 부모에게 반항하기 시작해요.

사회복지사: 저도 사춘기 자녀가 있는데 최근 말대꾸를 자주 한답니다.

[모방을 통한 합류]

③ 가족 구성원 모두와 관계 맺기

사회복지사: 어머님께서 주도하셔서 가족이 이렇게 오시게 되었지만 가족 여러분 한 분, 한 분의 의견과 말씀을 들을 것이고, 여러분 각각 모두가 참여에 동의해 주셔야만 가족 여러분과 함께 일할 수 있습니다.

④ 사회복지사의 결혼 여부, 자녀 유무로 도전하는 클라이언트 대처하기

어머니: 선생님은 아이가 있으세요?

사회복지사: 아니요, 저는 아이가 없습니다. 그래서 염려하실 수도 있을 것입니다. 제가 아이가 없기 때문에 어머님이 현재 처해 있는 상황을 이해하지 못하거나 돕지 못할 것이라고 생각할 수 있기 때문이지요. 그렇지만 저는 가족을 돕는 전문가로 훈련받았을 뿐 아니라 임상 현장에서 오랜 시간 가족과 함께 일하며 부부관계나 부모-자녀 관계로 어려움을 겪는 많은 분들을 만나 오고 함께 문제를 해결해 온 경험이 있기 때문에 여러분을 잘 지원해 드릴 수 있으리라 생각합니다.

⑤ 가족의 문제 및 욕구 정의

사회복지사: 가족이 이렇게 함께 기관에 찾아오셨는데 어떤 이슈를 해결하고자 하는지 혹은 어떤 바람을 가지고 있는지 말씀해 주실 수 있을까요?

(여러분 각자 어떤 변화를 원하고 있는지 알고 싶습니다.)

어머니: 최근에 애가 학교에 안 가고 있어서…… 그 문제를 해결하고 싶어 이렇게 찾아왔어요.

사회복지사: 아, 그러셨군요……. 어머님은 자녀가 학교에 가지 않는 이슈를 해결하고 싶어서 오셨다고 하시는데…… 다른 가족들은 어떤 의견을 가지고 계신지요? 한 분씩 말씀해 주시면 좋을 것 같습니다.

아버지: 최근에 학교에 안 가는 것이 큰 문제지만 중학생이 되면서 집에서 말도 거의 안 하고…… 말도 안 듣고…… 어떻게 소통해 볼 길이 없네요…….

사회복지사: 아, 그래요…… (중학생 자녀를 보며) 부모님은 이렇게 생각하고 계신데…… ○○도 하고 싶은 말이 있을 것 같은데요……. 편안하게…… 본인 생각 한번 얘기해 볼래요?

자녀: (침묵을 지키다가 서서히 말을 시작함) 음…… 말해 봐도 소용없으니까…… 말해 봤자 (부모님) 잔소리만 길어지고…… 달라지는 것은 없으니까…… 그래서 말을 안 하는 거고…… 그리고 학교에 안 가는 것도 다 이유가 있는데…… 얘기해도 무시당할 게 뻔하니까…… 상황이 달라질 건 없으니까…… 그냥 얘기 안 하는 거예요…….

사회복지사: 그렇구나……. 본인의 의견이 있지만 부모님께서 잘 경청해 주시지 않는다고 생각되어 말을 안 하게 되고…… 학교에 안 가는 것도 이유가 있지만 부모님과 충분히 대화를 나누지 못하고 있는 상황이라는 거구나. (부모님 쪽을 보면서) 자녀가 중학생, 청소년기가 되면서 자기 생각이 분명해져 가는 가운데 이를 부모님과 소통하는 것에서 어려움을 겪고 있는 것으로 보이네요. 학교에 가지 않는 것도 자녀 입장에서는 이유가 있다고 하

니…… 서로를 듣고 알아가는 가족 소통이 필요한 도전에 직면 한 상황이라 하겠어요. [가족 개개인의 견해 확인, 가족의 과업으로 초점 확대하기]

(2) 사정(면접질문과 관찰)

- "가족관계를 가계도로 한번 그려 볼까요?"
- "우리 가족과 관계를 맺고 있는 환경을 포함해 생태도를 한번 그려 볼까요?"
- "가족의 현재 상태를 가족조각으로 한번 만들어 본다면 어떻게 표현할 수 있을까요?"
- "부모님과 말이 통하지 않는다고 느낄 때는 어떤 때(상황)인가요?"
- "자녀와 의견이 다를 때…… 가장 최근의 예를 들어 아버지, 어머니께서 어떻게 말씀하시거나 행동하시는지 한번 그대로 보여 주실 수 있을까요?"

(3) 가족과의 계획

① 공동의 목표 및 전략 설정

- "가족들이 바라는 상태를 가족조각으로 만든다면 어떻게 표현할 수 있을까요?"
- "가족이 지금 만든 가족조각과 같은 상태로 되려면 현재 상황에서 무엇이 달라져야 할까요? 그것은 어떤 방법으로 가능할까요?"

② 가족과의 계획 합의: 계약

가족과의 계약 합의 사항을 계약서로 작성하기(다음에 제시한 계약서 예시 참조)

초점: 부모역할 수행 기술, 남편의 실직, 자녀의 학교결석

1. 모든 가족 구성원과 사회복지사는 다음 8주 동안 매주 목요일 7:00~8:30 동안 복지관에서 만나기로 동의한다.
2. 사회복지사는 부모역할을 위한 교육과 직업훈련 자원에 관한 정보를 제공하는 것에 동의한다.
3. 어머니는 부모역할을 위해 교육에 참석하고, 가사 기술을 익히기 위해 사회복지사와 함께 하는 작업에 참여할 것에 동의한다.
4. 아버지는 부모역할을 위한 교육에 참석하고, 직업훈련 세미나에 참석하는 것에 동의한다.
5. 사회복지사는 ○○의 학교생활에 대해 파악하고 이후 계획을 세우기 위해 ○○와 그 부모가 담임교사를 만날 때 참석하는 것에 동의한다.
6. ○○는 학교에 출석하는 데 동의하고, 그 문제를 해결하기 위한 계획에 참여할 것에 동의한다.

2) 중간 단계

(1) 가족 내부 관계 변화를 위한 실천

① 경계 만들기

"초등학생 때는 부모가 많은 부분에 관여하고 밀접하게 돌봤지만 이제 중학생이 되었으니 스스로 개인의 시간과 공간을 계획하고 운용할 수 있도록 기회를 주면 어떨까요? 스스로 책임지는 법도 배울 수 있도록이요……. 가령 주말 중 한나절은 가족과 관계없이 혼자 혹은 친구들과 시간을 보낼 수 있도록 계획하게 한다거나……."

② 외재화

“지금 실직문제가 가족을 괴롭히고 있는 것으로 보이는데, 실직문제는 가족이 공동으로 함께 대처해야 할 과제라 할 수 있어요.”

③ 의사소통 및 문제해결 기술

“○○의 얘기를 들을 때 아이의 생각과 감정, 바람이 무엇인지 내면을 따라가면서 들으면 아이에 대한 이해가 더 깊어질 거예요. 반대로 ○○도 아버지, 어머니가 말씀하실 때 아버지, 어머니의 생각과 감정과 바람이 무엇인지 듣고자 하면 아버지와 어머니를 더 잘 이해할 수 있게 될 거예요. 또한 좋은 소통을 위해서는 듣기만 잘할 뿐 아니라 자기 자신의 생각과 감정과 바람을 잘 알아차리고 이를 상대방에게 잘 전달하는 것이 필요한데, 나를 알아차리고 표현하는 것은 내 몫이라 할 수 있어요. 이렇듯 상대방을 듣고 이해하는 역량이 자라나고 자기 자신을 알아차리고 표현할 수 있는 역량이 길러질 때 좋은 소통은 가능해요. 이를 위해 우리 같이 계속 연습하도록 해요.”

(2) 가족과 환경과의 관계 개선을 위한 실천

① 환경의 자원 개발, 연결 및 서비스 조정

존재하지 않는 자원과 지지는 발굴하고, 작용하지 않는 자원과 지지는 활성화하며, 경미하게 작용하는 자원과 지지는 강화하기

② 가족옹호

갈등관계에 있는 사람으로부터 원하는 것을 얻어 낼 수 있는 주장, 협상, 소송에 이르는 기술을 활용하기

③ 가족관계망 개입

가족, 친구, 이웃, 동료 관계망 내 에너지와 자원을 활용해 가족이 겪고 있는 곤경을 완화시키는 데 필수적인 지지와 만족, 통제를 제공하고 지역사회 전문가들과 관계망 개입을 위한 팀 접근을 시도하기

④ 가족의 환경 변화 활동

환경의 지나친 요구로 어려움을 경험한다면 스트레스 감소, 가족체계의 균형 회복이 필요함. 공간 이동과 변화 활동 지원하기

3) 종결 단계

(1) 목표 달성 및 변화 평가하기

- "전체 과정을 통해 가족 목표는 어느 정도 달성되었다고 할 수 있을까요?"
- (가족의 소통 역량 강화 정도, 등교 거부 이슈에 대한 가족의 이해와 좋은 해결안을 찾은 정도)
- "그 외 변화한 내용이 있다면 무엇이 있을까요?"
- "해결하기 원했지만 미해결된 이슈는 무엇이 있을까요?"

(2) 종결에 관련된 정서 다루기

성취감, 자신감에서부터 상실감, 두려움, 후회 등의 감정 경험할 수 있음. 따라서 종결에 대한 어려움을 사회복지사에게 지나치게 의존하는 형태로 보고하는 경우, 클라이언트의 안전 보장이 어려워 서비스 연장이 필요한 경우를 제외하고는 클라이언트 스스로 해결해 나갈 수 있는 기반 마련이 필요함. 이에 따라 비공식적인 지지망과 연결될 수 있도록 지원하기

(3) 변화 유지 및 사후관리

- 가족이 변화를 이룬 사항과 변화를 일으키는 데 가족이 기여한 사항을 확인할 수 있게 하기
- 미래 목표를 성취하기 위한 전략개발 지원
- 종결이 가까워 올 때 모임 간격을 점차 늘리면서 프로그램에 의존하는 것을 줄여 나가도록 격려하기
- 사후면접 약속 혹은 전화 연락으로 가족 근황을 확인하고 성공적 대처 격려하기. 취약할 수 있는 시기에 두 번째 '예방접종'하기

제11장

집단사회복지실천의 이해

집단을 매개로 한 사회복지실천은 사회사업방법론의 하나로서 개별사회사업과 구별된 '집단사회사업'으로 사용되다가 최근에는 주로 '집단사회복지실천'이라는 용어로 쓰이고 있다. 사회복지사와 클라이언트 간 일대일 개별적 개입과는 달리, 집단사회복지실천은 개입의 매개로 사용하는 '집단' 자체의 활용 가치가 크기 때문에 사회복지 현장은 물론 다양한 영역에서 적용되고 있다. 즉, 사회복지기관, 상담기관, 병원과 같은 임상 현장에서 적용하는 '집단치료'와 '집단상담'부터 '과업집단' 활동에 이르기까지 다양한 형태로 폭넓게 적용되고 있다. 그러나 이러한 보편적 활용에도 불구하고 관련된 전문능력을 향상시키는 교육 및 훈련체계는 매우 부족한 상황이고 실천방법을 배우는 정규 교육과정에서 차지하는 비중도 충분하지 않다. 집단사회복지실천이 주요한 사회복지실천방법 중 하나인 점을 고려할 때 향후 좀 더 깊이 있게 다루어질 필요가 있다.

이 책에서는 두 장에 걸쳐 전반적인 집단사회복지실천의 이해와 구체적인 단계별 실천기술을 다룰 것이며, 이 장에서는 집단사회복지실천의 기본적 이해를 돕기 위해 개념, 접근방법, 집단의 유형을 살펴보고 집단의 치료적 요인, 집단의 역동성, 집단사회복지실천가의 지도력에 대해 다루고자 한다.

1. 집단사회복지실천의 개념

집단사회복지실천에 대한 개념은 시대적 흐름에 따라 변화하고 학자마다 다르게 제시한다. 그러나 집단을 매개로 하고 집단의 고유한 특징을 문제해결 및 과업 달성에 활용한다는 면에서 공통점이 있다.

미국사회복지교육협의회(CSWE, 1959)에서는 집단사회사업을 사회사업의 한 방법으로서 의도적인 집단 경험을 통해 개인의 사회적 기능을 강화하는 것이 목적이라고 설명하였다. 이 설명에서 알 수 있듯이 '집단 경험'을 변화의 매개로 사용하고, 궁극적으로는 집단의 구성원인 개인의 변화에 초점을 둔다.

김종옥과 권중돈(1993)은 집단사회사업을 "사회복지실천방법 중 하나이며, 전문가의 지도와 원조에 의한 목표지향적인 활동"이라고 정의하였다. 집단 구성원은 고통받는 개인뿐 아니라 건강한 개인도 포함하며, 치료집단 또는 과업집단의 형태로 운영되고, 초점 영역은 개별 구성원, 전체 집단, 집단이 속한 환경이라고 명시하였다. 집단사회사업이 주요한 사회복지실천방법의 하나로서 보편적으로 활용되는 만큼 다양한 목적과 형태로 사용되고 사회복지의 정체성에 입각하여 집단과 구성원뿐 아니라 집단이 속한 환경까지도 실천의 초점이 된다는 점, 그리고 훈련된 전문가의 역할을 강조하였다.

이와 유사한 형태로 Toseland와 Rivas(2009) 또한 집단의 목표지향적 활동을 강조하였다. 집단사회복지(group work)는 사회정서적인 욕구를 충족시키고 과업 달성을 목적으로 하는 사람으로 이루어진 소규모 치료집단 또는 과업집단과 행하는 목표지향적인 활동이라고 하였다.

앞서 언급했듯이, 집단사회복지실천의 고유한 특징은 목표지향적 집단 경험에 있다. 집단 구성원들은 타인과의 관계 및 상호작용을 통해 성장하고 변화되는데 이 과정에서 집단에서 발생하는 역동적인 힘이 집단의 문제해결 또는 과업 달성에 이르게 한다. 다시 말해, 집단 구성원은 집단을 통해 상호원조 관계를 경험함으로써 일상생활 속에서도 사회적 관계가 향상되고 사회 역할을 수행하는 데 필요한 능력이 향상될 뿐 아니라 생애전환기, 질병, 이혼, 폭력과 같은 스트레스 상황에 효과적으로 대처할 수 있는 능력을 개발하게 된다.

1) 서비스 매개로서의 '집단'

'집단'이란 역동적 실체로서 상호 접촉하고 서로 배려하고 의미 있는 공통성을 가진다고 의식하는 개인의 복합체로 규정할 수 있다. 집단사회복지실천에서 '집단'은 개인의 병리를 예방 · 치료하고 정상적인 성장 및 발달을 촉진하기 위한 맥락, 도구, 매체 혹은 수단, 방법으로 활용된다.

집단사회복지실천에서 집단의 특성은 다음과 같다. 첫째, 두 사람 이상의 집합체로서 회원 자격 규정이 있어야 한다. 둘째, 상호 동일시할 수 있는 집단의식이 있어야 한다. 셋째, 동일한 목표의식을 공유해야 한다. 넷째, 욕구에 대한 상호 의존적인 만족이 있어야 한다. 다섯째, 집단 구성원 간 상호작용이 있어야 하고 영향을 주어야 한다. 여섯째, 집단은 단일 유기체로서 통일된 방식으로 행동할 수 있는 능력을 가져야 한다(Knowles & Knowles, 1972).

집단사회복지실천에서의 '집단'의 개념을 간략하게 정리하면, "유사한 문제나 공통된 목표를 공유하면서 상호작용하는 인간 집합체"라고 말할 수 있다.

2. 집단사회복지실천의 접근방법 및 집단의 유형

1) 집단사회복지실천의 접근방법

집단사회복지는 다양한 실천현장에서 각기 다른 목적으로 수행되기 때문에 그 접근방법도 다양하다. 다양한 접근방법, 즉 집단사회복지의 모델은 경험적인 축적에서 반복되는 패턴을 발견하고 실천의 필수 요소를 도출하여 합의된 지침의 준거틀로 담아내려는 노력에서 개발되었다(이화여자대학교 사회사업학과 편, 1993). 주로 3가지 모델로 구분되는데 집단의 사회적 기능과 개입의 초점에 따라 사회적 목표 모델, 치료 모델, 상호작용 모델로 구분될 수 있다.

(1) 사회적 목표 모델

사회적 목표 모델(social goals model)은 집단사회사업실천의 초창기부터 유래해 온 전통적인 모델로서 그 역사적인 기원은 인보관, 청년봉사조직의 집단사회사업에서 찾을 수 있다. 이 모델에 근거한 집단사회사업의 목적은, ① 구성원에게 민주적인 가치관, 사회적 양식, 공동의 선을 위한 사회적 행동을 지향하도록 영향을 주는 것, ② 구성원의 사회화를 도모하거나 개인의 건전한 성장·발달 학습을 강화하는 것이다. 사회적 목표 모델에 근거한 집단은 보이스카우트, 지역사회의 당면 문제(예: 범죄, 빈곤)를 해결하기 위한 주민조직 등이 있다. 사회복지사는 지역사회 토착 지도자를 참여시키고, 구성원 간 단결의 중요성을 강조하며 집단 구성원 모두가 의사결정 과정에 참여하도록 한다. 이때 사회복지사는 의사결정자가 되지 않도록 유의하고, 집단 구성원이 사회적 의식과 책임을 발달시킬 수 있도록 집단 내 민주적 절차를 개발하고 유지하며 바람직한 역할 모델을 제시할 수 있다. 이 모델을 적용한 구체적인 예로 지역 문제를 해결하는 시민으로 조직된 집단, 걸스카우트 및 보이스카우트, YMCA,

YWCA 등이 있다.

(2) 치료 모델

치료 모델(remedial model)은 집단사회사업이 개인의 사회적 기능을 강화하는 주요한 전문적 실천방법이 되도록 기여한 모델로, 주로 병원, 가족치료기관, 사회복지관에서 활용될 수 있다. 치료 모델과 관련된 주요 이론은 정신분석학, 자아심리학, 사회적 역할이론이다. 이 모델의 목적은 집단을 활용하여 개인의 심리적 · 사회적 · 문화적 적응문제를 해결하는 데 있다. 따라서 주로 다루는 문제는 대인관계 문제, 부적응적 일탈행위와 같은 사회적 기능 수행에 관한 것이다. 이때 집단은 개인의 문제해결이라는 목적을 달성하기 위한 수단, 효과적인 치료의 매개물로 간주된다.

사회복지사는 변화 매개자로서 전문적인 지식과 능력을 가지고 집단 구성원 선발, 집단 크기 결정, 문제의 진단과 치료과정을 이끌어 간다. 사회복지사는 치료과정에서 개별 클라이언트의 문제를 해결하고 치료목표를 달성하기 위해 직접적으로 집단과 구성원에게 영향력을 행사한다. 이 모델을 적용한 구체적인 예로 알코올중독자 회복집단, 우울증 인지행동치료 집단 등이 있다.

(3) 상호작용 모델

상호작용 모델(reciprocal model)은 사회체계이론, 장이론(field theory)에 이론적 기반을 두었으며, 개인과 사회 간의 유기적이고 체계적인 관계를 전제로 한다. 집단은 사회복지사와 집단 구성원을 포함한 하나의 사회적 체계로 개념화되며 유기체로서 이해된다. 이 모델이 추구하는 목적은 체계이론의 원리와 마찬가지로 개인과 사회가 각기 상호 접근하려는 노력과 참여를 통해서 상호 자기 충족의 상황을 조성해 나가는 것이다. 상호작용 모델은 클라이언트와 사회의 공생적 상호 의존성에 초점을 두고 있고 중재를 통해 상호 간 적합한 상태에 이르도록 하는 것이다. 이때 집단은 개인기능과 사회기능이 육성되고 중

재될 수 있는 장인 것이다.

사회복지사는 궁극적으로 집단 내 상호원조 체계(mutual-aid system)의 구축에 초점을 두고 구성원의 공통 욕구, 집단이 직면한 특정 문제를 명확히 규정하고 목표 성취에 방해가 되는 장해물을 제거하며, 구성원이 욕구를 충족시킬 집단행동을 모색하도록 돕는다. 이를 통해 사회복지사는 집단 구성원 개인의 욕구와 보다 큰 사회체계의 요구 간의 중계적 역할을 수행하게 된다. 이 모델을 적용한 집단의 예로 지지집단을 들 수 있다.

2) 집단의 유형

Toseland와 Rivas(2009)는 집단을 크게 치료(treatment)집단과 과업(task)집단으로 나누었다. 그리고 〈표 11-1〉과 같이 치료집단을 목적에 따라 다시 지지 · 교육 · 성장 · 치료(therapy), 사회화집단으로 구분하였고, 과업집단은 클라이언트의 욕구, 조직의 욕구, 지역사회의 욕구 충족을 위한 집단으로 구분하였다. 이러한 집단은 각각 강조점이 상이하지만 상호 배타적인 특징을 가지는 것은 아니며, 실제 적용할 때는 집단 종류의 특장점을 절충하는 방식으로 운영되기도 한다. 예를 들어, 사회복지사가 법원으로부터 수강 명령을 받은 청소년집단에 개입할 경우 문제행동을 수정하기 위한 치료적인 목적 외에도 교육, 성장, 지지 등이 집단의 목적에 포함될 수 있다. 이처럼 목표 달성을 위해 상호 절충적인 방식으로 다양한 집단의 특성이 결합될 수 있다는 점을 인식해야 한다. 이 장에서는 Toseland와 Rivas(2009)가 구분한 집단의 유형과 더불어 현장에서 자주 활용되는 자조집단을 살펴본다.

표 11-1 치료집단의 유형

구분	지지집단	교육집단	성장집단	치료집단	사회화집단
목적	• 집단 구성원이 스트레스 사건에 대처하고 기존의 대처능력을 회복하도록 원조	• 강의, 토론, 경험을 통한 교육	• 구성원의 잠재력, 인식, 통찰력의 발전	• 행동 변화 • 행동 변화 개입을 통한 교정, 재활, 대처, 문제해결	• 의사소통과 사회기술 향상 • 프로그램 활동, 구조화된 연습, 역할연습 등을 통한 대인관계 향상
지도력	• 감정이입적 이해와 상호원조의 촉진자	• 교사 및 집단 토의를 위한 구조 제공자	• 촉진자 및 역할 모델	• 접근법에 따라 전문가, 권위적 인물, 촉진자	• 집단 활동이나 프로그램의 진행자
초점	• 스트레스에 대처할 수 있는 능력 • 의사소통과 상호원조	• 개인학습에 초점 • 학습을 위한 집단의 구조화	• 접근법에 따라 구성원이나 집단에 초점 • 집단 경험을 통한 개별적 성장	• 개별 구성원의 문제, 관심, 목표에 초점	• 활동과 참여를 위한 도구로서의 집단
결속력	• 스트레스 경험에 대한 공유 • 낙인 경험에 대한 공유	• 학습, 기술 발전에 대한 공통된 관심	• 구성원 간의 공통된 목적 • 성장하기 위해 집단을 이용하려는 계약	• 개별 구성원의 목표와 공통된 목적 • 개별 구성원과 집단지도자, 집단, 타 구성원 간 관계	• 공통 활동, 계획 또는 상황
구성	• 생활 경험에 기초하여 다양함	• 교육이나 기술 수준의 유사성	• 성장과 발전을 향한 개인 구성원의 능력에 기초하여 다양함	• 다양하거나 유사한 문제나 관심을 가진 사람으로 구성	• 집단의 위치, 목적에 따라 다양하거나 동질적일 수 있음

의사소통	• 정보, 경험, 대처전략에 대한 많은 공유 • 감정적으로 강렬하고 빈번한 자기 표출	• 종종 지도자에서 구성원 중심으로 이루어짐 • 가끔 구성원 간의 토의 • 낮은 자기 표출	• 고도로 상호작용적임 • 구성원은 집단 내 의사소통에 책임을 짐 • 중간에서 높은 자기 표출	• 집단지도자에서 구성원 중심으로 또는 집단 구성원 간에 이루어짐 • 중간에서 높은 자기 표출	• 활동이나 비언어적 행동으로 나타남 • 낮은 정도에서 중간 정도의 자기 표출

출처: Toseland & Rivas (2009), pp. 21-22.

(1) 치료집단

치료집단(treatment groups)은 구성원의 사회정서적 욕구에 대한 만족을 증가시키려는 광범위한 목표가 있다. 이러한 집단과정의 성공은 구성원의 치료목표가 충족되었는지에 달려 있다. 높은 수준의 자기노출이 요구되고 의사소통이 공개적으로 이루어진다. 사회복지사는 구성원들이 적극적으로 상호작용할 수 있도록 격려한다. 구성원의 역할은 상호작용의 결과로서 결정될 수 있다. 구조화된 일정한 형식이 존재하면서도 상황에 따라 유연한 과정을 거치게 된다.

① 지지집단

지지집단(support group)은 상호원조를 통해서 장차 일어날 인생의 사건에 좀 더 효과적으로 적응하기 위한 대처기술을 향상시키고 미래에 대한 희망을 고취시킴으로써 구성원이 삶의 위기에 대처할 수 있도록 돕는 집단을 말한다. 사회복지사는 집단에 대한 직접적인 관여보다는 적절한 개인을 의뢰하도록 요청받거나 모임 장소 제공, 자료 복사 등의 간접적 원조를 제공한다. 예를 들어, 부모의 이혼으로 인한 영향을 논의하는 학령아동 모임, 암의 영향과 대처법을 논의하는 암환자 모임을 말한다.

② 교육집단

교육집단(educational group)은 구성원이 정보 또는 기술을 습득하는 데 목표를 둔다. 주로 자신이 되려는 무엇과 관련된 학습, 즉 청소년, 위탁부모 등의 일반적 특성을 학습하는 것에 공통적인 관심을 가지고 있다. 학습하고 강화하고 논의하는 과정에서 전문가의 관여가 필요하고, 자기노출 수준은 비교적 낮다. 일례로 가족계획기관의 지원으로 운영하는 청소년 성교육집단, 아동복지기관의 지원으로 운영하는 위탁가정부모 집단이 있다.

③ 성장집단

성장집단(growth group)은 사회정서적인 건강 증진을 강조하는 집단을 말한다. 행동, 감정, 사고를 인식하고 확장시키고 변화시켜 나가는 기회를 구성원에게 제공하여 구성원의 능력과 자의식을 높이는 것이다. 일례로, 부부 대상 참만남집단, 청소년 대상 가치명료화 집단이 있다.

④ 치료집단

치료집단(therapy group)은 구성원이 자신의 행동을 바꾸고 개인적 문제를 완화하거나 그에 대처하고 또는 사회적 또는 건강상의 외상 이후에 그들 스스로를 원상으로 복귀시킬 수 있도록 돕는 집단이다. 지지집단과 구별되는 점은 지지를 강조하면서 동시에 치료와 회복에 중점을 둔다는 것이다. 일례로, 마약중독 치료집단, 지역사회정신건강센터 외래환자를 위한 심리치료 집단이 있다.

⑤ 사회화집단

사회화집단(socialization group)은 사회에서 효과적으로 기능하도록 사회기술, 사회적으로 용인되는 행동을 학습하는 데 목적이 있다. 집단토론 형식보다는 게임, 역할연습과 같은 프로그램 활동에 참여하면서 대인관계 기술을 향상시키는 것을 강조한다. 집단은 활동과 참여를 위한 하나의 수단이고, 구성원의 참여가 중요하다. 사회화집단의 형태에는 일반적으로, ① 사회기술집단(social skills groups), ② 관리감독집단(governance groups), ③ 레크리에이션 집단(recreation groups)이 있다. 사회기술집단은 자기주장훈련 집단과 같이 기술 향상에 초점을 둔 집단이고, 관리감독집단은 그룹홈과 같은 생활기관의 거주자를 대상으로 사회기술을 향상시키기 위한 집단이다. 레크리에이션 집단은 스포츠, 캠핑과 같은 여가활동을 통해 사회기술을 향상시키는 데 목적이 있다. 일례로 정신병원의 외래환자를 위한 사교클럽이 있다.

(2) 과업집단

과업집단(task groups)은 문제에 대한 해결책을 찾고 새로운 아이디어를 만들어 내며 결정을 내리기 위해서 조직된다. 과업집단은 주로, ① 클라이언트 욕구를 충족시키는 것, ② 조직 욕구를 충족시키는 것, ③ 공동체(지역사회) 욕구를 충족시키는 것 등의 3가지 목적을 가진다(Toseland & Rivas, 2009). 클라이언트 욕구를 충족시키기 위한 과업집단은 주로 팀(teams), 치료회의(treatment conference), 직원발달(staff development) 집단을 말한다. 조직 욕구를 충족시키기 위한 과업집단은 위원회(committees), 고문단(cabinets), 이사회(board of directors) 등이고, 주로 공동체 욕구(community needs)를 충족시키기 위한 과업집단은 사회행동집단(social action groups), 제휴(coalitions), 대표회의(delegate councils) 등이다.

과업집단은 목표를 명확히 세우는 것이 중요하다. 집단 구성원은 목표 달성에 관심이 있고, 목표와 관련된 정보와 힘이 있어야 한다. 집단 안에서의 의사소통은 특정 과업에 관한 논의에 집중되고, 역할이 각 집단 구성원에게 할당된다. 과업집단의 전체적인 과정에는 일정과 규칙이 존재한다. 자기 공개성이 낮고 진행 과정은 은밀할 수도 있고 대중에 공개적일 수도 있다.

(3) 자조집단

자조집단(self-help groups)은 마약이나 암 또는 비만과 같은 공동 관심사나 공통 문제를 갖고 자발적으로 구성된 집단으로 공동 관심사나 문제에 대한 경험을 나누면서 관심사와 관련된 욕구를 충족시키거나 문제 상황에 대한 대처 능력을 향상시키도록 노력하는 상호원조 집단이다. 이러한 집단은 대개 가정폭력, 마약중독, 공격적 행동, 정신질환, 장애, 자녀의 죽음, 도박, 체중 조절, 성적 지향성의 문제, 에이즈 등과 같은 공유된 문제에 대한 상호 지지가 필요한 사람으로 구성된다.

자조집단은 집단 구성원의 주도하에 이끌어 가고, 사회복지사의 역할은 적극적이지 않고 제한적이다. 사회복지사는 물질적인 제공이나 다른 체계와의 연결을 도모하거나 정보, 지식, 자원을 알려 주는 자문 역할을 하고 자조집단을 형성하는 데 도움을 주는 정도다. 따라서 전문가의 도움보다는 집단 구성원의 경험에 기초하여 도움을 주고받는다. 자조집단이 강조하는 것은 대인 간 지지, 그리고 개개인이 자신의 삶을 책임질 수 있는 환경을 만들어 주는 것이다. 구성원 간에 도움을 주고받으면서 스스로에 대해 긍정적으로 느끼고, 자신의 삶에 대해 적극적으로 대처하고 통제하게 되는 것이다.

3. 집단의 치료적 요인과 집단역동성

1) 집단의 치료적 요인

집단사회복지실천이 보편적으로 활용되는 이유는 집단 자체가 갖는 고유한 장점, 즉 치료적 요인에 있다. 이 요인들은 궁극적인 변화를 위한 전제조건으로 인식된다. 따라서 사회복지사는 이러한 집단의 장점, 치료적 요인이 집단 내에서 발생하도록 촉진함으로써 긍정적인 변화와 연결되도록 도와야 한다.

Yalom(2005)은 집단 상호작용의 긍정적인 영향력이라 할 수 있는, 치료에 도움이 되는 11가지 요인을 임상집단 경험을 바탕으로 도출하였다. 집단의 특성에 따라 이들 각 요인의 중요도는 다르게 나타날 수 있다. 또한 집단 구성원도 각기 다른 치료적 요인에 의해서 도움을 받을 수 있다. 이러한 치료적 요인의 효과는 인지적 수준, 감정적 수준 혹은 행동의 변화로 나타나기도 한다.

(1) 희망의 고취(installation of hope)

집단 구성원은 집단 내에서 치료 효과를 경험한 사람들을 만나거나 회복과정을 지켜보면서 혹은 집단지도자가 이전에 자신과 동일한 문제를 극복한 사람이었음을 알게 되면서 희망을 갖게 된다. 집단지도자는 초기에는 집단의 효과를 강하게 설명함으로써 집단에 대한 긍정적 기대를 강화시키고, 부정적인 선입견을 제거하여 집단의 효용성에 대한 믿음과 확신을 증가시킴으로써 이 요인을 부각시킬 수 있다.

(2) 보편성(universality)

집단 구성원은 유독 자신만이 비참하다고 느끼고 극도의 사회적 고립감으로 자기만 힘들다는 고조된 느낌을 갖고 있다. 집단지도자는 모임의 초기에 집단 구성원이 상호 간 유사한 걱정을 공유하게 함으로써 서로에게 위안이 되게 할 수 있다. 이와 같은 과정에서 집단 구성원은 다른 사람도 똑같은 갈등을 지니고 있다는 것을 발견하고 안도감을 얻고 같은 배를 타고 있다는 느낌을 받게 된다.

(3) 정보 전달(imparting information)

집단지도자나 구성원이 제공하는 충고, 제안, 직접적 지도뿐만 아니라 정보제공이나 원인에 대한 이해, 대처방법에 관한 지침을 제공하거나 바람직한 생활양식을 권고하는 것을 말한다. 단, 충고의 형태는 직접적인 제안보다는 집단원이 의도하는 목적을 이루기 위한 다양한 대안을 제시하는 형식이 효과적일 수 있다.

(4) 이타주의(altruism)

집단에 참여하기를 제안받을 때 구성원들은 '나의 문제도 스스로 해결하기 어려운 상황에서 누구에게 도움이 될 수 있을까?', '다른 사람도 나와 같은 어려운 처지에 있는데 내가 그 사람들에게서 무엇을 얻을 수 있을까?'와 같은 의구심을 가질 수 있다. 그런데 집단 경험을 통해 집단 구성원은 집단에서 돌봄을 받고자 하는 사람들에게 자신도 책임을 다해야 한다는 이타주의를 경험하고 자신이 남에게 중요할 수 있다는 사실을 발견하면서 생기를 느끼고 자존감이 향상된다.

(5) 초기 가족의 교정적 재현(corrective recapitulation)

집단 구성원은 대부분 과거 또는 현재에 가족과 만족스럽지 못한 경험을 가지고 있는데 집단 경험을 통해서 예전의 부모, 형제와 상호작용했던 것처럼 지도자, 집단 구성원과 상호작용하면서 유사 가족을 경험한다. 이때 가족 내 미해결된 갈등이 재현되는데 지도자, 집단 구성원과 함께 문제를 다루어 나가게 된다.

(6) 사회화 기술(socializing technique)의 발달

사회적 학습은 집단의 특성에 따라 중요도가 다르게 나타날 수 있다. 집단은 사회기술을 배울 수 있는 안전한 공간이다. 집단 구성원은 자신도 모르게 사회적 관계에 손상을 주었던 습성을 깨닫고 바람직한 사회적 기술을 습득하게 된다.

(7) 모방행동(imitative behavior)

유사한 문제를 공유한 집단에서 집단 구성원은 서로가 문제에 대처하는 것을 지켜보면서 배울 뿐만 아니라 지도자의 여러 측면을 모방하게 된다.

(8) 대인관계 학습(interpersonal learning)

집단 경험은 흡사 축소된 사회를 경험하는 것이다. 구성원은 집단 안에서 다른 집단 구성원의 피드백과 자기 관찰을 통해 자신의 강점, 한계, 대인관계 왜곡, 타인에게서 원하지 않는 반응을 끌어내는 부적응적 행동 등 대인관계 행동의 중요한 측면을 인식하게 되고, 다른 사람과 지내는 새로운 방식을 시도해 보면서 점차 변화된다.

(9) 집단 응집력(group cohesiveness)

응집력이 높은 집단은 자기 개방, 위험의 감수, 집단 내의 갈등에 대한 건설적인 표현이 가능하며, 높은 집단 안정성을 보여 성공적인 치료를 촉진하기도 한다. 집단 응집력이 높다는 것은 집단 구성원의 변화에 대한 긍정적인 영향력도 높다는 것을 의미한다.

(10) 정화(catharsis)

감정을 표현하는 것은 반드시 긍정적인 변화로 연결되지는 않지만 강한 감정 표현은 긴밀한 상호 유대감을 발전시키기 때문에 치료효과에 필수적이다.

(11) 실존적 요인(existential factor)

집단 구성원은 자신들이 다른 구성원에게서 받을 수 있는 지도와 지지에는 한계가 있고 자신들의 삶을 영위하는 데 대한 궁극적 책임은 자신들만의 것이라는 점을 깨닫게 된다. 즉, 죽을 수밖에 없는 운명, 우리의 삶을 스스로 계획할 자유와 그에 대한 책임, 고립감, 의미가 없는 우주 속에 내던져진 불행에도 불구하고 삶의 의미를 찾아가는 것 등 실존적 삶의 현실을 알게 된다.

집단의 성패 여부는 이와 같은 집단의 치료적 요인이 얼마나 강도 높게, 얼마나 많은 구성원에 걸쳐서 나타나는지에 달려 있다. 사회복지사는 이러한 집단의 치료적 요인이 구성원의 긍정적인 변화로 연결될 수 있도록 '집단역동성'을 적절하게 활용해야 한다.

2) 집단역동성

집단역동성은 집단 역학과 동일한 용어로 사용된다. 집단역동성은 집단 구성원 간의 지속적인 상호작용을 통해 발생하는 전체 집단과 구성원에게 미치는 강한 영향력을 의미하는 것으로 구성원 개인의 힘 이상을 효력을 발휘한다. 이러한 집단역동성은 집단의 목적을 달성하고 치료적인 효과를 가져온다. 그러나 잘못 사용하게 되면 부정적 영향을 주기도 한다. 따라서 사회복지사는 집단역동성이 집단과 개별 구성원 그리고 집단의 발달 및 과정에 긍정적 영향을 미치도록 유도해야 한다.

집단역동성에 영향을 미치는 구성 요소에 대해서 학자마다 다르게 설명하는데, 여기서는 공통 요인으로서 응집력, 의사소통, 목적, 정서적 유대, 지위와 역할, 규범, 하위 집단, 긴장과 갈등을 중심으로 살펴본다.

(1) 응집력

응집력은 구성원이 집단에 대해 느끼는 매력, 구성원이 집단에 남아 있도록 작용하는 힘의 결과다. 따라서 응집력이 높은 집단은 구성원이 집단을 떠나지 않고 다른 구성원의 부재나 존재를 인식하고 배려한다. 집단 구성원이 집단에 대해 매력을 느끼면, 시간 엄수와 집단 출석률이 안정적이고 집단의 목표 달성과 관련된 책임감을 갖게 되며 집단에 대한 만족감을 표현하게 된다. 이러한 집단 응집력에 영향을 주는 요인은 집단 구성원의 집단활동 내용, 집단목표,

집단에 참여해야 할 필요, 리더십과 결정 과정, 분위기, 집단 크기, 집단의 성공 또는 실패, 집단목표를 향한 궤도의 선명도, 갈등 정도, 평가 조정의 내용과 시기가 있다.

사회복지사는 응집력을 높이기 위해 집단 초기에는 '우리'라는 용어를 사용하여 구성원이 서로 하나라고 생각하도록 돕고, 상호작용을 증진시키는 프로그램을 활용할 수 있다. 또한 구성원이 집단 내에서 성공적인 경험을 하도록 돕거나 혼자서는 취할 수 없는 보상을 얻도록 자원을 제공하는 방법도 있다. 그러나 집단의 종결 단계로 갈수록 점차 집단의 응집력을 낮추려고 노력해야 하는데, 이는 집단의 초점이 문제해결과 공통된 경험에서 집단 종결 과업으로 이동하기 때문이다.

(2) 의사소통

사회적 상호작용은 의사소통에 의해 이루어진다. 의사소통은 감정, 태도, 가치관, 정보 등을 다른 사람에게 보내고 전달받아 해석하는 사회적 과정이다. 집단 구성원은 언어적 · 비언어적 과정을 통해서 메시지를 전달하고 서로 영향을 주고받는다. 구성원이 서로 생각, 희망, 느낌, 사상 등을 어떠한 형태로 교환하는지에 따라 구성원 간의 관계가 달라지고, 결국 집단의 목적 달성에 중요한 영향을 미칠 수 있다.

따라서 사회복지사는 집단 구성원이 개방적이고 명확한 의사소통을 할 수 있도록 적극적으로 개입하고 지도해야 한다. 집단의 초기에는 바람직한 의사소통 방법을 교육함으로써 불필요한 갈등을 예방하고 응집력을 증가시킬 수 있다. 상황에 따라 의사소통의 양적인 증가를 촉구하기도 하고, 바람직한 형태의 의사소통을 하도록 직접 지도하거나 모델이 될 수도 있다. 개인에 대한 개입과는 달리, 집단에서의 바람직한 의사소통 형태는 집단 구성원–사회복지사 중심이 아닌 집단 구성원–집단 구성원 중심의 의사소통이다. 집단 초기에는 구성원이 사회복지사와의 일대일 의사소통 방식을 선호하나, 점차적으로 사회복지사는 집단 구성원 간의 의사소통이 활발히 이루어지도록 개입해야 한다.

(3) 목적

집단의 목적은 사회복지사가 규정한 목적과 구성원이 설정한 목적의 혼합물이다. 집단 구성원이 개인적으로 가지고 있는 목표는 상호작용을 통해 서로 혼합되어 집단목표로 발전되기도 한다. 그러나 개인의 목표는 집단의 목적과 일치할 수도 있고 불일치할 수도 있다. 집단 구성원의 만족이 높고 집단이 효율적이려면 구성원이 가지고 있는 개인목표가 집단목표와 조화를 이룰 수 있어야 한다. 구성원의 개인목표와 집단목표의 일치도가 높을 때 목표를 성취하려는 동기가 강해지기 때문이다.

따라서 사회복지사는 집단 구성원의 개인적 목표를 발견하고 명확하게 구체화하며 집단목표 간의 공통적인 부분을 찾을 수 있도록 도와야 한다. 또한 개인의 목표와 집단의 목적과의 일치 정도, 집단목적이 구성원의 힘을 동원할 수 있는 정도, 목적 달성 수단에 대한 갈등의 내용과 정도 등을 파악함으로써 집단의 목적 달성과 함께 개인적인 목표를 성취할 수 있도록 돕는다.

(4) 정서적 유대

집단 구성원 간 느끼는 매력 또는 반감과 같은 감정 상태는 집단 내 정서적 유대를 형성하는 데 영향을 준다. 집단 구성원은 상호작용하면서 타인과의 관계의 깊이와 형태 면에서 기대하는 바를 표현하기도 하고 선택하기도 한다. 경우에 따라 친밀한 관계를 원하거나 거리를 두고 싶어 할 수 있고, 집단에서 통솔하고 싶어 하거나 추종하기를 원할 수 있다. 상호작용을 통해 집단 구성원은 서로를 수용하기도 하고 거부하기도 하며 무관심한 반응을 보이기도 한다. 이와 같은 과정에서 상호 간 긍정적 반응은 개인이 집단에 수용되는 경향으로 나타난다. 수용 정도는 개인 혹은 다른 집단 구성원의 욕구와 특성 그리고 집단 분위기에 의해 결정된다. 수용되었다는 느낌은 타 집단 구성원과 위협 없이 지속적인 상호 교류를 하고 자기평가를 향상시키며 집단에 대한 동일시를 형성하도록 하기 때문에 모든 집단 구성원에게 필요하다.

사회복지사는 집단 구성원의 의사소통을 왜곡하는 인지를 교정하고, 서로에 대한 관심과 상호작용을 높이고, 긍정적인 가치와 규범을 동일시하여 수용되는 느낌을 갖게 함으로써 긍정적인 정서적 유대로 발전하도록 돕는다. 그리하여 집단 구성원이 자신의 느낌과 생각을 개방적으로 표현하도록 돕고 집단에 수용되지 못하는 부분은 교정하여 자기 성장과 변화를 이루도록 돕는다.

(5) 지위와 역할

지위는 집단의 조직체계에서 차지하는 위치를 말하며, 역할은 사회에서 일정한 지위를 가진 사람에게 기대되는 일련의 행동을 의미한다. 집단이 조직됨에 따라 구성원은 집단의 목적과 구조에 관련된 공적 지위를 갖게 되며, 이 지위는 특수한 기대를 수반한다. 역할기대는 집단뿐 아니라 역할을 수행하는 개인, 집단이 속한 사회환경의 기대와 요구 등의 영향을 받는다. 집단에서 공식적으로 인정하는 지위에 수반되는 역할에는 영향력을 행사할 수 있는 권위가 부여된다. 이와 같이 제도화된 역할과는 달리, 집단이 어떤 개인에게 특수한 기대를 하는 개인적 역할이 발달하기도 한다. 예를 들면, '익살꾼, 박사, 블랙홀' 같은 별명과 함께 부여되는 역할을 말한다. 이러한 역할은 집단 혹은 개인에게 건설적일 수도 있고 파괴적일 수도 있다. 구성원이 자신의 역할을 이해하도록 돕기 위해서 구성원 자신에게 그런 역할을 규정하게 된 이유와 배경을 파악하도록 한다. 그리고 각 구성원의 역할은 타 구성원과 사회복지사의 역할에 협조적인 형태가 되도록 한다.

(6) 규범

규범은 구성원이 공유하고 있는 명백한 기대 상황과 신념을 말한다. 집단이 중요하게 생각하는 것, 좋아하는 것, 원하는 것을 암시한다. 집단이 규범을 설정한다는 것은 집단이 어떤 특정한 태도나 행위 유형에 가치를 부여한다는 것이다. 예를 들어, 자신의 생각을 개방적으로 표현하는 것이나 집단활동에 적극적으로 개입하는 태도를 규범화하여 가치를 부여할 수 있다. 이와 같이 기대되는 규범을 인식하게 되면 규범이 집단활동에서 구성원의 반응에 영향을 끼치고, 그 결과 구성원에게 치료적 경험을 제공하게 된다. 반대로, 어떤 행동이 제재를 받는다는 사실을 인식하면 이를 피하며, 칭찬과 인정을 받는 다른 행동을 취함으로써 규범을 지키고 적응해 나가게 된다. 이와 같이 집단규범은 목표 달성의 효율적 수단이 된다.

사회복지사는 집단규범이 집단목표를 달성하는 분위기 조성에 영향을 미치도록 한다. 집단규범은 집단 구성원이 규정할 수도 있고 사회복지사에 의해서 제시될 수도 있다. 비자발적인 집단의 경우 초기에 사회복지사가 집단규범을 제시하기도 하는데, 일반적으로는 구성원의 의사결정과 선택에 의해 규범이 형성되고 수용되도록 돕는다. 규범은 명시적인 것과 암시적인 것이 있다. 암시적인 규범은 패턴화된 행동을 관찰함으로써 파악할 수 있다. 사회복지사는 집단을 사정하거나 집단과정을 파악할 때 집단규범과 관련하여 허용된 주제와 금기시되는 주제, 허용되는 정서적 표현, 문제해결에 대한 대응 패턴, 지도자에 대한 집단태도, 피드백에 대한 집단태도 등을 관찰한다. 그리하여 집단규범이 집단목표 달성에 긍정적 영향을 미치도록 조정·발전시켜야 한다.

(7) 하위 집단

집단 구성원이 상호 유사성, 상이성, 공통 속성, 공동 관심을 발견하게 되면 자연스럽게 하위 집단이 형성된다. 하위 집단은 전체 집단에 대해서 긍정적 또는 부정적 역할을 할 수 있다. 긍정적 역할로는 하위 집단이 전체 집단을 위한 안전망 역할을 할 수 있다. 규모가 큰 집단에서는 하위 집단이 응집력을 향상시키는 역할을 한다. 부정적 역할로는 둘 이상의 하위 집단이 서로 경쟁을 하고 분파가 형성되어 전체 응집력을 약화시키는 결과를 초래하기도 한다.

사회복지사는 먼저 하위 집단에 대해 수용적 태도를 가져야 한다. 하위 집단이 발견되면 자연적인 현상으로 받아들이고, 하위 집단이 전체 집단과 갈등관계인지 혹은 상호 협조관계인지를 파악한다. 결과적으로 하위 집단이 전체 집단에 유리하게 작용하도록 도움을 주는 것이 중요하다.

(8) 긴장과 갈등

집단에서 사회복지사가 주로 다루게 되는 갈등은 집단 내 구성원 간 갈등이다. 집단갈등은 구성원의 개인적인 갈등에서 발생할 수도 있지만 구성원의 목표, 가치, 규범, 구성원이 된 동기, 그들의 관심과 흥미에 있어서 차이로 인해 발생한다. 구체적인 갈등 상황은 집단과 공유되지 않은 사적인 목적이 있을 때, 집단에서 거론되는 여러 대안에 대한 의견이 다를 때, 대안의 장단점에 대한 생각이 각각 다를 때 등이다. 그러나 이러한 갈등이 허용되는 집단은 건강한 집단이다. 더구나 갈등은 더 좋은 결과로 이어질 수 있기 때문에 집단 내에서 항상 부정적 영향을 미치는 것은 아니다. 집단갈등이 성공적으로 해결될 경우, 갈등은 구성원의 참여도를 높이고 진정한 관계를 맺을 기회를 줄 수 있다. 구성원은 성공적인 갈등조정 과정을 통해 부정적인 감정을 표출하고 수용되는 경험을 할 수 있고, 그 결과로서 응집력이 향상되고 목표 달성에 도달할 수 있는 장점이 있다.

따라서 사회복지사는 구성원이 갈등을 회피하지 않고 성공적으로 조정할 수 있도록 도와야 한다. 갈등이 발생하면 우선 그 원인을 파악한다. 집단 구성원이 갈등의 이유를 분명히 알고 해결하도록 돕는 것은 결과적으로 구성원이 타인과의 갈등을 해결하는 방법을 배우게 하고, 긍정적 집단 경험을 유지하게 한다. 갈등의 원인이 생각이나 이슈의 차이에서 발생한 경우에는 합리적인 토론을 통해 합의할 수 있는 분위기를 형성하되, 차이를 좁히지 못해 결정에 이르기 어려운 상황이라면 기본적인 불일치가 문제가 될 수 있으므로 구성원이 기본 목표에 동의하는지를 확인해 본다. 이와는 달리 갈등의 원인이 정서적 관계에 있어 타인의 의견을 무시하거나 상처를 주는 의사소통이 있다면 사회복지사는 개입의 초점을 대인관계에 두고 합의를 반대하는 힘을 감소시키거나 철회하도록 할 수 있다.

4. 집단사회복지실천 지도력: 프로그램 계획과 공동지도력

1) 집단사회복지실천과 프로그램 계획

집단사회복지실천 시 사회복지사는 '집단'을 구성하여 계획된 프로그램을 적용하게 되는데 성공적인 집단 운영을 위해서 적합한 '프로그램 계획'이 필수적이다.

집단사회복지실천가는 집단의 목적을 달성하기 위해서 필요한 활동을 체계적인 프로그램 형식으로 계획한다. 계획된 프로그램은 집단의 목적을 성취하는 도구로 활용된다. 사회복지사가 약물남용 청소년의 문제행동을 감소시키기 위해 집단사회복지실천을 활용할 때 프로그램은 약물의 유해성에 관한 교육, 행동치료, 바람직한 행동 형성 등과 같은 내용으로 계획할 수 있다. 집단 프로그램 구성은 구성원 간에 자기를 소개하는 단순한 프로그램에서 특수한 정서문제에 깊이 개입하는 전문적이고 치료적인 프로그램까지 다양하다.

프로그램의 내용을 결정하기 전에 연령, 성별, 기능, 교육 수준, 문화, 흥미, 관심도 등 집단 구성원의 특성 및 욕구가 파악되어야 한다. 뿐만 아니라 집단의 프로그램 활동에 요구되는 기술과 능력의 정도, 활동을 자극하는 경쟁 정도, 활동에 의해 요구되는 신체적 활동의 정도와 신체적 접촉의 양, 활동 수행 중 이루어지는 구성원 간의 상호작용 정도, 활동에 따르는 규칙의 정도, 벌칙 및 보상과 같은 요인을 고려하여 프로그램을 계획한다.

만약 기존의 효과가 검증된 프로그램을 사용하는 경우라면 민감한 주의가 필요하다. 사회복지사가 적용하려는 대상이 기존의 프로그램 대상과 연령별, 성별, 문제의 심각성 등에서 상이한 경우, 이들의 활동량, 관심사, 집중력, 증상 등 다른 특성을 보인다는 점을 감안하여 프로그램을 적합한 형태로 변경해야 한다. 청소년을 대상으로 효과가 입증된 프로그램은 아동, 성인, 노인에게 적용하는 것이 적합하지 않을 수 있다. 또한, 음주문제 집단을 대상으로 한 기존 프로그램을 적용할 때도 집단 구성원의 음주문제의 정도, 연령, 교육 수준 등을 고려하여 세부적인 내용과 수준을 재구성할 필요가 있다.

2) 공동지도력

공동지도력은 두 명 이상의 사회복지사(또는 전문가)가 집단지도력을 갖는 것을 말한다. 공동지도력에는 장점과 단점이 있다. 장점은 두 명의 사회복지사 또는 전문가가 상호 보완적인 역할을 담당하게 되고 인지적 관찰 범위가 더 넓어진다는 점이다. 배우는 입장에 있는 초심자에게 공동지도자, 슈퍼바이저의 참여는 전문적 · 개인적 성장이 이루어지기 때문에 특별히 더욱 유익하다. 그러나 공동지도자 간 역할이 모호하거나 그들이 대립관계에 있을 때는 오히려 집단의 운영에 방해가 될 수 있다. 따라서 사회복지사는 공동지도력을 활용할 때 사전에 장단점을 반드시 고려해야 한다(〈표 11-2〉 참조).

표 11-2 공동지도력의 장단점

장점	단점
• 지도자의 소진을 예방할 수 있다. • 한 지도자는 과업목표에 치중하고 다른 한 지도자는 사회정서적 문제에 집중하는 식으로 역할 분담이 가능하다. • 한 지도자가 집단에 참석하지 못할 때 다른 지도자가 집단을 지도할 수 있다. • 화합에서 한 지도자가 정서적으로 격앙된 경우에 공동지도자와 함께 이런 정서적 문제에 관해 탐색해 볼 수 있다. • 공동지도자가 참석해 있으므로 역전이를 어느 정도 방지할 수 있다. • 다른 관점에서 상호작용을 볼 수 있으므로 상호 피드백을 통해서 전문적 성장을 가져올 수 있다. • 초심자의 훈련에 가장 효과적인 방법이 될 수 있다. • 갈등이 생겼을 때 구성원에게 적절한 갈등 해결방법을 보여 줄 모델이 될 수 있다.	• 공동지도자 간에 화합을 할 수 없게 되며, 호흡의 일치가 안 되며, 서로 다른 목적을 추구하게 되어 집단이 양극화된다. • 공동지도자 사이에 권력 다툼, 갈등, 경쟁관계가 발생할 수 있다. • 신뢰나 존경에 근거한 관계가 아닌 경우, 상대방의 유능함이나 개입방법을 인정하지 않고 자신의 입장만을 고수한다. • 한 지도자가 다른 지도자에 대항하여 구성원과 결탁할 수 있다. • 절친한 지도자들인 경우에는 자신들의 개인적 문제를 해결하기 위하여 집단을 이용할 수 있다. • 비용이 많이 든다.

출처: 김종옥, 권중돈(1993).

제12장

집단사회복지실천기술

집단은 구성원 간의 상호 유기적 · 역동적 관계를 통해 성장 · 발전하고 쇠퇴하는 하나의 체계다. 어떤 집단이든 발달 과정에서 일정 단계를 거치게 되므로 집단을 효과적으로 운영하기 위해서는 사전에 집단발달 단계에 대한 이해를 통해 파악된 단계에 따라 적합한 개입을 하고 집단의 미래를 예측하면서 이끌어 갈 수 있어야 한다. 그러나 집단의 발달 과정은 집단에 적용하는 이론적 방향이나 집단의 목적, 구성원에 따라 차이가 있기 때문에 명확하게 단계를 구별하기는 어렵다. 집단발달 단계에 대해 각 학자마다 조금씩 다르게 구분하고 있는데, 이 장에서는 집단을 준비 단계, 시작 및 사정 단계, 중간 단계, 종결 단계로 구분하여 단계별로 사회복지사의 개입 과정을 살펴보고자 한다. 〈표 12-1〉은 이 장에서 다룰 집단의 발달 단계별 사회복지사의 과업을 정리한 것이다.

표 12-1 집단의 발달 단계별 특징과 사회복지사의 과업

단계	집단의 특성	사회복지사의 과업
준비	-	• 집단 활동계획서 작성 • 기관장, 관련 체계의 승인 획득 • 집단 참여자 홍보 · 모집 • 집단 구성 • 개별적인 사전면담
시작 및 사정	• 불안감 높음, 신뢰감 수준 낮음 • 사회복지사–구성원의 일방적 소통방식이 강함 • 비자발적 집단의 경우 강한 저항을 보임	• 집단의 구조화: 집단의 목적, 모임 시간, 장소, 활동 내용, 사회복지사의 역할 소개 • 집단 구성원 소개 • 신뢰할 수 있는 분위기 조성 • 집단 구성원 간의 상호작용 촉진, 자기표현 촉진 • 개별 구성원, 집단 전체, 집단의 환경 사정
중간	• 표출된 갈등과 저항감 해결 • 집단 구성원 간의 진지한 직면 • 높은 신뢰감과 응집력 • 원활한 자기 개방과 피드백 교환 • 개인차 존중 • 집단규칙의 적극적 실천 • 적극적 집단참여 • 회기 간의 지속성 • 실천 가능한 과제 부여	• 응집력 촉진 • 구성원 상호 간 원활한 피드백 교환 지지 • 모델 역할 수행 • 적극적인 변화 시도 지지 • 갈등과 저항 등 문제 상황에 개입 • 사회복지기관의 더 많은 지지 획득 • 기관 간의 상호 연계망 구축 • 집단을 통한 문제해결에 대해 지역사회 인식 고양
종결	• 양가감정(성취감, 상실감) 느낌 • 집단활동에 대한 소극적 참여	• 집단의 경험 강화 • 강한 정서 다룸 • 미해결된 과제 다룸 • 추후 일정 논의 • 집단 경험 평가

1. 준비 단계

준비 단계의 과업은 집단의 성과와 직접적인 연관이 있기 때문에 집단을 체계적으로 계획하고 준비하는 것이 매우 중요하다. 우선, 집단 운영에 관해 일정한 형식에 따라 문서화한 집단계획서를 작성해야 하고, 기관장 및 관련 체계의 승인이 있어야 한다. 집단계획서에는 집단을 구성하고자 하는 목적, 목표를 달성하기 위한 제반 절차와 전략, 잠재적 구성원의 모집 과정, 집단의 구성, 집단의 지속 기간과 회합의 빈도, 집단의 활동 내용, 물리적 환경 등이 명확하게 진술되어야 한다. 작성된 집단계획서는 기관 내부 및 외부의 지지를 확보하는 데 활용될 수 있다. 기관 내부의 기관장, 동료 사회복지사의 지지를 확보함은 물론 집단 운영과 관련된 체계, 일례로 후원처, 학부모, 지역사회기관, 보호관찰소, 학교 등의 지지를 획득하는 것이 중요하다.

표 12-2 집단계획서 작성 시 고려 사항

항목	고려 사항
집단의 필요성과 목적	• 현시점에서 집단이 필요한 이유는 무엇인가? • 집단의 목적, 세부 목표는 무엇인가?
집단의 활동	• 세부 목표 달성을 위한 활동 내용은 무엇인가?
집단의 구성	• 누구를 대상으로 하는가? • 선별 절차 방법은 무엇인가? • 여성, 남성의 구성비율은 어떻게 할 것인가? • 집단 구성원의 연령 제한이나 특성은 무엇인가?
집단의 유형	• 개방집단인가 또는 폐쇄집단인가? • 단독 운영인가 또는 공동지도자를 참여시킬 것인가? • 집단의 유형이 상담, 성장, 교육, 치료, 과업 등 어떤 특성을 갖는가? • 구조화, 비구조화, 반구조화 중 어떤 특성을 갖는가?

집단의 선발방법 및 홍보	• 개별면접 또는 집단면접을 통해서 선발하는가? 또는 질문지를 활용할 것인가? 다른 전문가나 기관의 의뢰를 수용할 것인가? • 어떤 방법으로 잠재적 집단 구성원에게 알리고 관심을 유발할 것인가? • 자발적 집단인가 또는 비자발적 집단인가?
집단의 크기	• 집단의 규모는 어떠한가?
집단의 일정	• 총 몇 회기로 계획할 것인가? • 얼마나 자주 모일 것인가? • 한 회기의 소요시간은 얼마인가? • 집단 회기의 시간대는 어떠한가?
모임 장소	• 집단 모임은 어떤 환경이나 조건을 갖춘 공간에서 할 것인가?
공동지도자의 유무	• 공동지도자를 참여시킬 것인가?

1) 집단의 필요성과 목적/활동

사회복지사는 집단의 필요성과 목적을 명확하게 설정하고 그 목적을 달성하기 위해 자신의 전문적 능력을 활용해야 한다. 목적이 없으면 집단 구성원의 흥미가 결여되고 방향감을 상실하여 집단이 와해될 수 있다. 집단의 목적은 클라이언트의 욕구가 드러남에 따라 후원기관이나 사회복지사가 그에 부응하기 위해서 집단을 결성하기로 결정할 때 어느 정도 정해진다. 집단의 목적이 설정되면 집단이 어떤 방법으로 목적을 달성할 것인가에 대한 구체적인 집단활동을 정한다. 예를 들어, 취직률을 높이는 목적을 달성하기 위한 실직자집단의 활동으로는 실직의 좌절감 극복 활동, 자신의 적성 파악, 관심 있는 취업기관 파악, 취업 관련 주변 자원 발굴, 이력서 작성 요령, 면접 연습 등이 있을 수 있다.

2) 집단 구성원 모집 및 홍보

집단 구성원은 기관 내부, 다른 조직 또는 지역사회에서 모집할 수 있다. 기관 내부로부터의 구성원 모집이 부족한 경우나 집단 구성원이 의무적으로 참여해야 하는 비자발적인 경우에는 유관기관에 의뢰를 요청할 수 있다. 이때 유관기관에 집단의 특성과 잠재적 구성원의 요건 등을 분명하게 설명해야 한다. 잠재적 구성원에게 접근하는 방법은 직접적인 접촉, 안내문 게시, 대중매체를 통한 홍보, 인쇄물 배포 등이다.

사회복지사는 집단에 관심을 보이는 잠재적 구성원 중 집단을 통해 도움을 받을 수 있는 자를 선발해야 하는데, 중요한 결정 요인은 잠재적 구성원이 집단의 직면한 과제, 관심사를 공유하는지의 여부다. 또한 잠재적 구성원의 사회정서적 능력과 현실검증 능력, 의사소통 능력, 인식능력, 타인과의 감정공유 능력 등을 고려해야 한다. 왜냐하면 이것은 집단 구성원이 집단으로부터 도움을 받을 수 있는 정도에 영향을 미치기 때문이다.

3) 집단의 구성

집단 구성 시 다음과 같은 특성에 유의하여야 한다.

(1) 집단 구성원의 동질성과 이질성

집단이 유지되기 위해서는 동질성과 이질성의 균형이 필요하다. 동질적인 집단은 집단 구성원의 성별, 연령, 인종, 민족, 종교, 성장환경, 출신지역, 교육수준, 사회경제적 지위, 직업 등이 유사한 사람으로 구성된 집단을 말한다. 반면, 이질적 집단은 구성원의 특성과 배경이 다른 사람들로 구성된 집단이다. 집단이 너무 동질적이면 서로 잘 이해할 수는 있으나 서로 자극이 되거나 반론 제기가 없어 현실 검증의 기회가 줄어들 수 있다. 그러나 너무 이질적이면 문제 표출과 유대감 형성 시간이 길고, 서로 공감대 형성이 어려워 초기에 많은 방어와 저항이 발생하고 집단 유지가 어려울 수 있다.

따라서 동질성과 이질성의 균형을 적절히 유지할 수 있도록 집단을 구성해야 한다. 집단의 목적, 개인적 특성 면에서 동질성을 유지하면 관계 증진과 결속력 증진에 도움이 되며, 인생 경험, 전문적 기술 수준, 대처 유형 면에서 이질성을 유지하면 광범위한 관점과 견해를 제공하여 문제해결에 도움이 될 수 있다.

(2) 집단의 크기

집단의 크기는 구성원의 연령과 기능 수준, 집단상담의 경험, 집단의 유형 그리고 구성원의 문제와 관심사 및 목적에 따라 달라질 수 있다(Tillitski, 1990). 예를 들어, 집단의 연령이 낮을수록 작은 규모가 적절하다. 그리고 과업집단에 비해 치료집단의 경우 집단의 규모가 작다. 집단의 크기가 너무 크면, 개별적인 관심도는 낮아지고, 상호작용의 기회가 불충분하며, 공식적인 구조와 공식적인 지도 유형에 대한 요구가 높아진다. 반면, 집단의 규모가 너무 작으면, 집단의 다양성, 활력, 동료와의 친교를 위한 자원을 충분히 제공할 수 없고, 참여와 친밀성에 대한 압박감을 줄 수 있다.

(3) 집단의 유형

집단의 대표적인 유형에는 지지, 교육, 성장, 치료, 사회화집단 등의 치료집단과 과업집단, 자조집단 등이 있다. 이러한 유형은 집단 구성원이 집단에서 얻고자 하는 것에 적합하도록 결정된다. 상세한 내용은 제11장 2절 중 '2) 집단의 유형'에서 다루었다.

또한 집단을 폐쇄적으로 운영할지 또는 개방적으로 운영할지를 결정해야 한다. 폐쇄집단은 집단이 시작될 때부터 끝날 때까지 같은 구성원으로 유지된다. 폐쇄집단의 장점은 제한적 구성원 자격과 집단의 연속성이 있어 신뢰와 자기 표출에 어려움이 적고 구성원 간에 응집력이 강하다는 것이다. 폐쇄집단의 단점은 구성원이 줄어들면 대체할 방법이 없으므로 계속적인 운영이 불가능할 수 있다는 것이다. 반대로, 개방집단은 새로운 구성원을 언제든지 받아들이는 집단 유형을 말한다. 개방집단의 장점은 클라이언트가 원할 때 집단에 참여할 수 있어서 당장 도움이 필요한 사람들에게 유용하며, 새로운 구성원의 아이디어나 자원을 활용할 수 있어서 집단이 시너지 효과를 얻는다는 것이다. 그러나 개방집단은 집단의 응집력, 역동성에 지속적인 변화를 가져와 집단 흐름의 안정성을 방해할 수 있다.

그리고 집단의 준비 단계에서 구성원의 특성과 목적을 고려하여 집단을 구조화할지 그렇지 않은 상태에서 운영할지를 결정해야 한다. 구조화된 집단은 회기별로 도입, 중간, 종결 과정에서 어떤 과업이 진행될 것인지가 결정되어 있어 정해진 순서에 따라 진행하는 집단을 말한다. 구조화된 집단은 효과성과 효율성을 향상시킬 수 있지만, 한편으로는 클라이언트의 개별적인 욕구, 관심사, 진행 상황을 무시하거나 충분한 배려와 탐색을 제공하지 못하는 단점이 있다.

4) 집단의 일정

집단을 얼마 동안 지속할 것인지, 총 회기 수와 모임의 빈도는 어떻게 결정할 것인지, 각 집단 회기의 길이는 어느 정도로 결정할 것인지에 대해서 고려해야 한다.

먼저, 지속기간에 있어서 집단의 지속기간과 효과 간의 관계에 대해서는 일치된 의견은 없으나 시간을 제한하는 집단은 정해진 기간 내에 목표를 달성하기 위해 노력하므로 생산적이라는 장점이 있다. 몇 회기로 할 것인지의 지속기간은 클라이언트의 상황, 기관의 환경, 집단의 목적에 따라 다를 수 있다. 대개 총 모임 수는 4~10회를 정하여 전체 기간을 1~3개월로 정하는 경우가 대부분이다. 보편적으로 모임의 빈도는 주당 1~2회이고, 평균적인 집단 모임의 시간은 1~2시간이다. 아동은 성인에 비해 집단 1회기 소요 시간이 짧은데, 보통 1시간보다 짧으면 충분한 의견 교환이 어렵고 2시간 이상이 되면 효율성이 떨어진다.

5) 물리적 환경

집단의 모임 장소를 결정할 때 조용하고 안정된 공간인지, 집단 구성원 수에 적당한 규모인지, 좌석이 안락하고 정돈된 상태로 배치되어 있는지를 고려해야 한다.

사회복지사는 모임 장소를 외부인의 출입이 불허되는 공간으로 정하고 외부의 소음이 차단되고 방음장치가 되어 비밀성이 유지되도록 한다. 적당한 채광과 온도가 유지되도록 하고 적당한 크기의 탁자를 두어 편안함을 주도록 한다. 인원수에 적절한 공간 크기를 정하여 상호 간의 친밀도, 집중도에 긍정적인 영향을 주도록 한다.

6) 공동지도자의 유무

앞서 살펴보았던 공동지도자의 장단점을 고려하여 공동지도자를 신중히 결정하여야 한다. 공동지도자가 함께 집단 운영에 참여하게 되면 사회복지사가 집단과정에서 미처 파악하지 못한 부분을 공동진행자가 파악해 줄 수 있다. 뿐만 아니라 주 지도자와 공동지도자의 관점이 공유되어 협력관계가 형성되면 집단 운영에 많은 혜택을 제공할 수 있다. 협력관계 형성을 위해 자주 집단 운영에 관해 대화를 나누어야 한다. 그리하여 공동지도자 간 경쟁이 발생하는 것을 예방하고 의견의 불일치, 불신, 특정 구성원 옹호, 엇갈린 목표 등을 예방해야 한다.

지금까지 살펴보았듯이, 집단의 준비 단계에는 집단계획서 작성과 함께 사전에 다양한 고려 사항을 필수적으로 점검해야 한다. 또한 집단을 운영하는 사회복지사로서 자신을 준비해야 한다. 먼저, 집단 경험을 통해 의미 있는 변화가 일어날 수 있는 확신을 가지고 임해야 한다. 그리고 개별적인 개입과 마찬가지로 관심과 수용, 성실성, 공감능력을 갖추어야 한다. 뿐만 아니라 전체로서의 집단의 역동을 파악할 수 있도록 집단 관련 지식과 통찰력, 풍부한 경험을 가져야 한다. 집단의 성장, 치료를 이끌어 냄은 물론 집단에서 발생하는 클라이언트의 도전, 분노, 좌절을 수용하고 다룰 수 있어야 한다. 집단을 진행하는 과정에서 구성원 중 선호하는 사람과 그렇지 않은 사람이 구분되는데, 사회복지사의 충분한 경험과 자기 인식이 축적되면 점차 선호와 비선호의 구분이 없어진다. 그러나 부정적인 느낌이 강하거나 관심이 없는 경우 다른 사회복지사에게 의뢰할 수 있다.

사전에 실시되는 개별면담은 집단 운영에 유용하다. 특히, 치료적 개입이 중요한 집단을 운영할 때는 반드시 사전면담을 실시하여 구성원의 참여 적합성을 검토해야 한다. 사전면담에서는 다음과 같은 몇 가지를 다루게 된다. 첫째, 집단의 회기, 주제 등 개요를 설명하고 집단에 대한 오해를 다룬다. 일례로 수강명령 청소년 대상 집단에서는 구성원이 집단참여가 처벌 과정을 의미한다고 오해할 수 있으므로 집단에 대한 잘못된 이해를 다룬다. 둘째, 집단참여로부터 얻는 효과에 대해 설명하면서 집단참여의 목표를 선택하도록 돕는다. 그리고 집단참여에 대한 비현실적인 기대를 다룬다. 집단으로부터 소외되거나 비판당하고 비웃음거리가 될지 모른다는 두려움을 가지고 있는지 점검한다. 셋째, 집단에 참여하는 데 불편한 장해물, 즉 자녀를 돌보는 일, 직장 퇴근시간과 같은 것을 미리 점검한다. 넷째, 집단에 대한 적극적인 참여와 비밀보장을 당부하면서 클라이언트에게 기대되는 행동을 설명한다. 조기 탈락을 예방하고 출석에 관해 계약할 수 있다.

2. 시작 및 사정 단계

집단의 첫 회기는 다른 회기에 비해 사회복지사에게 부담이 되는 시간이다. 구성원도 참여하면서 불안과 긴장을 느끼고 지속적으로 집단을 테스트하게 된다. 집단이 얼마나 안전한지, 어떤 구성원을 좋아하고 싫어하며 얼마나 믿을 수 있는지 그리고 얼마만큼 자기를 드러내고 얼마나 적극적으로 참여할 것인지를 결정한다.

시작 단계에서 사회복지사의 중요한 과업은 공감적 이해, 수용, 존중 등을 통해 구성원과 신뢰관계를 형성하는 것이다. 사회복지사는 구성원이 느끼는 정서적 내용을 민감하게 알아차리고 바람직한 구성원의 역할을 지적해 줌으로써 허용적인 집단 분위기와 심리적인 안정감을 갖도록 할 수 있다. 이를 위해서 사회복지사는 복장에서도 편안한 분위기를 연출하도록 한다. 그리고 공개적인 태도를 취한 구성원에게 "어려운 이야기를 솔직하게 말해 주어 감사합니다. 우리도 ○○○처럼 솔직하게 마음속의 이야기를 나누는 귀중한 시간을 갖길 바랍니다."와 같은 표현을 사용하면 좋다.

또 하나의 과업은 집단 구성원이 서로 소개하고 인사를 나누도록 하고, 집단의 목적과 방향 그리고 기본 규칙에 대해 안내하는 것이다. 이 과정에서 사회복지사는 중·후반 단계보다는 적극적인 개입을 하게 된다. 시작 단계에는 집단 구성원 간의 상호작용보다는 사회복지사와 집단 구성원 간의 상호작용 비중이 상대적으로 높아 구성원의 질문에 사회복지사가 답을 하는 방식으로 일방형의 대화가 진행되는 경향이 있다.

1) 집단의 구조화

집단을 구조화한다는 것은 집단과정을 촉진하기 위해 틀 또는 뼈대를 세우는 작업으로 집단의 목적과 기본 규칙 및 과정에 관해 소개하는 활동을 말한다. 집단의 첫 회기에 집단 구성원은 일반적으로 궁금한 점이 많다. 집단의 목적, 모임 시간, 장소, 활동 내용, 사회복지사의 역할 등에 대해 알고 싶어 한다. 집단 초기에 발생하는 구성원의 궁금증과 막연한 불안을 해소하기 위해 사회복지사는 집단을 구조화한다.

먼저, 집단목적을 설명한다. 집단의 목적은 부정적인 측면보다는 긍정적인 측면을 강조한다. 추상적이고 포괄적인 수준의 공동 목표가 있지만 구체적인 개인적 목표도 설정되어야 한다. 예를 들어, 공동 목표는 학교 적응력 향상인데 개인 목표는 각자의 학교 부적응 행동의 감소와 관련된 것이 된다. 첫 회기에는 이와 같이 집단 전체의 목표와 구성원의 집단참여 목표를 구체화하는 것이 필요하다.

다음으로, 집단 운영 방식에 대해서 소개한다. 일례로, 집단 모임 시간배분, 장소, 어떤 형태의 집단활동이 요구될지에 대해 설명하는 것이다. 집단활동은 사전에 계획되기도 하지만 구성원의 특성과 집단의 목적을 고려하고 개별적인 욕구와 관심사를 반영하여 탄력적으로 진행된다.

그리고 집단의 규칙, 즉 의사소통 관련 규칙, 비밀보장, 음주 · 흡연 금지, 참여 태도, 시간엄수와 관련된 부분을 당부한다. 집단규칙은 〈표 12-3〉과 같이

표 12-3 집단규칙의 예시

- 집단에 결석하지 않고 시간을 엄수한다.
- 서로 솔직한 의사소통을 교환한다.
- 다른 사람의 의견을 존중하고 경청하며, 비웃거나 비난하지 않는다.
- 다른 사람의 도움을 받기도 하고 주기도 한다.
- 집단활동에 적극적인 태도로 참여한다.
- 집단에서 주어진 과제를 성실히 이행한다.
- 집단에 참여하는 과정에서 술이나 담배, 유해한 약물을 복용하지 않는다.
- 집단이 진행되는 시간에는 휴대전화를 지참하지 않거나 꺼 놓는다.

사회복지사가 기본적인 규칙을 제시하기도 하지만 구성원과 기준을 논의하여 규칙을 정하기도 한다.

더불어, 사회복지사는 자신의 역할을 구성원에게 소개함으로써 구성원이 사회복지사에게 기대할 수 있는 것이 무엇인지 명확히 한다. 이와 같은 집단의 구조화는 간결하게 진행하여 집단원이 지루함을 느끼지 않도록 한다.

2) 집단 구성원의 소개와 참여 목적 확인

첫 회기의 소개 과정은 구성원 간 상호 관심사와 흥미를 공유할 뿐 아니라 신뢰관계를 형성시키게 된다. 사회복지사는 〈표 12-4〉와 같이 구성원의 생활사, 어려움, 관심사, 집단에 대한 기대, 감정, 집단목적과 관련된 정보를 공유함으로써 그들 간의 공통점을 찾도록 도울 수 있다. 그리고 집단활동에 대한 동기를 유발하기 위해 집단에 참여하는 목적과 기대하는 바에 대해 표현할 기회를 제공해야 한다.

이때 사회복지사는 먼저 자신을 소개하여 구성원이 바람직한 소개 방식을 모방하도록 한다. 소개 방식은 집단의 목적, 구성원의 연령에 적합한 것으로 선택하되, 상호 간 관심을 유발하고 상호작용을 촉진하는 방법을 적용한다. 그리고 자기소개와 함께 혹은 자기소개 후에 '집단참여 목적'을 표현하도록 유도하는 방식이 있다. 집단의 목적에 부합하는 기대를 갖고 있는 경우에는 사회

표 12-4 인터뷰 소개 방식 예시

사회복지사: 지금까지 집단의 목적과 규정에 대해 설명드렸습니다. 이제 둘씩 짝을 지어 서로 소개하는 시간을 갖겠습니다. 한 사람은 인터뷰를 진행하는 사람이고, 다른 한 사람은 인터뷰 대상자가 되는 것입니다. 두 명이 역할을 바꿔 가면서 각 질문(자기소개, 참여 동기, 목적)에 따른 인터뷰를 진행하고, 자신이 인터뷰한 사람을 집단에 소개해 주시면 됩니다.

복지사가 적극적으로 강화하고 비현실적인 기대에 대해서는 즉각적으로 개입하여 적절하고 명료한 기대를 갖도록 돕는다.

3) 신뢰 있는 분위기 조성

집단 초기에는 구성원이 보편적으로 수동적인 태도를 취하고 타인이 먼저 말을 걸어오기를 기대할 수 있다. 집단 분위기를 더욱 안전하고 편안하며 신뢰 있게 조성하기 위해서 사회복지사는 먼저 자기 개방에 대한 시범을 보일 수 있다. '지금 여기'에 초점을 두고 현재 어떤 경험을 하고 있는지를 적극 표현하는 것이다. 일례로, 사회복지사가 첫 회기에 느끼는 긴장감을 솔직하게 표현한다. 그리고 구성원의 부정적인 측면보다는 강점에 초점을 둠으로써 자기표현과 수용을 위한 자신감을 심어 주는 것이 신뢰 있는 분위기 형성에 도움이 된다.

4) 자기표현 및 참여 촉진

집단 구성원 간에 사고와 감정을 분명하게 표현하는 것은 자신에 대한 이해의 폭을 넓게 하여 자기 성장의 발판이 될 수도 있고 감정의 정화를 통해 치료적인 효과를 얻을 수도 있다. 사회복지사는 집단 구성원이 어떻게 생각하고 느끼는지를 구체적으로 명확히 표현하도록 시범을 보여 줌으로써 모방할 수 있게 한다. 이러한 자기 개방은 개인의 모든 것을 드러내는 것이 아니라 현재의 관심사를 표현하는 것이다. 신뢰감이 형성되기 이전에 자기 개방이 요구되면 막연한 두려움이 발생할 수 있으므로 적절한 수준의 자기 개방을 유도해야 한다. 즉, 모임에서 각 개인의 사적인 이야기가 다루어질 것이며, 자기 개방의 수준은 각자의 결정에 달려 있고 마음의 준비가 되었을 때 점차 확대하면 된다고 말해 준다.

사회복지사는 가급적 모든 구성원이 집단에 기여할 수 있도록 기회를 제공하며, 집단 첫 회기에 한마디도 못하는 사람이 없도록 한다. 또한 사회복지사는 집단에 대한 적극적 참여를 독려하기 위해 초기에 개인적 목표를 확인하도록 돕고 집단 구성원에게 개인적 목표 달성을 위해서는 적극적인 참여가 필수적임을 주지시켜야 한다. 참여를 촉진하기 위한 방법으로는 질문보다는 자기개방과 피드백의 형식으로 이야기하도록 한다. 또한 참여하는 행동에 대해 긍정적인 강화를 제공한다. 이때 사회복지사가 자주 하는 2가지 실수가 있다. 첫째, 구성원의 질문을 사소하고 하찮은 것으로 여겨 성의 없이 답변하거나 그냥 지나치는 경우다. 사회복지사는 구성원이 궁금해할 만한 질문을 중심으로 성의 있고 간결하게 답변해 주어야 한다. 둘째, 특정 집단 구성원에게 한정된 사안에 대해 압도되어 오랜 시간을 할애하는 것이다. 이 경우에는 개인적인 질문은 회기 종결 후에 하도록 유도하여 발언의 기회가 편중되지 않도록 한다.

5) 초기 문제행동에 대한 대처

집단 구성원이 의무적으로 참여해야 하는 비자발적인 상황의 경우, 사회복지사는 집단 구성원의 저항적인 태도에 대비해야 한다. 집단 구성원의 이야기를 경청하고 감정과 생각을 이해해 주어 집단 구성원이 자신의 의견이 존중되는 경험을 하게 함으로써 그들의 저항적인 태도를 낮출 수 있다. 만약 가정폭력행위자 집단을 운영한다면, 사회복지사는 초기 저항적인 구성원의 태도를 집단 전체 구성원의 저항으로 다루지 않아야 한다. 그리고 저항하는 구성원의 감정적인 부분에 초점을 두고 사회복지사가 저항하는 구성원과 일대일로 논쟁하거나 법적·의무적인 참여만을 강조하지 않아야 한다. 오히려 적극적으로 참여할지, 그렇지 않을지에 대한 결정이 구성원 자신에게 달려 있음을 알려주면서 자기결정권을 부여하는 것이 바람직하다.

6) 첫 회기의 마무리

첫 회기의 종결은 다른 회기의 종결과 유사하다. 다른 점은 집단 구성원의 소감을 확인하고 궁금한 점을 설명해 주며, 명확하게 확인해야 할 사항에 대해 시간을 좀 더 할애한다는 점이다. 사회복지사는 "오늘 집단에서 무엇을 배웠습니까?", "집단 첫 회기에 대한 소감은 어떻습니까?", "어떤 어려움은 없었습니까?", "다음 회기에 대해 어떤 기대를 하고 계십니까?" 등의 질문을 통해 구성원의 반응과 소감을 확인할 수 있다. 사회복지사는 각 회기에 대해 요약 · 정리하고 목적을 재차 언급하며, 다음 회기의 목표와 기대에 관해 의견을 나눌 수 있다.

7) 집단에 대한 사정

사회복지사는 초기 단계에서 집단 구성원과 집단 전체에 대한 정보를 수집하고 조직화하여 사정해야 한다. 집단사회복지실천에서 사정의 초점은 집단의 유형, 개입전략에 따라 다를 수 있다. 집단사회복지실천에서 사정은 각 구성원과 전체로서의 집단 그리고 집단환경 등의 3가지 차원에 초점을 두어야 한다. 지속적이고 정확한 사정을 위해서 사회복지사는 집단의 상호작용 방식을 관찰할 수 있는 능력을 갖추어야 한다. 초보 사회복지사는 구성원의 이야기 내용에만 압도되어 전체 집단 역동의 흐름을 놓칠 수 있는데, 공동지도자와 함께 상호 보완적인 역할을 담당하게 되면 전체 집단을 파악하는 데 도움이 될 수 있다.

(1) 개별 구성원에 대한 사정

집단사회복지실천에서는 개인과 집단 모두 동등하게 중요하다. 실천과정에서 필요에 따라 개별적인 개입도 할 수 있다. 사회복지사는 구성원별 일반적 사항과 심리사회적 특징, 행동을 관찰하여 발견된 장단점, 문제행동과 관련된 기초선 조사 결과, 집단 내에서의 역할 그리고 집단과정에서의 변화와 성장 여부를 기록하여 구성원 개별 파일 형태로 마련하는 것이 좋다.

사회복지사는 집단활동을 통해서 나타난 개인의 장점과 긍정적인 변화에 대해서는 집단 내에서 특별히 강조하여 개별 구성원의 자존감을 높여 주고 타 성원이 모방하게 할 수 있다. 그리고 구성원의 문제행동, 인식 수준, 태도에 관한 사전조사를 실시할 경우 개입으로 인한 사후 변화 정도를 비교하기 위한 자료로서 수집한다.

또한 사회복지사는 상호작용을 관찰함으로써 집단 구성원의 역할을 파악해야 한다. 집단 구성원은 집단의 목표 달성에 필수적인 역할을 수행하거나 집단의 유지 및 성장에 관련된 역할을 맡을 수도 있다. 이에 비해, 개인적 욕구 충족에 관련된 역할만을 추구할 수도 있다. 구성원이 집단에서 수행하는 역할은 곧 사회적 상황에서의 역할을 반영하는 것이다. 그러므로 각 구성원의 역할은 개인에 대한 사정뿐 아니라 개입계획을 세울 때도 중요한 자료가 된다. 이와 같은 구성원별 사정은 집단의 발달 단계에 따라서 지속되는 하나의 과정으로 해당 구성원의 개인별 목표 설정, 집단 경험을 통한 질적인 변화 과정 파악, 사후 변화 정도를 파악하기 위한 근거 자료로 활용될 수 있다.

(2) 전체 집단에 대한 사정

전체 집단에 대한 사정은, ① 집단의 상호작용 방식, ② 집단의 규범, ③ 집단 내 하위 집단 형성 등을 파악하는 것이다. 첫째, 집단의 상호작용 방식은 집단 전체를 관찰함으로써 집단 전체의 상호작용이 상호 지지적인가, 목표 달성에 건설적인 방향으로 가고 있는가, 권력이 집중되어 있는가, 공유되고 있는가, 의사결정이 민주적인가 등을 파악하는 것이다.

둘째, 집단의 규범은 집단기능에 긍정적인 영향을 미치는지 아닌지를 판단하기 위해 확인해야 한다. 집단규범은 해야 할 것과 하지 말아야 할 것에 대한 공유된 신념이기 때문에 파악하는 것이 중요하고 집단의 성장에 도움이 되는 행동 기준으로 구성되도록 해야 한다.

셋째, 집단 내 하위 집단에 대해서도 확인하고 전체 집단에 미치는 영향을 파악해야 한다. 하위 집단의 형성은 자연스러운 현상이며 그 영향은 전적으로 부정적이거나 긍정적이지 않다. 사회복지사는 하위 집단의 목적이 전체 집단의 목적과 일치하는지의 여부를 살펴야 한다. 만약 일치하지 않는다면 하위 집단은 전체 집단에 방해가 될 수 있다. 하위 집단이 전체 집단에 배타적이지 않다면 오히려 하위 집단의 친밀감과 지지를 통해 목표 달성에 도움이 될 수 있다. 예를 들어, 자살 위험이 있는 구성원을 위해 조를 구성하여 돌아가면서 전

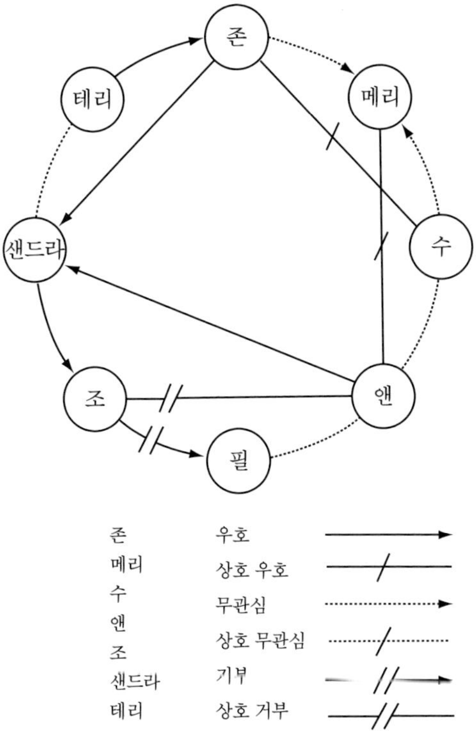

[그림 12-1] 소시오그램

출처: Toseland & Rivas (2009), p. 242.

화 연락을 하면 실질적인 도움이 되기도 한다.

하위 집단의 형성을 파악하기 위해 소시오그램과 같은 집단사정 도구를 사용할 수 있다. 소시오그램은 구성원 간의 상호작용의 질과 정도, 하위 집단의 형성 등을 측정하는 데 사용되는 객관적인 척도다. 소시오그램은 소시어메트리를 활용하여 작성된다. 소시오메트리란 집단 구성원 간의 관계를 인식하는 정도를 사정하기 위해 구성원에 대한 호감도를 5점 척도로 표현하도록 하여 점수를 계산하는 도구다. 이런 방식으로 수집된 정보를 소시오그램을 통해서 표현할 수 있는데, 대개 현장에서는 사회복지사의 면밀한 관찰에 의해 작성된다. [그림 12-1]과 같이 소시오그램은 집단 구성원 간의 관계를 선으로 표현한다. 여기서 실선은 우호적, 점선은 무관심, 단절된 선은 거부적인 관계를 의미한다. 그리고 화살표는 호감의 방향을 의미하며, 화살표가 없는 선은 상호관계를 의미한다. 소시오그램은 집단의 특징적인 상호작용의 형태와 관계를 파악하는 데 유용하다.

(3) 집단환경에 대한 사정

사회복지사는 집단 구성원과 전체 집단의 기능에 중요한 영향을 미치는 환경에 대해 사정해야 한다. 사정의 수준은, ① 집단을 인가하고 지원하는 기관, ② 상호 조직 간의 환경, ③ 지역사회 환경에서 이루어진다. 첫째, 집단을 인가하고 지원하는 기관에 대해서는 인가 지원기관의 목표와 집단목표의 유관성을 사정하고 자원 할당이 어떻게, 얼마나 이루어지는지를 사정한다. 또한 개별적인 서비스보다 집단 서비스에 대한 지원기관의 입장이 어떠한지 그리고 특별한 개입기술이나 이론을 적용하는 것을 기관에서 위임하는지를 사정한다. 아울러 사회복지사는 집단이 자발적인 참여자 또는 의무적인 참여자로 구성되는지 등 집단 구성원 모집과 관련된 기관의 정책을 사정해야 한다.

둘째, 상호 조직 간 환경을 사정하는 것은 다른 기관과의 관계에 초점을 두고 다음과 같은 질문을 통해 진행한다. 타 기관이 유사한 집단을 운영하는지,

타 기관의 사회복지사가 유사한 자원을 필요로 하는지, 타 기관이 집단 구성원에게 유용한 서비스나 프로그램을 제공하는지, 타 기관의 집단과 연계됨으로써 어떤 이점이 있는지다.

셋째, 지역사회 환경을 사정할 때 집단이 표출하는 문제나 이슈에 관한 지역사회의 입장이 어떠한지에 초점을 둔다. 지역사회의 지도자들이 집단을 어느 정도 수용하고 지원하는지를 사정한다.

3. 중간 단계

집단이 발달함에 따라 친밀감과 상호 공유가 증가하고 집단 응집력이 증가하게 된다. 신뢰 있는 분위기 속에서 활발한 상호작용이 오가면서 자신의 문제에 대한 통찰력이 생기게 된다. 구성원 간 솔직한 피드백이 증가하면서 소속감, 자기통제력에 대한 믿음, 인정받고 있다는 느낌을 갖게 된다. 이러한 집단 분위기는 결국 구성원의 변화, 즉 목표의 성취에 긍정적인 영향을 미친다.

그러나 집단이 항상 성장하고 발전하는 것은 아니다. 중간 단계로 갈수록 집단 구성원은 자기 개방이 높아지면서 불안 수준도 높아져 자신을 방어하거나 예상되는 상처를 피하기 위해 저항을 보이기도 한다. 집단 구성원 간의 갈등, 사회복지사에 대한 도전 등과 같은 예기치 못한 행동을 보일 수도 있다. 이러한 도전적 상황에 잘 대처하지 않으면 목표를 성취하기 어렵다. 따라서 사회복지사는 집단의 공동 목표와 개인적 목표를 성취하도록 집단 응집력을 촉진시켜야 할 뿐 아니라 집단 내 갈등과 저항을 잘 다루어야 한다. 여기서는 생산적인 중간 단계가 되기 위한 사회복지사의 과업을 살펴본다.

1) 각 회기의 시작과 마무리

각 회기의 시작과 마무리 단계에서는 일정한 구조와 절차가 있다. 회기를 시작하고 마무리할 때 사회복지사는, ① 미해결 과제 언급, ② 부여된 과제 점검, ③ 집단 회기의 목표 공유, ④ 공지 사항 전달 등을 다루어야 한다.

시작 부분에서는 미해결된 감정을 다루고 지난 회기에 부여한 과제를 점검하며, 본 회기의 목표를 공유하게 된다. 첫째, 지난 회기에 발견된 불편한 감정을 다루기 위해 "오늘 이 자리에 있는 것이 어떤 느낌이 듭니까?", "지난 회기에서 해결되지 않은 문제가 있으면 함께 나누기로 하겠습니다."와 같이 시작할 수 있다. 이때 사회복지사는 집단 구성원 개개인의 발언에 성급하게 반응하여 다른 구성원의 참여를 차단하지 않도록 주의해야 한다. 둘째, 지난 회기에 부여한 과제를 지난 일주일 동안 수행하면서 경험한 것에 대해 보고하도록 요청할 수 있고 집단 구성원 간에 성공담과 실패담을 공유할 수 있다. 과제를 잘 이행한 구성원을 칭찬하여 강화하고 타 구성원에게도 적극적인 참여를 지지한다. 셋째, 집단의 특성에 따라 사회복지사가 정해진 목표를 가지고 회기를 운영하거나 집단 구성원의 기대, 목표를 이끌어 내어 집단을 운영할 수 있다. 집단 회기의 목표를 논의하기 위해 사회복지사는 집단 구성원에게 이번 회기 동안 다루기 원하는 것을 간략하게 질문하기도 한다. "집단에 참여함으로써 무엇을 얻기를 원합니까?"의 질문을 통해 회기의 목표를 나눌 수 있다. 넷째, 집단 구성원에게 전달할 공지 사항이나 다른 구성원과 공유할 필요가 있는 새로운 소식을 전달하는 시간을 갖는다.

집단 회기의 마무리 부분에서는 적당한 시간을 안배하여 각 회기에서 다루었던 내용을 요약하면서 마무리한다. 이때 참여도가 높은 집단 구성원을 인정해 주고 긍정적인 피드백을 제공한다. 집단 회기에 대한 구성원의 느낌과 배운 점을 공유하고 과제 수행에 관해 질문하도록 요청한다. 그리고 다음 회기에서 다루기 원하는 주제나 이슈가 있는지를 질문한다.

2) 집단의 목표 성취를 위한 개입

중간 단계에서 사회복지사의 개입은 전체 집단에 대한 개입과 집단을 둘러싼 환경에 대한 개입으로 나눌 수 있다.

전체 집단에 대한 개입에서 사회복지사의 과업은 우선 집단 응집력 촉진이다. 집단 응집력은 집단이 목표 달성에 이르는 중요한 변수로서 집단의 매력이라고 할 수 있다. 집단 응집력은 구성원 간의 수용이 이루어질 때 결과로서 나타난다. 따라서 상호 간의 이해도와 수용 정도가 높은 집단은 응집력이 강한 집단이다. 뿐만 아니라 집단의 높은 참여 동기와 참여 정도도 상관이 있다. 집단의 매력이 증진되면 자발적이고 적극적인 태도를 보이는 구성원이 많아진다. 그들은 긍정적 변화를 보이게 되므로 집단의 매력, 즉 응집력은 긍정적 변화에 필수적인 요인이 된다. 사회복지사가 집단 응집력을 파악하기 위한 지표는 〈표 12-5〉와 같다.

표 12-5 집단 응집력 지표

- 자발적인 집단 참여도
- 모임 시간의 엄수 정도
- 상호 신뢰할 수 있는 집단으로 만들려는 노력
- 다른 집단 구성원에 대한 수용, 지지, 경청, 보살피려는 노력
- 다른 집단 구성원에게 자발적이고 즉각적인 반응 표출

사회복지사는 집단 응집력을 높이기 위해 다음과 같이 개입할 수 있다.

첫째, 집단의 매력을 증진시키기 위해서 의사소통의 기회를 적절히 배분하고 토론 주제를 구성원이 선택하도록 격려하며, 흥미 있는 프로그램 활동을 일정에 포함시킬 수 있다. 또한 적절한 역할 분담을 하여 서로 원활히 상의하게 하고 집단 내에서 의미 있는 경험을 공유하여 친밀감을 높이도록 한다.

둘째, 사회복지사는 집단 구성원이 상호 간에 원활한 피드백을 교환하도록 지지한다. 높은 신뢰감과 강한 응집력이 형성되면 대화를 개방적이게 하고 원활한 피드백을 주고받게 된다. 실수에 대한 두려움이 줄어들고 방어적인 태도에서 벗어나 집단 내 치료적인 분위가 조성된다. 타 구성원의 사고, 행동, 감정을 적극적으로 경청하고 그에 대한 진솔한 피드백을 제공하도록 한다. 피드백을 주는 사람은 질책하거나 비판하는 방식을 피하고 피드백을 받는 사람은 합리화하거나 방어하는 태도를 취하지 않고 통찰력을 얻는 기회로 삼도록 돕는다.

셋째, 사회복지사는 모델의 역할을 수행한다. 중간 단계가 되면 집단 구성원과 사회복지사의 일방형 대화보다는 집단 구성원 간의 쌍방형 대화의 양이 증가한다. 그럼에도 사회복지사는 집단 안에서 솔선수범하는 역할을 해야 한다.

넷째, 변화하려는 시도와 새로운 행동을 습득하려는 의지에 대해 집단 구성원 간 지지하고 격려하는 분위기가 고조되도록 한다. 집단에서 습득한 새로운 행동을 일상생활에 일반화시킬 수 있도록 한다.

집단의 환경 수준의 개입은 집단과 상호작용하는 사회체계, 물리적 환경 간의 이해를 바탕으로 하여 개입하는 것이다. 사회복지사는 우선 집단을 지원하는 기관, 지역사회와 지속적으로 관여하고 기관의 연계망을 형성하면서 집단의 과업 달성과 변화를 촉진하는 자원이 되도록 도모한다. 구체적으로, 먼저 사회복지기관이 집단사회복지실천에 대해 더 많은 지원을 하도록 개입한다. 집단이 더 많은 지지를 받기 위해서는 사회복지 유관기관의 미래 발전계획과 현재 욕구를 잘 파악해야 하고 잘 작성된 제안서를 구비해야 한다. 다음으로, 기관 상호 간의 연결망을 형성하는 데 개입한다. 기관 간의 연계망을 형성하게 되면 구성원을 의뢰받을 수 있고, 구체적인 서비스에 대한 욕구를 확인할 수 있으며, 서비스의 중복을 방지할 수 있다. 또한 새로운 집단사회복지실천을 구축하기 위한 로비활동에 유리하다. 마지막으로, 사회문제를 집단사회복지실천이 다룰 수 있다는 것을 지역사회가 인식하도록 돕는다.

4. 종결 단계

집단의 종결은 대개 미리 계획하여 구성원에게 예고하는 것이 바람직하다. 미리 계획된 종결 프로그램은 종결 시점에 적합한 내용으로 구성되어야 한다. 사회복지사가 주로 다루게 될 종결 과업은 구성원이, ① 집단 경험의 의미를 강화하고, ② 종결 시의 강한 정서를 처리하며, ③ 미해결된 과제를 논의하고, ④ 추후 집단의 일정을 논의하거나, ⑤ 집단 경험을 평가할 수 있다.

1) 집단의 경험 강화하기

지금까지 집단은 하나의 실험실 역할을 하였다. 종결 단계에서는 그동안의 집단 경험과 새로운 학습내용을 통합 · 정리하여 실생활에 어떻게 적용할 것인지를 모색해야 한다. 집단 구성원이 집단과정에서의 경험과 학습의 내용을 현실에 잘 적용하여 계속해서 성장할 수 있도록 강화하는 시간을 가져야 한다. 이를 위해 먼저 구성원에게 집단에서 습득한 학습내용과 경험을 자신의 말로 표현하도록 기회를 준다. “이번 집단 경험은 여러분의 삶에 어떤 의미가 있습니까?”, “집단참여를 통해 얻게 된 소득이 있다면 무엇입니까?”, “배운 것을 어떻게 지속적으로 실행하고자 합니까?”, “집단 경험에서 특별히 좋았던 점과 싫었던 점에 대해 나누어 보기로 하겠습니다.”

2) 종결에 따른 강한 정서 다루기

집단이 종결에 이르면 구성원 간에 복합적인 감정이 표출될 수 있다. 목표에 대한 성취감, 자신감, 만족감 등을 느낄 수 있는 반면, 집단을 떠나는 것에 대한 불안감, 상실감, 슬픔 등을 느낄 수 있다. 이러한 감정은 무시하거나 숨기지 않고 종결되기 전에 충분히 표현하게 해서 함께 공유해야 한다. 사회복지사는 자신이 느끼는 분리감과 상실감의 감정을 적절한 방식으로 표현한 다음, 구성원이 정서적인 표출을 하도록 격려하여 집단에서 수용될 수 있도록 이끌어야 한다.

3) 미해결된 과제 다루기

집단과정에서는 해결되지 않은 문제를 다루어야 한다. 집단 구성원의 모든 문제가 해결된다는 것은 현실적으로 거의 불가능하다. 다만, 개별적으로 미해결된 과제를 해결할 수 있는 유능감을 갖게 되었는지를 확인하고, 완전한 해결에 이르지 못하지만 제한된 시간 내에 문제를 다루어 최소한의 해결점을 찾도록 노력을 기울여야 한다. 그러나 종결을 거부하기 위해 새로운 과업, 문제를 제기하는 경우인지의 여부를 파악하여, 만약 퇴행행동이라면 그 이면의 부정적 감정을 다루는 것이 중요하다.

4) 추후 일정 논의하기

추후모임을 갖는 목적은 집단 종결 후 일정 시간이 지난 후에 집단에서 습득한 학습내용을 실생활에 얼마나 효과적으로 잘 적용하고 있는지를 점검하기 위한 것이다. 그러나 집단 회기가 지속되는 것으로 인해 집단에 대한 의존도가 높아지지 않도록 모임을 갖는 것에 대한 적합성 여부를 점검해야 한다. 추후모임의 형식은 때로는 사회복지사의 전문적 개입이 불필요한 자조집단의 성격을 띨 수 있다. 사회복지사는 종결 후 자조집단 형성에 도움을 주어 구성원이 예상치 못했던 위기 상황이나 문제 재발에 대비하여 상호원조하도록 지원할 수 있다.

5) 집단 경험의 평가하기

사회복지사는 집단의 경험을 평가함으로써 집단의 효과를 입증해야 한다. 구성원이 집단에 참여함으로써 변화된 태도, 신념, 행동, 정서 상태 등을 측정하는 것이다. 측정은 사전-사후 검사를 통해서 수치상의 변화를 측정하는 양적인 평가방법과 집단과정상의 변화를 기록한 내용 및 종결 시 구성원의 주관적이고 서술적 평가를 기초로 한 질적인 평가방법이 있다. 이러한 집단효과의 평가를 통해 집단의 포괄적 적용 가능성, 효과적 집단 구성 요소, 효과적 기법 등을 실증적으로 검증하는 것이 바람직하다. 집단이 종결한 후 종결 보고서를 작성하는 것도 종결 과업에 포함된다.

5. 실천기술

집단사회복지실천기술은 기본적인 사회복지실천기술과 유사하면서도 구체적으로 사용되는 과정이나 궁극적인 목적이 집단 전체의 역동과 관련이 있다는 점에서 차이가 있다. 특정 기술을 활용할 때는 집단의 역동을 잘 파악하여야 하고 사전에 기술적인 개입 이후에 발생할 집단의 역동에 대해 예상하는 것도 중요하다. 따라서 특정 기술을 적용하는 목적과 전체 집단에 미칠 영향력을 고려한 후에 활용해야 한다.

여기서는 집단의 목표 달성에 필요한 구체적인 개입기술을 살펴보고자 한다. 특정 기술에 대한 활용도는 집단의 다양한 유형에 따라 다르게 나타날 수 있다. Toseland와 Rivas(2009)가 개념화한 집단사회복지 개입기술과 Northen과 Kurland(2001)의 집단사회복지 주요 기술을 중심으로 살펴본다.

1) 집단의 의사소통 촉진에 필요한 기술

(1) 참여촉진 기술

참여를 촉진하는 것은 집단 결속력을 증진시키고 의사결정을 공유하게 한다. 참여를 촉진시킴으로써 소외되었던 구성원을 특정 문제가 어떻게 영향을 미치고, 타 구성원의 문제 해결책이 자신에게도 얼마나 도움이 되는지를 깨닫게 한다.

사회복지사는 자신이 집단과정에 지나치게 개입하지 않고 구성원이 주도권을 가지고 집단 모임의 내용을 구성하고 집단과정을 만들어 나가도록 도와야 한다. 구성원이 프로그램 활동에서 각자의 역할을 갖고 주도적으로 참여하는 것에 대해서 칭찬하고 격려하는 것도 참여를 촉진시킬 수 있다.

예시

- "선영 씨, 나는 당신이 그것에 대해 잘 알고 있다는 것을 알아요. 민석 씨가 말한 것에 부연 설명할 것이 있나요?"
- "민석 씨, 지난주에 역할극을 정말 잘해 주었어요. 이번엔 화가 난 점원 역할을 해 주겠어요?"

(2) 표현 기술

사회복지사는 표현 기술을 사용하여 구성원이 주요 이슈나 과업에 대해 느끼고 생각하는 바를 자유롭게 표현하도록 돕는다. 사회복지사는 과업집단과 치료집단의 구성원이 어려운 주제에 대해 개방적으로 의사소통할 수 있도록 돕는다. 자기노출은 이러한 목적으로 사용되는 효과적인 표현 기술이다.

예시

"오랫동안 병상에 있었던 엄마가 돌아가셨어요. 당신이 무엇을 말하는지 알아요. 사랑하는 사람이 서서히 떠나가는 것을 말할 때 힘들어 보였어요. 당신의 상황은 나와 다르지만 얼마나 힘들었을지 알아요. 그동안 어떻게 대처해 왔는지…… 나누길 원하세요?"

(3) 주의집중 기술

주의집중 기술은 집단의 결속력 형성과 수용적 분위기 조성에 유용하며 성공적인 지도자들이 잘 활용하는 기술이다. 구체적으로는 눈맞춤, 몸동작과 같은 비언어적인 행동과 감정이입, 존중, 따뜻함, 신뢰, 진솔성을 전달하는 언어적 행동이 있다. 고개를 끄덕이거나, 말하는 사람을 향해 몸을 기울이거나, 부연 설명을 하거나, 좀 더 자세하게 설명해 달라고 요청하는 것이다. 다른 구성원이 언급한 것을 반복하거나 강조할 수도 있다. 그리고 의사소통의 이면에 의미하는 것을 감정이입적으로 반응하는 것이다. 이때 한두 명의 구성원에게만 집중하지 않고 다른 모든 구성원의 반응을 유심히 살펴보아야 한다.

(4) 선별적 반응 기술

사회복지사는 선별적 반응 기술을 통해서 성원의 메시지가 좀 더 적합하도록 방향을 조정할 수 있다. 선별적으로 반응하여 향후 집단과정에 영향을 미치는 것이다. 사회복지사가 어떤 구성원의 노력을 지지한다면 그 구성원은 계속해서 그것을 수행할 것이다. 반면, 구성원의 행동이나 말에 동의하지 않을 경우, 구성원은 이에 침묵하거나 사회복지사와 다른 의견을 가졌을지라도 이전에 언급한 것(이견)을 고수하지 않을 수 있다.

(5) 부연 기술

부연 기술은 사회복지사가 구성원이 말한 것을 바꾸어 말하는 것이다. 사회복지사나 집단의 구성원이 다른 구성원이 말한 것을 바꾸어 말함으로써 그 구성원이 자신의 문제나 상황을 좀 더 명확하게 또는 새로운 방식으로 보도록 도울 수 있다. 사회복지사나 집단의 구성원이 들은 것을 바꾸어 말해 줄 때, 다소 혼동된 상태에서 말한 구성원은 자신이 진정으로 말하고자 하는 것이 무엇이었는지 결정할 수 있게 된다. 그리고 다른 구성원의 참여를 촉진할 수 있다. 구성원이 복잡한 내용이 얽혀 있는 자신의 진술을 표현했을 때, 사회복지사는 성원이 말한 것에 대해 '바꾸어 말하면 당신이 얘기하고자 하는 것은 ~인가요?' 라는 식으로 반응하는 것이다.

예시

"다른 말로 하면, 당신이 말하고 싶은 요점은 당신 아들의 행동을 더 이상 참을 수 없다는 말씀이신가요?"

(6) 초점유지 기술

집단 구성원은 사회복지사가 적절한 안내를 해 주어 활용 가능한 시간이 최대한 생산적이기를 기대한다. 사회복지사가 시간을 효율적으로 운영하지 못하면 사회복지사의 지도력에 대한 신뢰감이 감소된다. 초점유지 기술은 집단이 주제에서 벗어났을 때 이전의 주제로 되돌아갈 수 있도록 하거나 새로운 주제로 옮겨 갈 수 있도록 하는 것이다. 집단과정의 특정 영역에 초점을 둠으로써 불필요한 부분에 대한 의사소통을 감소시키고 문제에 대한 심도 있는 탐색을 할 수 있게 된다. 사회복지사가 특정 영역에 초점을 둔다는 것은 특정한 의사소통 부분을 반복하고, 구성원에게 심층적으로 질문하고, 명료화하는 것이다. 사회복지사는 집단에서 진행되고 있는 내용이 계속되어야 할 중요성을 강조할 수 있고, 특정 구성원의 언급이 다루어지지 않을 때 타 구성원이 주목하도록 요구할 수 있으며, 집단이 주제에서 벗어났음을 지적할 수 있고, 현재 논의되고 있는 주제를 계속할 것을 요구할 수도 있다.

(7) 명료화 기술

명료화 기술의 목적은 구성원이 인지적으로 잘 이해할 수 있도록 돕는 것이다. 집단 내에서 진술되는 내용과 상호작용 형태에 대해서 모호함이 없도록 하고 모호한 대화의 초점을 분명하게 할 때 사용한다. 집단 구성원은 3가지 측면에서 명료화할 필요가 있다.

첫째, 외부 환경, 기관, 집단을 포함한 사회적 상황에 대한 명료화다. 집단 구성원은 지역사회 환경, 기관, 집단에 대해서 왜곡되거나 편협한 생각을 가질 수 있다. 그러므로 사회복지사는 잘못된 인식을 교정하기 위해 정보를 제공하거나 기관 또는 집단의 본질을 명료하게 할 수 있다.

둘째, 의사소통의 유형과 내용을 명료하게 하는 것이다. 집단 상호작용 과정에서 대화의 의도나 내용에 대해 왜곡된 인식을 가질 수 있으므로 사회복지사는 대화의 의도나 내용에 대해서는 무엇을 이해했는지를 직접 묻거나 전달된 메시지를 다시 진술해 보도록 요청할 수 있다.

셋째, 다양한 사회적 상황 속에서 집단 구성원의 태도와 행동에 대해 상호토의하여 명료화하는 것이다. 자신의 행동이 자신 및 타인에게 어떤 결과를 초래했는지 숙고하고, 자신의 행동과 태도가 과거 및 현재의 경험에서 차이가 있는지를 파악하도록 요구한다. 사회복지사는 다른 구성원과의 관계성, 집단 전체의 과정을 인식하도록 돕기 위해 명료화할 필요가 있다.

(8) 집단 상호작용 지도

사회복지사는 집단의 상호작용을 특정 방향으로 인도하기 위해 상호작용을 지도하는 기술을 사용한다. 이 방법은 특정 구성원의 의사소통을 격려하거나 제한하는 식으로 사회복지사가 특정 목적을 가지고 의사소통 유형을 선택하는 것이다(Middleman & Wood, 1990).

다른 구성원을 혼란스럽게 하는 하위 집단의 역기능적인 측면을 바로잡아야 할 때, 사회복지사는 하위 집단 내 의사소통을 제한하고 다른 구성원과의 의사소통을 증가시킨다. 과업 성취나 문제해결을 위해서 구성원이 문제를 탐색하거나 노력을 기울이도록 이 기술을 사용한다. 뿐만 아니라 사회복지사는 개방적인 의사소통을 격려하고자 할 때 의사소통의 방향을 조정하면서 상호작용을 지도할 수 있다.

예시

"선영 씨의 말은 사실은 은수 씨에게 하려는 것이네요. 저를 통하는 것보다는 직접 은수 씨에게 얘기해 보는 것은 어때요?"

(9) 의사소통의 연계

의사소통을 연계하는 것은 사회복지사 중심의 의사소통에서 집단 중심의 의사소통으로 이동하면서 집단 구성원 간의 의사소통을 촉진하도록 돕는 기술이다. Middleman과 Wood(1990)는 이 기술이 감정을 연결하고 정보를 연결하는 것이라고 언급하였다.

예시

"선영 씨가 말한 것에 대해서 은수 씨는 어떻게 생각하세요. 저는 선영 씨가 지난 시간에 혼자 힘으로 사는 것에 대해 두려움을 느낀다고 했던 말이 떠올랐어요."

"여러분 중에 이와 같은 것을 느껴 본 사람이 있나요?"

이와 같이 각자의 감정을 확인하면 소속감을 느낀다. 사회복지사는 이 기술을 사용하여 구성원이 함께 정보를 나누고 상호 원조하고 문제해결 방법에 대한 일치된 의견을 만들어 나가도록 돕는다. 때로는 어떤 구성원의 의견과 공통된 의견을 가진 구성원과의 의사소통을 연결하기도 하고 혹은 반대되는 의견을 가진 구성원의 의견으로 연결하기도 한다. 예를 들어, 비자발적으로 모인 집단에서 집단참여에 대해 회의적인 구성원의 의견을 들은 후 그와는 다른 태도를 보이는 구성원의 의견을 지목하여 들어 볼 수 있다.

2) 탐색에 필요한 기술

이 기술은 집단 구성원과 집단에 관련된 정보, 감정, 생각을 파악하고 집단의 목적, 목표, 운영방법에 관한 각 구성원의 이해 정도를 파악하는 데 활용되며 구성원 간의 관계를 파악하는 데 활용된다.

(1) 질문 기술

질문하기(questioning)를 통해 집단 구성원이 정보를 파악하고 확장하며 명료화할 수 있도록 방향을 제시한다. 폐쇄질문은 집단, 집단 구성원 혹은 상황에 대한 구체적인 정보가 필요할 때 사용된다. 그 예로 "집단에 참여하기로 결정하셨나요?", "여러분 모두 그 시간에 대해 만족하시나요?", "은서는 몇 학년이었나요?"를 들 수 있다. 개방질문은 사건이나 경험, 문제, 상황에 대한 기술 그리고 구체적인 내용을 알고자 할 때 사용된다. 개방질문은 구성원의 자기 결정을 최대한 보장해 주기 때문에 의사소통의 유형과 내용을 선택할 수 있다. 개방질문의 예는 "집단에서 무엇을 얻기를 바라는지 각자 말씀해 주시겠어요?", "무엇 때문에 어렵게 되었나요?" 등이다. 사회복지사는 한 구성원과 집중적으로 일대일로 질문하고 답하기를 반복하는 형식의 대화를 피하고, 적절한 시간 배분과 집단 중심의 의사소통이 이루어지도록 유도해야 한다.

(2) 언급 기술

언급하기(commenting)는 집단 구성원이 특정 주제에 관한 정보를 제공하도록 격려하는 것으로서 질문하기보다 더 효과적이다. 이 기술은 집단 구성원이 무엇을 어떻게 말할지를 결정할 수 있는 자유를 제공한다. 구체적인 예는 다음과 같다.

① 회고하기: "당신 혼자 밤에 여기에 오는 것이 두렵다고 했지요?"
② 구체적인 설명 요청하기: "남편에게 그것에 대해서 어떻게 확신시켰나요?"
③ 사회복지사가 관찰한 것을 나누기: "비디오를 시청할 때 당신은 의도적으로 열심히 경청하는 것을 봤습니다."
④ 구성원의 말을 명료화하기 위해 재진술하기: "당신이 말하고 싶은 것이……."
⑤ 주제를 요약하기: "오늘 우리는 이혼에 대해 그리고 이혼이 자녀에게 미치는 영향에 대해 말했습니다.", "제가 말한 것에 대해 여러분이 추가로 더 말씀하실 수 있습니다."

(3) 의도적인 침묵 기술

Northen과 Kurland(2001)는 의도적인 침묵과 동시에 주의 깊은 경청을 하는 것도 자기노출과 자신과 상황을 설명하는 데 좋은 보조 수단이라고 하였다. 의도적인 침묵은 현재 말하고 있는 것에 대해 사회복지사가 경청하고 주시하고 있다는 것을 암시한다. 이러한 자세는 말하는 사람에게 계속해서 말할 수 있도록 유도하는 경향이 있다. 의도적 침묵은 구성원이 자신의 생각을 동원하고 표현하도록 기대된다는 것을 가리킨다. 의도적인 침묵이 필요할 때 사회복지사가 뭔가를 말하려 시도한다면 구성원이 정보를 함께 나누기 위해 준비하는 노력을 방해하게 된다.

3) 행동 · 인식 변화에 필요한 기술

행동 · 인식 변화를 유도하는 기술은 과업 달성에 직접적인 영향을 주거나 목표와 관련된 집단 구성원의 인식 및 행동을 변화시키는 기술로 구분할 수 있다. 여기서는 Toseland와 Rivas(2009), Northen과 Kurland(2001)의 주요 기술을 중심으로 살펴본다.

(1) 지지 기술

사회복지사는 개인의 강점과 긍정적인 방어기제, 의견과 감정 표현에 대해서 지지할 수 있다. 사회복지사가 구성원의 요구에 대한 반응을 보이는 것 자체도 지지가 될 수 있다. 지지받은 구성원은 집단 내에서 존중받는 느낌을 받고 자신의 견해와 감정을 적극적으로 표현하게 된다. 이를 통해 구성원은 자신의 기능을 유지하거나 더 나은 것을 획득할 수 있고 새롭거나 어려운 상황에 대처하려는 자아를 강화하게 된다. 사회복지사는 집단 전체에 대한 지지로서 자신이 구성원을 돌보고 있다는 점을 표현할 수도 있다. 이때 집단 구성원도 서로를 돌볼 수 있다는 기대감을 표현함으로써 서로를 지지할 수 있는 분위기를 설정해야 한다.

격려는 지지의 한 수단이 되기도 한다. 집단 구성원이 집단에 참여하는 것이 이익이 된다는 신념을 줌으로써 집단참여를 격려하는 것이다. 집단 구성원이 문제시하는 것의 일부분이 향상될 수 있다는 자신감을 심어 주고 이를 성취하기 위해 구성원의 자체적인 노력이 필요하다는 점을 강조하는 것이다. 현실적인 기대를 설정하는 것도 구성원에게 지지를 제공해 준다.

(2) 재명명 기술

재명명 기술 혹은 재조명 기술은 인지적인 개입 기술로서 구성원이 그 문제나 상황을 다른 관점에서 볼 수 있도록 도울 때 사용한다. 재명명은 재구조화, 재정의라는 용어로도 사용된다. 사회복지사는 재명명 기술을 활용함으로써 집단이 직면한 관심사와 이슈를 다양하고 보다 긍정적으로 볼 수 있도록 원조할 수 있다. 집단 구성원이 상황을 새로운 관점에서 보기 시작하면 문제로만 인식하는 것이 아니라 긍정적 측면을 인식하게 될 수 있다. 이러한 인식의 전환이 미치는 긍정적 영향은 문제해결을 위한 적극적 태도를 갖게 하고 대안을 폭넓게 선택하도록 한다는 것이다.

예를 들어, 사회복지사는 집단에서 희생양이 된 구성원의 문제를 집단 구성원과 그 구성원과의 관계로 재정의하도록 돕는다. 구성원이 어떻게 희생양이 된 구성원과 관계를 형성하고 발전시킬지를 논의함으로써 재정의가 만들어진다. 희생양이 된 구성원에게 초점을 두었던 문제는 집단 구성원 간의 상호작용 문제로 재정의된다. 문제가 재정의됨으로써 집단 구성원은 희생양이 된 구성원과의 관계를 변화시키게 된다.

(3) 모델링

사회복지사는 그 자신이 구성원에게 바람직한 모델이 되어야 한다. 사회복지사는 바람직한 의사소통 방법을 직접 행함으로써 집단 구성원이 메시지를 전달하는 적절한 방법을 배우도록 한다. 사회복지사가 구성원을 있는 그대로 수용하고 따뜻한 관심을 기울여 주고 배려할 때, 그들 역시 다른 사람을 있는 그대로 받아들이는 것의 가치를 깨닫게 된다. 집단 구성원은 사회복지사가 비방어적 태도로 구성원의 주관적 경험을 소중히 여기고 적극적으로 경청해 주는 것을 보면서 이러한 태도와 행동을 배우게 된다.

또한 상황에 적절한 대처행동으로 교정하고자 할 때 사회복지사는 역할연습을 지도할 수 있다. 역할연습과 모델링을 함께 적용하는 경우로, 사회복지사는 집단 구성원이 부적절하게 대처했던 상황에 대해 시연을 통해 적절한 대처행동을 보여 줄 수 있다. 구성원은 사회복지사의 바람직한 행동을 보고 모방하여 체득해 나감으로써 행위를 교정해 나갈 수 있다.

(4) 조언 기술

집단사회복지실천에서 조언은 개인을 대상으로 실천할 때와 크게 다르지 않다. 다만, 사회복지사가 직접 조언할 수도 있고 다른 구성원이 조언하도록 사회복지사가 유도할 수도 있다는 점에서 차이가 있다. 조언은 정보를 제공하거나 일련의 특정 행동을 제안함으로써 직접적인 영향을 미치는 방법이다. 사회복지사는 충분한 지식과 이유를 바탕으로 하여 제안을 하거나 권유할 수 있다. 이것은 명령의 방식이 아닌 질문 형식으로도 제안할 수 있고, 제안에 대한 수용 여부는 성원, 집단의 반응에 달려 있다. 집단 구성원은 사회복지사의 조언을 기대하기도 하는데, 이것은 조언이 때로는 치료적인 기능을 하고 문제를 다루는 데 있어 대안적인 방법을 생각하도록 자극을 주기 때문이다. 그러나 조언은 자칫 집단 구성원 스스로 결정하려는 노력을 방해하거나 의존도를 강화할 수 있으므로 사회복지사는 조언하는 이유를 구성원 또는 집단에게 설명하고 조심스럽게 조언해야 한다. 또한 사회복지사는 집단 내 다른 구성원에게 조언을 구할 수도 있는데, 그 구성원의 적극적인 참여를 유도할 때나 집단 내 다른 구성원이 갖고 있는 정보나 생각을 공유하여 다른 대안을 찾고자 할 때다.

(5) 직면 기술

직면의 목적은 어떤 행동 방침을 방해하거나 전환하기 위한 것이다. 이 기술은 집단 구성원 각자가 통제하는 능력을 개발하고 원하는 목표를 성취할 수 있도록 돕는다. 구성원의 비이성적인 행동, 자신 또는 타인에게 파괴적일 수 있는 언행상의 모순되는 점, 방어기제, 수용될 수 없는 행동과 같은 것은 집단의 목표 달성에 장해물이 된다. 이러한 행동에 도전할 때 직면이 활용된다. 직면은 현재 진행되는 것이 수용될 수 없음을 보여 주는 것이다. 직면을 경험하게 되면 집단 구성원은 정서적인 균형이 깨져 불편하게 되고 점차적인 완화과정을 거쳐 긍정적으로 변화할 수 있게 된다. 이러한 직면 기술은 구성원에 대해 진실로 공감하는 능력이 수반될 때 효과적이다.

집단에서는 개인 대상과는 달리 집단 구성원 간의 상호작용이 직면의 대상이 될 수 있고, 구성원 간에도 상호 간 직면을 적용할 수 있다. 사회복지사는 구성원 간의 직면이 집단 구성원이나 집단 전체에 미치는 영향을 판단하여 적절히 개입해야 한다.

(6) 갈등해결 기술

갈등의 주된 원천에는 의견의 불일치, 지위와 권력에 따른 영향력 행사, 목표의 불일치 등이 있다. 이러한 갈등은 집단 내 자연발생적인 것이기 때문에 사회복지사는 갈등 발생에 대해서 부정적으로 반응하기보다 유용하게 활용할 기회로 인식해야 한다. 성공적인 갈등해결로 인해 집단은 응집력 향상, 집단 생산성 증가, 진정한 관계를 형성할 기회를 제공받기도 한다.

사회복지사는 의사소통 방식을 변화시킴으로써 갈등을 해결하도록 하고 갈등의 원천이 되는 특정 구성원 혹은 하위 집단을 비난하지 않도록 한다. 그들이 방어적 태도를 취하게 되면 갈등은 더욱 부각될 수 있다. 문제를 다룰 때 갈등 상황을 경감시키기 위해서 일반적인 수준에서 언급하거나 갈등을 회피하게 되면 문제가 더욱 심화될 수 있다. 반대로 집단 내에서 갈등을 오랫동안 다루면서 갈등이 진행되는 상황이 스스로 해결할 때까지 수수방관하게 되면 다음 회기에도 긴장이 지속되므로 바람직하지 않다. 사회복지사는 경우에 따라 자신의 힘을 사용하여 어떤 결정을 내림으로써 "오늘은 그만 얘기합시다."와 같이 철회하는 방식으로 혹은 갈등 상황을 부드럽게 수용하면서 "의견 차이가 있지만 그것은 접어 두고 결정을 합시다."와 같은 방식으로 갈등을 해결할 수 있다. 그리고 타협점을 찾도록 돕거나 윈윈(win-win) 방식을 취할 수도 있다.

4) 그 밖의 기술

그 밖에 집단의 전체 과정을 효과적으로 연결하고 집단에 대한 흥미를 촉진하는 기술로는 다음 2가지를 추가적으로 설명할 수 있다. 모임의 시작과 끝에 종종 사용하는 요약 기술과 집단에 대한 매력을 강화시키기 위한 유머 기술이 있다.

(1) 요약 기술

논의된 내용의 핵심을 간략하게 재진술하는 것을 말한다. 종종 모임을 시작할 때 사용되는데, 구성원이 지난 모임에서 일어났던 일을 상기하는 데 사용되거나 새로운 구성원 또는 지난 모임의 결석자에게 집단에 대한 오리엔테이션을 제공할 때 사용된다. 이 기술은 새로운 논의를 시작하기 전에 이전까지의 이슈에 대한 주요 요점을 검토하는 데 사용되거나 모임을 종결할 때 진행된 바를 구성원에게 상기시켜 줄 때 사용된다. 이 기술을 사용할 때는 사회복지사보다는 구성원이 요약해 주고 다른 구성원의 반응을 구하는 것이 더 나을 수 있다. 요약 기술은 일종의 연결 효과가 있어 이전에 학습한 것을 강화시켜 주고 앞으로 일어날 일을 제시한다.

(2) 유머 기술

적절한 유머의 활용은 집단참여에 대한 불안, 두려움을 완화시키고 집단에 대한 매력을 느끼게 할 수 있다. 특히, 청소년을 대상으로 한 과업집단에서 사회복지사의 유머 활용은 효과적일 때가 있다. 그러나 상황에 부적절하거나 잦은 유머 사용은 부정적 결과를 낳을 수 있으며, 유머에 대해 다른 해석을 하는 사람에게는 부정적 반응을 유발할 수 있다.

6. 사례[1)]

1) 시작 단계

(1) 사회복지사의 자기소개

사회복지사: 안녕하세요, 만나서 반갑습니다. 저는 사전에 여러분과 면담을 한 적이 있어 이미 아시겠지만 다시 한번 제 소개를 드릴게요. 저는 이 기관에서 사회복지사로 일하는 ○○○입니다. 저는 최근 3년간 여러분과 같은 어려움을 갖고 있는 분들과 만나 집단 프로그램을 진행해 왔고요. 이번에 여러분과 함께하는 이 모임의 진행을 맡게 되었습니다.

(2) 집단 구조화

사회복지사: 음…… 오늘은 첫 시간이니까 앞으로 진행될 집단상담 프로그램에 대해서 먼저 간단히 소개를 해 드릴게요. 이 모임의 목적은 초등학생을 자녀로 둔 이혼여성들의 자존감을 높이기 위한 것입니다. 여러분 각자가 이 자리에 오시기 전에 개인적인 목표와 기대들을 정한 분도 있을 텐데요. 저는 앞으로 이 모임을 통해 서로가 위로와 힘을 얻고, 또 자기 자신을 사랑하고 존중하는 법을 배우는 계기가 되길 바라요. 저는 그렇게 되도록 옆에서 열심히 도와드리는 역할을 할 겁니다……. 이 모임의 주인은 여러분입니다. 적극적으로 참여하셔서 개인적인 목표들도 모두 이루시길 기대하겠습니다.

1) 이 사례는 교육을 목적으로 저자가 구성하였음을 밝힌다.

그럼 이제 앞으로 모임 시간과 장소 그리고 규칙에 대해 말씀드리겠는데요. 여러분 앞에 놓인 유인물을 참조하면서 들으시면 되겠습니다. 이 모임은 앞으로 2개월 반 동안 매주 화요일 오전 10시 30분부터 12시까지 진행될 예정입니다. 총 10번을 만나게 될 겁니다. 장소는 지금 이 면담실이고요. 모임을 진행하는 동안 준비된 차와 다과를 드시면서 편안하게 참여하시면 됩니다. 다음은 이 모임의 규칙에 대해 말씀드리겠습니다. 첫째는 비밀을 지켜 주셔야 합니다. 이 모임에서 이야기된 내용은 절대 이 모임 외의 다른 사람에게 발설을 해서는 안 됩니다. 둘째는 혹시나 갑작스러운 일로 지각이나 결석을 하게 될 경우에는 적어도 하루 전까지 저에게 전화나 문자로 미리 알려 주세요. 셋째는 이 모임이 진행되는 기간 동안에는 서로 간의 금전적인 거래나 음주라든지, 사적인 모임은 자제해 주셨으면 합니다. 이것은 집단 본래의 목적을 달성하기까지 불필요한 문제의 발생을 최소화하기 위한 것이니 이 점 양해를 부탁드리겠습니다. 그리고 마지막으로 모임 시간에는 휴대전화를 꺼 주시기를 부탁드립니다. 이 외에도 여러분이 필요하다고 생각되는 규칙이 있으면 그때그때 보완을 하기로 하겠습니다. 혹시 지금까지 말씀 드린 것에 대해 궁금한 점이 있으신가요?

(3) 집단 구성원 간 소개 진행

(집단 구성원 각자가 탁자 위에 소개 항목이 적힌 A4용지 한 장과 볼펜 한 자루를 가지고 있음)

사회복지사: 지금까지 집단의 목적과 규정에 대해 말씀드렸는데요. 이제부터는 자기 옆에 있는 사람과 둘씩 짝을 지어 서로 소개하는 시간을 갖겠습니다. 좀 전에 나누어 드린 종이를 보시면 질문할

5가지 항목이 적혀 있는데요. 상대방의 이름, 나이, 취미나 특기, 좋아하는 음식, 모임에 대한 기대입니다. 더 궁금한 사항이 있으면 항목을 추가하여 인터뷰를 하셔도 됩니다. 이 질문 항목을 가지고 두 분이 서로에 대해 각각 인터뷰를 하시면 되고요. 인터뷰가 다 끝나면 자기가 인터뷰한 사람을 집단에 소개해 주시면 됩니다. 지금부터 5분간 시간을 드릴 테니 인터뷰 시작해 보도록 하죠. 짝을 맞추기 위해서 저도 함께 참여하겠습니다.

사회복지사: (5분 후) 자, 그럼 이제 자신의 짝을 소개하는 시간을 가져 보겠습니다. 먼저 어느 분부터 소개할까요? (침묵) [이때 자발적으로 지원하는 사람이 없을 때 적극적으로 의견을 개진하고 표현력이 좋은 집단 구성원을 지목하거나 사회복지사가 모델이 되어 먼저 소개할 수 있음]

(4) 첫 회기 마무리 진행

사회복지사: 이제 오늘 모임을 정리하면서 오늘 첫 모임에 참여하신 소감은 어떠신지 돌아가면서 이야기를 나누어 보겠습니다. 오늘 이 시간에 참여하면서 개인적으로 좋았던 점이나 좀 불편했던 점도 좋습니다. (적어 보게 하거나 잠시 생각할 시간을 줌) 제 오른쪽 분부터 이야기해 볼까요?

영희: 모임을 시작하기 전에는 새로운 사람들과 만난다는 게 좀 두렵고 떨렸는데, 오늘 막상 참여하면서 서로 공통점도 찾아보고 이야기를 하다 보니까 마음이 좀 편안해진 것 같아요…….

은실: 저도 비슷한데요, 첫 시간인데도 서로를 알아가면서 많이 친해진 느낌이랄까…… 왠지 친한 언니, 동생을 얻은 것 같기도 하고……. (웃음) (돌아가면서 모두 소감을 발표함)

사회복지사: 혹시 오늘 참여하시면서 어려운 점이나 불편한 점도 있었

나요?

모든 구성원: (모두 고개를 끄덕이며) 네.

사회복지사: 네, 오늘은 첫 모임이라 자기소개와 ○○○ 프로그램을 통해서 서로 좀 더 친해지는 시간을 가져 보고자 했는데요. 여러분이 적극적으로 참여하는 모습이나 여러분의 소감을 들으니 서로 조금이나마 알게 된 것 같고, 시작 시간보다 편안하게 된 것 같아 오늘 모임에서 원하는 것을 이룬 것 같습니다. 다음 모임에서는 아이디어 박스라는 사진을 활용해서 자신의 모습을 살펴보는 시간을 가질 예정입니다. 다음 모임이 기대가 되네요. 이제 다음 주 모임에 오실 때까지 해 오실 간단한 숙제를 드리겠는데요. 어려운 건 아니에요. 일주일간 쭉 생활하시면서 자기 장점을 3가지 이상 생각해 오시는 거예요. 적어 보셔도 좋고요. 어떠세요? 간단하죠? 해 보실 수 있나요?

모든 구성원: (고개를 끄덕이며) 네.

사회복지사: 마지막으로 오늘 모임에 대해서 궁금한 점이나 건의하고 싶은 점이 있으신지요?

은실: 아주 사소한 것도 괜찮나요? (겸연쩍게 웃으며) 전 장점이 없어서…….

사회복지사: 그럼요. 아주 사소하고 작은 것도 좋아요. 예를 들면, 난 손가락이 예쁘다, 아님 남의 말을 잘 들어준다 등등 어떤 것이든 좋습니다.

(집단의 언어적 · 비언어적 반응을 살핀 후) 더 질문이 없으시면 오늘 모임은 여기서 마치고요. 다음 주에 뵙겠습니다. (고개를 숙이며) 수고하셨습니다.

(5) 초기 저항에 대한 대처

(쉼터에 거주하는 가정폭력 피해여성 5명으로 구성된 치료집단)

보경: 저는 이 모임이 도대체 무슨 소용이 있는지 모르겠어요. 저는 저 자신도 추스르기 어렵거든요. 다른 사람들도 마찬가질 거고요. 여기 와서 우리가 이런 얘길 늘어놓은들 달라질 게 뭐겠어요? 말하니까 더 기분이 안 좋네요. 다른 사람도 아마 저와 같은 심정일 거예요.

사회복지사: 아 네, 그런 마음이 드셨군요……. [공감을 표현함] 보경 씨 말씀에 대해서 다른 분들은 어떻게 생각하시나요?

지애: 저는 좀 달랐어요. 지난 시간에 말하고 나니 시원하더라고요. 후련하기도 하고…… 어디 가서 말할 수도 없는 거잖아요. 그리고 남들도 나와 비슷한 경험을 했구나 생각하니까 좀…… 이상하게 들리겠지만…… '나만 그런 게 아니구나' 생각하니까 치료가 됐다 그러나……? 그런 거 같아요. 여러분하고도 가까워진 것 같고…… 여기서는 어떤 얘길 해도 다 알아듣고 이해받을 수 있을 것 같고…….

미애: 저도 말하고 나니 지애 씨처럼 후련하기도 했지만 한편으로는…… 넋두리한 건 아닌지…… 뒤돌아서서 생각해 보니 조금 후회도 되더라고요. 근데 어제 그런 얘길 다 하고 나서…… 그런 얘길 한 사이라 그런지 오늘 만나는 게 반갑더라고요. (웃음)

사회복지사: 네, 여러분 말씀을 들어 보니… 어떤 분은 아픈 경험이지만 말로 표현하면서 공감도 얻고… 심리적으로 정화되면서 위로를 받은 분이 있는가 하면, 어떤 분은 이야기를 해서 오히려 불안해지신 분도 있는 것 같아요. 또 말해 봤자 뭐하나 하고 회의적으로 생각하시는 분도 계시고요. 보경 씨 말씀처럼 모임 초기에는 누구든 그런 불안이나 회의가 들 수 있다고 생각합니다. 물

론, 가정폭력의 기억을 되살리는 것은 누구나 고통스럽죠. 하지만 그런 경험을 다른 사람과 함께 나누다 보면 자신의 아픈 경험에 대해 다르게 생각하게 되기도 하고 마음의 상처가 낫기도 하는 일들이 일어나면서 결국은 고통에서 자유로워질 수 있다고 생각합니다. 숨겨 둔다고 고통받지 않는 건 아니거든요. 그것을 극복하고 초월하기 위해선 고통에 직면이라는 과정이 필요한 거죠. 단, 부탁드리고 싶은 점은 여러분이 남이 말하니까 나도 어쩔 수 없이 한다는 생각으로 말씀하지 마시고…… 남들과 나눌 수 있는 마음의 준비가 되었을 때 말씀해 주시면 좋을 것 같네요.

2) 중간 단계: 다루기 어려운 상황들

(1) 사회복지사의 능력에 대한 도전

사회복지사: 지난 시간에 말씀해 주신 가정폭력피해 경험은 말하기 어려운 주제였는데요. 그럼에도 불구하고 다른 사람들과 함께 나누시고 서로 도움을 주려고 노력해 주셔서 감사했어요. 오늘은 여러분이 가정폭력에서 벗어나기까지 어떤 경험을 했는지 나누는 시간을 갖겠습니다. 혹시 이에 대해서도 아직 말할 준비가 되지 않은 분들은 준비가 되었을 때 말씀해 주시면 됩니다. 어느 분부터 말씀해 주시겠어요?

보경: 그게…… 남들에게 말하기가 힘든 점이 있어요. 내가 말이야 할 수 있겠지만, 선생님이 마음을 열지 않으면 굉장히 이해하기가 힘들 거예요.

사회복지사: 어떤 점이 이해하기 힘들 거라 생각하시나요?

보경: 그게 일종의 영적 체험이거든요. 사람이 완전히 바뀐 거예요. 우

리 가족이 느끼기로는…… (웃음) 그러니까 남편의 상태를 바꾸려고 해서…… 어떤 전략을 써서 된 거는 아니고요. 그거를 이해한다는 거를 전제로 하지 않으면 어떤 얘기가 되기가 좀 힘들어요.

사회복지사: 물론 제가 모두 이해할 수 있다고 장담하지는 못해요. 하지만 저는 이 분야에서 일하면서 유사한 경험을 한 분들을 많이 접해 왔기 때문에 보경 씨와 똑같이 모두 다 이해하지 못해도 어느 정도는 가능하다고 생각합니다. 그리고 무엇보다도 여러분의 경험에 대해서 알고 싶어 하고 이해하려고 노력하는 마음이 크거든요……. 그러니 어떤 거리낌이나 불편함 없이 말씀해 주시면 좋을 것 같아요.

(2) 주제에서 벗어난 이야기, 화제 독점자에 대한 대처

보경: 그러니까 하여간 결혼생활이 나한테는…… 내 인생의 목표가 어떻게 이 사람하고 헤어지느냐였어요. 결혼생활이 너무나 악몽이었으니까요. 사실은…… 제가 스물세 살에 결혼을 했는데……… (계속 자신의 얘기를 진행함. 다른 구성원들은 집중하다가 지루해하는 모습을 보임)

사회복지사: 보경 씨께서 이에 대해서 하실 얘기가 많은 것 같습니다. 어려운 말씀해 주신 것 감사드리고요. 하지만 저희에게 주어진 시간이 제한되어 있어 다른 사람에게도 기회를 주어야 할 것 같습니다. 남편이 변화되었다고 느낀 결정적 계기를 중심으로, 3분 정도로 말씀해 주시면 좋겠네요.

보경: 아, 참…… 폭력에서 벗어난 계기를 말한다는 게 자꾸 딴 얘길 했네요.

(3) 집단 구성원 중 구원자에 대한 사회복지사의 대처

보경: 나도 당장이라도 이혼하고 싶죠. 근데 그게 그렇게 쉽냐고요. 애들은 어떡하고요. 애들이 그렇지 않아도 사춘기라서 힘든데 부모마저 이혼했다고 하면…… 저는 우리 애들한테 그러고 싶지 않아요. (아이들 생각하며 흐느낀다.) 그리고 우리 부모님도 제가 이렇게 사는 것도 모르시고…….

지애: (보경 씨의 말이 끝나기도 전에) 걱정 마세요. 사는 게 별거 없어요. 다 잘될 거예요. 저도 이혼했는데… 그렇게 생각만큼 끔찍하지는 않더라고요. 내 생각에는 이혼 준비를 잘하면 될 것 같은데…… 애들은 몇 살이에요?

보경: 큰애는…… 아홉 살이고, 작은애는…….

사회복지사: 다른 분들이 보경 씨에게 도움을 주려고 하셔서 감사하네요. 지애 씨는 다른 사람의 고통에 대해 어떻게든 위안을 주고 고통도 빨리 덜어 주고 싶으신 것 같아요. 근데 제 생각에 지금은 보경 씨에게 어떤 해결책을 제시하기보다는 보경 씨가 힘들어하는 부분이 뭔지 좀 더 잘 들어주고, 지지해 주는 게 더 필요하지 않을까 하거든요. 보경 씨는 이혼하면 어떤 일을 겪게 될 것 같아요?

보경: 일단 애들 키우는 것도 그렇고…… 경제적인 것도 걱정이에요. 점점 애들한테 들어가는 돈도 만만치 않고…… 요즘에 교육비가 더 많이 들더라고요. 아빠 없는 애들이라는 말 듣게 하고 싶지도 않고…… 또 애가 엄마를 원망할 게 가장 걱정이에요. 우리 부모님도 보수적인 분들이라…… 그리고 건강도 안 좋아서 제가 힘들게 사는 거 말하면…… 아마 쓰러지실 거예요. 반대한 결혼을 억지로 한 것도 죄송한데 이런 모습 보이고 싶지 않아요. 그런 거 생각하니까 참고 살 수밖에 없었던 거죠.

미애: 자녀와 부모님을 위해 참아 온 세월이 참으로 힘드셨을 것 같아요. 그동안 마음의 고통이 컸을 것 같아요.

보경: (흐느낀다.)

(4) 갈등해결 기술: 판단 중지, 공감하기에 대한 모델링 제시

보경: 내가 보기에는 아내로서 지애 씨도 잘못이 있다고 생각해요.

지애: (불쾌한 표정으로 눈살을 찌푸림)

보경: 남자가 오죽했으면 그랬겠어요. 남자가 결혼 7년간 딱 한 번 저녁을 함께 먹었다는 것은 여자한테도 뭔가 문제가 있다는 거죠.

지애: 아니…… 일찍 들어와야 밥을 같이 먹죠. 내가 밥을 안 차려 준 것도 아니고…… 이건 남남처럼 이렇게 사니 내가 어떻게 하겠어요? 이런 일 안 당해 본 사람은 몰라요.

보경: 어떤 면에서는 남편을 탓하기 전에 자신을 돌아봐야 한다는 말이죠. 아내한테 뭔가 불만이 있으니까 그런 행동을 한 거 아니겠어요?

사회복지사: 지애 씨는 남편에 대한 분노와 미운 감정을 느끼고 계신 것 같네요. 많이 힘들었을 것 같아요. 우리 모두 누구의 말이 맞고 틀림을 판단하기보다는, 구성원의 감정을 먼저 이해해 주셨으면 합니다. 지금은 서로가 상대방의 이야기를 잘 들어주는 노력이 더 필요한 것 같아요. [판단 중지]

지애: 정말 많이 힘들었어요. 나한테 불만이 있으면 말이라도 좀 터놓고 했으면 좋겠어요. 제가 진짜 아내로, 애들 엄마로 도대체 뭐가 부족한 건지 말해야 할 거 아니에요. 아주 시댁에만 붙어 가지고…… (눈물을 글썽이며) 세 속이 시커멓게 다 탔다고요.

사회복지사: 지애 씨 이야기를 들으면서 그동안 얼마나 답답하고 힘드셨을까 하는 마음이 절로 드네요. [공감하기]

(5) 의사소통의 연계

보경: 이혼녀라는 꼬리표가 나를 평생 따라다닐 것이고 어떻게 숨기고 살아야 할지…… 고통스러워요. 이혼하면 속 편할 줄 알았는데…… 이런 무서운 시선들이 기다리고 있는 줄 몰랐어요. 이혼하면 모든 문제가 해결될 줄 알았는데…… 문제가 해결된 게 아니고 이제 시작된 거 같아요.

사회복지사: [의사소통의 연계] 제가 보경 씨의 말을 들으면서 지난주에 지애 씨가 이혼한 여성으로 사는 것에 대해 두려움이 있다고 했던 말이 떠올랐는데요……. 지애 씨는 보경 씨가 말한 것에 대해 어떤 생각이 드세요?

지애: 저도 보경 씨와 마찬가지로 힘든 시기가 있었죠. 주변에 이혼했다고 말한 지 얼마 안 돼요. 그냥…… 사람들이 나를 어떤 눈으로 볼지, 내가 어떤 불이익을 당할지 몰라…… 숨기고 살았거든요. 솔직히 그들이 나한테 어쩌지도 않을 건데…… 나 혼자 너무 갇혀 살았단 생각이 들었어요. 그래서 지금은 그냥 자유롭게 말해요. 그러니까…… 오히려 오기도 생기고 자신감 같은 것도 생기고 그러더라고요.

제13장

지역사회복지의 이해와 실천기술

사회복지실천을 미시실천(micro practice)과 거시실천(macro practice)으로 나누는데, 이 장은 거시실천에 속하는 지역사회복지실천(community welfare practice)에 관한 내용으로 구성하였다.

1. 지역사회복지에 대한 이해

1) 개념 정의

'community'라는 용어는 현재 사회복지학에서 '지역사회'로 번역되어 사용되고 있다. 그 어원은 고대 그리스어의 'communis'로, 고향 사람이란 뜻을 지닌다. 이는 중세 사회의 봉토에 속박되어 혈연적으로나 경제적으로나 공동체적으로 살던 모습을 일컫는 개념이다(오정수, 류진석, 2009). 이에 'communis'

에서 유래된 'community'란 용어는 '공동체'로 많이 번역된다. 어원을 통해 유추할 수 있듯이 '지역사회'라는 개념에 공동체의 맥락이 자리하고 있다. 미국의 사회학자 Robert Park는 지역사회를 "영토를 기초로 구분되는 인구집단과 그 구성원의 상호 의존적 관계"로 개념화하였다. 그 후 George Hillery, Jr.가 지역사회를 개념화하는 데 있어서 세 가지 요소, 즉 영토성(territorial area), 사회적 상호작용(social interaction), 그리고 서로 공유된 연대(common ties)를 언급하였다(강철희, 정무성, 2006). 이 세 요소는 지금까지도 지역사회를 정의하는 데 없어서는 안 될 주요한 구성 요소로 언급되고 있다. 요컨대, 지역사회란 "일정한 지리적 경계가 있는 영토 안에서 함께 거주하는 사람 간의 상호작용과 그로 인해 형성된 공통의 연대적 정서"라고 정의할 수 있다. 하지만 현대 도시는 교통·통신수단의 발달로 지리적인 경계가 느슨해짐으로써 과거의 영토성의 의미가 희석된 것이 사실이다. 따라서 지역사회는 두 가지로 정의할 수 있다. 첫째는 지리적 공간으로서의 지역사회이고, 둘째는 가상공간으로서의 지역사회다. 이러한 기준에 입각한 지역사회의 개념 정의를 살펴보자.

(1) 지리적 공간으로서의 지역사회

지리적 공간으로서의 지역사회를 정의한 학자로는 A. Dunham, D. I. Warren, P. W. Mattessich, B. Monsey 등을 꼽을 수 있다. Dunham은 1950년대 학자로서 가장 전통적인 방식으로 지역사회를 정의하고 있다. 그는 지역사회란 "일상적인 삶에서의 관습이나 전통, 언어 등을 공유하는 일정 영토에 거주하는 인구집단"이라고 정의하였다(최일섭, 류진석, 2003). Dunham의 개념 정의는 영토성에 기초한 지역사회 정의의 고전으로 불릴 만큼 가장 전통적인 방식이다. 그러나 현대에서 조명해 본다면 다분히 지역사회를 광의의 개념으로 해석하고 있음을 알 수 있다.

Dunham보다 지역사회를 좀 더 체계적이고 구체화시킨 학자가 바로 Warren이다. Warren은 기능주의 이론을 지역사회에 접목시킨 학자로 지역사회의 구성 요소와 각 요소의 기능을 잘 설명한 것으로 꼽힌다. 그는 지역사회를 일정한 지리적 영역(physical area)을 기반으로 하여 주요한 사회기능을 수행하는 사회 구성 단위 및 사회 시스템의 결합체라고 정의하였다. 즉, 지역사회는 경제체계, 사회체계, 문화체계, 정치체계, 교육체계 등의 하위체계를 가지고 있으며, 이들은 각기 고유한 기능을 수행하면서 하나의 지역사회를 이룬다는 것이다. 이러한 하위체계의 순기능이 잘 작동된다면, 지역사회는 ① 서로가 돕고 살 수 있는 상호부조 기능을 하게 되고, ② 생산과 분배와 소비를 담당하는 경제적 기능을 수행하게 되며, ③ 사회 성원이 되는 데 필요한 제반 요소를 알려 주는 사회화 기능까지도 담당하게 된다. 더 나아가 ④ 지역사회는 법이나 제도를 통해 사회통제 기능도 하게 되며, ⑤ 자발적 참여를 독려함으로써 사회통합 기능도 수행한다. Warren의 지역사회 개념 정의는 지리적 공간을 기반으로 한 지역사회의 구조와 기능을 학문적으로 정의하고 분석했다는 데 큰 의의를 가진다.

Dunham과 Warren이 1950년대와 1960년대의 학자라면, 최근의 학자임에도 지리적 공간으로서의 지역사회를 주장하는 학자가 있다. 바로 Mattessich와 Monsey이다. 이들에 따르면 지역사회란 일정한 지리적 공간과 그곳에 거주하는 구성원 그리고 그 구성원 간의 사회・심리적 연대의 정서를 지닌 사람을 말한다. 그리고 현대 도시 사회에서도 여전히 지리적 공간을 기반으로 한 구성원 간의 사회・심리적 연대가 형성된다고 보는데, 일상생활을 함께하는 이웃이나 동네 또는 마을 단위를 본다면 그렇다는 것이다. 한편으로 도시라는 더 큰 범위로 지리적 공간을 설정했을 때도 그 범위 안에서의 고유한 연대적 정서가 있다는 것이다(Mattessich & Monsey, 1997). 그래서 Mattessich와 Monsey는 사람들의 삶의 질 향상을 위한 사회복지적 개입 대상의 하나로 지역사회를 주목한다. 그들의 지역사회 개념 정의는 현대사회에서 삶의 질 향상의 개입 대상으로서 지역사회에 대해 주목했다는 점과 현대사회에서도 여전히 지리적 공간과 그 공간을 기초로 형성된 사회・심리적 연대의 정서가 유용하다는 것을 밝혔다는 점에서 의의가 있다.

(2) 가상공간으로서의 지역사회

지역사회를 정의하는 방식의 두 번째 기준은 바로 가상공간에 대한 설정이다. 앞서 서술한 바와 같이, 교통 · 통신수단의 발달은 현대 도시 공간의 지리적 경계를 느슨하게 함으로써 사람들의 지리적 이동을 자유롭게 하였다. 이제는 더 이상 사람들의 일상생활이 거주지 중심의 일정한 공간에 제한되어 있지 않으며, 따라서 어떤 일정한 경계를 지닌 공간은 일정한 구성원만을 포함하지 않는다. 즉, 개인의 이동은 자유로워지고 일정 공간은 특정인만을 구성원으로 설정하지 않는다. 많은 학자는 이러한 현대인의 지리적 공간과의 관계 변화로 지리적 공간으로서의 지역사회가 해체되었음을 보고하였다.

하지만 1990년대와 2000년대에 들어서면서 새로운 주장이 펼쳐지기 시작했는데 그것이 바로 가상공간의 출현이다. 즉, 도시에 사는 많은 현대인은 지리적 공간에서 이탈됨과 동시에 새로운 공간인 가상공간을 찾게 되고, 그곳을 기반으로 심리 · 사회적 연대의 정서를 형성하며 살아간다는 것이다. 이러한 모습은 마치 지리적 공간에 밀착되어 살아가던 사람들의 모습과 크게 다르지 않다는 것이 현대공동체 학자들의 주장이다.

가상공간으로 대표되는 것은 사이버 공간(cyber space)인데 사회복지에서는 특정한 이해(interests)나 관심을 말한다. 예를 들면, 장애아동을 둔 부모공동체나 여성공동체, 정신장애인의 치료공동체 같은 것이 이에 포함된다. 이러한 가상공간에 관한 이론을 사회복지학에서는 '기능적 지역사회(functional community)'로 받아들여 개념화하게 된다. 특정한 이해나 관심을 기반으로 기능적으로 공동체를 이룬다는 의미다. 현재 우리 사회에서는 기능적 지역사회로 번역되어 사용되고 있다.

가상공간으로서의 지역사회에 대한 연구를 하는 학자로는 McMillan과 Chavis, Anderson과 Carter, Weil과 Gamble 등을 꼽을 수 있다. 이들 학자는 가상공간 형성의 토대에 대해서 약간의 이견을 보이고 있다. 이러한 차이를 중심으로 설명해 보면, 먼저 McMillan과 Chavis(1896)는 가상공간으로서 지역사회의 토대를 특정 집단 형성의 정체성으로 보았다. 동성애가 그 대표적인 예가 될 수 있다. 이들에 따르면 특정 집단의 정체성은 그 구성원의 소속감과 공유된 신념 그리고 헌신을 바탕으로 이루어진다. 따라서 이런 집단은 지리적 공간을 공유하지 않더라도 그들 간에 하나의 공동체와 같은 가상공간이 형성된다.

Anderson과 Carter(1990)는 가상공간의 토대를 McMillan과 Chavis보다 훨씬 구체적으로 다양한 사례를 들어 설명한 점과 가상공간을 앞선 지리적 공간과 차별화하는 의미로 비장소적 지역사회(non-place community)라는 용어를 사용했다는 점에서 주목할 만하다. 그들은 가상공간으로서의 지역사회 형성의 토대로 인종 배경, 성적 지향, 직업, 장애, 질병, 종교, 사회계층 등 포괄적 영역에서 구체적인 현실적 기준을 열거하였다. 이러한 기준을 보면 사실상 가상공간으로서의 지역사회는 아주 광범위하게 현대 사회에 이미 형성되어 있으며, 우리는 바로 이러한 가상공동체에 주목해야 한다.

Weil과 Gamble(1995)은 현대사회에서 발견한 다양한 지역사회 실천 모델을 정리하고 이론화한 대표적인 지역사회 연구자다. 그들은 가상공간으로서 지역사회의 기준으로 장애나 아동, 차별 등 사회복지적 이슈를 제시한 점과 이러한 지역사회를 기능적 지역사회로 개념화한 점에서 주목하여야 할 것이다. 기능적 지역사회는 특정한 속성과 이해관계에 기초하며 지리적 영역 안에서 형성될 수도 있고 지역적 경계를 뛰어넘을 수도 있다. Weil과 Gamble의 기능적 지역사회에 대한 정의는 현재 사회복지실천에서 가장 널리 사용되고 있는 개념이다.

(3) 지역사회의 기능

지역사회는 오래전부터 지역사회 구성원을 위해 ① 상부상조(mutual aid) 기능, ② 경제적(economic) 기능, ③ 사회화(socialization) 기능, ④ 사회통제(social control) 기능, ⑤ 사회참여(social participation) 또는 사회통합(social integration) 기능 등의 다섯 가지 기능을 하는 것으로 여겨져 왔다. 첫째, 상부상조 기능은 지역사회가 지역사회 구성원이 겪게 되는 여러 사회문제에 대해 자발적 원조로 해결하는 것을 말한다. 둘째, 경제적 기능은 지역사회 내에 생산과 분배 그리고 소비 기능이 존재함을 말한다. 셋째, 사회화 기능은 지역사회가 지역사회 구성원으로 살아가는 데 필요한 관례와 규칙 등을 습득하도록 돕는 것을 말한다. 넷째, 사회통제 기능은 지역사회가 자체의 기능 수행과 정체성 유지를 위해 스스로 구성원에 대해 통제하는 기능을 수행하는 것을 말한다. 지역사회 관련 법규 등이 이러한 역할을 하게 된다. 마지막으로, 사회참여 또는 사회통합 기능은 지역사회가 지역사회 구성원의 자발적 참여를 독려하고 지역사회 구성원 간의 사회통합을 도모하고 촉진하는 기능을 자발적으로 수행하는 것을 말한다.

지역사회의 이 다섯 가지 기능은 지역사회가 건강한 상태로 순기능을 하는 것을 말한다. 그런데 현대 도시사회에서 지역사회의 순기능을 발견하기란 쉽지 않다. 사실상 많은 지역사회는 공동체 모습을 상실한 채 많은 역기능을 나타내고 있다. 그런 역기능으로는 범죄나 빈곤, 부적절한 주거 공급, 실업률의 증가 등을 들 수 있다. 이러한 지역사회의 역기능이 해결되었을 때, 지역사회는 그 구성원의 삶의 질 향상을 위해 건강한 환경으로 자리 잡을 것이다.

2) 지역사회복지 실천 영역

Homan에 의하면 지역사회복지 실천 영역은, 첫째, 지역사회 보호, 둘째, 지역사회 조직화(옹호 실천), 셋째, 자원개발 및 자원동원, 넷째, 서비스 전달체계 촉진 활동 등의 네 부분으로 나눌 수 있다(강철희, 정무성, 2006).

(1) 지역사회 보호

지역사회 보호(community care)는 지역사회 조직화와 함께 지역사회복지실천의 오랜 전통을 지닌 실천 영역이다. 영국의 대처리즘하에 개발된 실천방법으로 그 이후 세계적으로 확산되어 실천되고 있다. 지역사회 보호란 5세 이하의 아동, 65세 이상의 노인, 거동이 불편한 장애인 등 사회적 보호가 필요한 사람을 자신의 가정이나 지역사회에서 보호하는 것을 말한다. 따라서 지역사회 보호실천에서는 자원봉사 인력구성이 매우 중요하며 제공되는 보호 내용 또한 간병간호와 같은 일상생활에 대한 원조가 주를 이룬다. 지역사회보호실천은 현재 우리나라에서 재가복지봉사센터를 통해 이루어지고 있다.

(2) 지역사회 조직화(옹호 실천)

지역사회 조직화 실천의 목표는 옹호 실천에 있다. 지역사회 주민이나 사회문제 당사자를 중심으로 연대를 도모함으로써 집단의 힘을 결집하여 사회적 문제를 해결하고자 하는 실천이다. 지역사회의 공공성을 강화하고자 하면 지역사회의 이슈를 제기하고 지역사회 구성원과 의사소통을 하는 방법을 선택하게 된다. 문제해결을 위한 법률(조례 등)에 근거하여 실천의 정당성을 확보하기도 한다.

지역사회 조직화 실천은 지역사회 내의 의사결정 구조와 권력구조를 사정하여 활동하는 기술을 요구하기도 한다. 이런 측면에서 본다면 지역사회 조직화 실천은 매우 거시적 접근으로 이해될 수 있다.

(3) 자원개발 및 자원동원

지역사회를 기반으로 한 실천에서 가장 중요한 것은 자원개발 및 자원동원 영역일 것이다. 이 활동은 지역사회 내의 다양한 사회서비스 조직의 자원관리 맥락에서 이해관계가 모두에게 있는 실천 영역이다. 지역사회 자원 개발 및 동원에서 제일 먼저 인식해야 할 것은 지역사회 내 자원의 한정성을 이해해야 한다는 것이다. 그렇기 때문에 제한된 자원을 놓고 사회복지 조직 간에 경쟁도 존재할 수 있으며 자원배분의 불균형성도 존재할 수 있다. 따라서 자원을 개발하고 동원하기 위한 실천에서는 이러한 점을 인식하여 지역사회 내 협력을 도모하는 노력 또한 병행되어야 할 것이다.

지역사회 자원의 종류로는 재정 자원, 인적 자원, 사회관계 자원(social capital), 문화 자원 등을 들 수 있다. 재정 자원은 주로 후원금이나 지자체의 보조금 또는 이용자의 요금을 말한다. 인적 자원이란 사회복지 종사인력을 포함하여 자원봉사자 그리고 기타 타 분야의 전문인력을 일컫는다. 사회관계 자원이란 사회관계에 내재된 자원을 사용하는 것을 말한다. 협조적이고 협력적인 공조관계나 기타 여러 형태의 사회관계를 활용하는 방법은 지역사회 내의 한정된 자원을 극대화하는 데 매우 중요하다고 할 수 있다. 마지막으로 살펴볼 수 있는 지역사회 자원으로는 문화 자원을 들 수 있다. 각 지역사회는 오랜 시간에 걸쳐 형성된 독특한 문화를 지니고 있다. 호혜적인 문화를 지닌 곳도 있고 문화적 가치가 높은 전통문화를 소유한 곳도 있다. 자신의 지역사회 문화를 파악하고 그것을 자원화하려는 노력이 있어야 한다.

(4) 서비스 전달체계 촉진 활동

지역사회실천의 고유 영역 중 하나는 다양한 사회복지 조직이 존재하는 지역사회 내에서 이러한 기관 간의 협력을 도모하고 사회서비스 제공의 중복을 피하기 위한 조정 활동을 한다는 것이다. 이를 위해 기관 간의 네트워킹(networking) 기술과 정보의 공유가 필히 갖추어져야 한다. 이러한 활동을 위해 지역사회복지협의체나 사회복지협회가 존재하기도 한다. 중요한 것은 이러한 지역사회 내의 협력실천을 꾀하고 서비스 간 조정 활동 그리고 여러 다양한 네트워킹 활동은 모두 지역사회 내의 서비스 전달체계의 효과적 운영을 위한 촉진 활동이라는 것이다.

2. 지역사회복지 실천기술

지역사회복지 실천기술로는 지역사회 개입 기술, 자원동원 기술 및 조직화 기술 등에 대해서 설명하고자 한다.

1) 지역사회 개입기술

지역사회를 기반으로 한 실천은 지역사회 내의 사람들과 클라이언트 집단과 좋은 관계를 형성하는 것에서부터 시작될 수 있다. 그런데 사회복지사가 오래전부터 그 지역을 방문했거나 아는 사람이 있다면 관계 형성은 쉽게 이루어질 수 있다. 이러한 친근한 관계는 지역 내에서 사회복지사로서의 역할을 하는 데 '다리' 역할을 해 줄 수 있다. 그렇지 않은 경우 사회복지사는 접촉 설정 과정을 더 쉽게 만들어 나가기 위해 적절하고 자연스러운 만남의 장소나 토의를 나눌 수 있는 주제를 찾는 데 주력해야 한다(Ronnby, 1996).

(1) 사람과 환경을 알아 가라

사회복지사는 지역사회 주민과 그들의 태도, 관심사, 가치관, 사고방식, 자기표현 방식 등을 알아 나가는 데 주력해야 한다. 이는 지역사회 구성원과의 접촉을 용이하게 하고, 지역사회에 사회복지사의 존재나 개입을 정당화하는 데 도움이 된다. 이를 위해서 사회복지사는 적당한 시간에 사람들과 만나 얘기를 나누고 그들의 언어로 말하는 등 그들에게 너무 낯설게 보이지 않는 방식으로 접근해야 한다. 이러한 방식은 사회복지사가 지역사회 개입을 하는 데 있어서 제일 먼저 언어방식을 발전시켜 나가야 함을 말해 준다. 즉, 사회복지사는 주민의 현존하는 사고방식, 그들의 관계와 관심사를 이해해야 한다(Ronnby, 1996).

(2) 접촉을 만들어 가라

지역사회 개입 단계에서 해야 할 것 중 한 가지는 지도자 역할을 하거나 중심적 위치(공식적이건 비공식적이건)를 차지하고 있는 사람이나 지도집단을 찾아내어 그들과 많은 접촉을 가지는 것이다. 언제나 어떤 집단 내에는 지도자가 있기 때문에 그들과 좋은 관계를 맺는 과정까지 발전시켜 나가야 한다. 만약 사회복지사가 이러한 지도자와 상호관계를 맺지 않게 되면 후에 지역사회 주민에게 선입견을 주거나 심할 경우 사회복지실천을 하는 것이 불가능해질 수도 있다.

접촉을 만들어 나가는 것은 사회복지사가 사람들과 만나 그들에게 도움을 제공하는 것을 의미하기도 한다. 이는 사회복지실천이 보통 그들 자신의 문제나 욕구를 제대로 해결하지 못하는 사람을 대상으로 하기 때문이다. 이러한 접촉은 매우 다양한 방법으로 이루어질 수 있다. 예를 들어, 교회에 있는 어떤 모임을 통해서, 또는 축구 모임과 같이 스포츠나 다른 취미 활동을 하는 모임을 통해서 가능하다. 여기서 중요한 것은 이와 같은 계기는 자연스러운 기회를 활용하거나 특별한 이벤트를 만듦으로써 사람들이 대화할 수 있도록 하는 것이 주요 목적이라는 것이다. 주로 기존에 있던 전통이나 관습에 관계된 계기를 만드는 것이 바람직하다.

사회복지사는 다양한 경로를 통해 그들의 초점 대상과 개인적으로 알아 가기 위해 노력한다. 이러한 과정은 집단 모임이 시작되기 전에 꽤 오랫동안 지속적으로 이루어져야 한다. 가장 먼저 사회복지사는 개인적인 접촉관계망을 세워야 하는데, 이때 자연스럽고 자발적인 위치에서 접촉이 이루어질 수 있어야 한다.

교제 기회를 만드는 것은 직접 지역사회 주민의 집을 방문하는 방법을 통해 이루어질 수 있다. 그러나 이 경우 방문에 대한 정당한 이유가 있어야 하기 때문에 시작 단계에서는 괜한 의심을 받을 우려가 있다.

초점 대상과의 교제 기회를 만들기 위해 사회복지사는 다양한 종류의 일에 초점 대상과 함께 참여할 수도 있다. 즉, 초점 대상이 만든 특정한 모임이 있다면 그 모임을 찾아가 교제 기회를 만들고 일련의 협력을 시작하는 것이다. 그렇게 되면 그 모임은 시작 단계에서의 첫 조직이 될 수 있다. 그러나 사회복지사는 이러한 과정에서 다음과 같은 질문을 먼저 스스로에게 던져 보아야 한다. '왜 내가 이 집단 혹은 조직을 선택했는가?', '왜 이 조직은 그들이 가진 문제에 대해 나와 협력하기를 원하는가?', '그 성원에게서 어떠한 욕구와 관심을 발견할 수 있는가?', '지역사회복지를 통해 그들은 무엇을 얻어 낼 수 있는가?' 등이다.

첫째, 네트워크 만들기

앞서 살펴본 바와 같이 먼저 사람들과의 접촉을 갖지 않고 모임을 만드는 것은 그리 권장할 만한 방법이 아니다. 그러나 대상이 가지고 있는 문제가 명백하거나 긴급한 사안일 경우는 예외일 수도 있다. 예를 들어, 어느 지역의 그린벨트 지역이 새로운 도로 건설로 인해 위협받거나 학교 파업, 상점 휴점 등 주요 사안이 발생했을 경우, 이러한 상황은 저항조직이 신속하게 생기는 시발점이 될 수 있다. 일련의 준비와 사람들을 집단화하는 근간이 되는 이러한 상황이 '거대한 모임'이 형성되는 준비점이 되는 것이다. 대부분의 상황에서 사회복지사는 참여하고 있는 사람들에 대해 보다 장기적 관점에서 개인적인 교제와 관심사에 대한 네트워크를 만들 것을 요구한다. 시간이 점차 지나면서 중심이 되는 집단이 생겨나고 그것은 더욱 발전된 조직을 만들고 더 많은 성원을 참여시키는 데 촉진자로서의 역할을 담당하게 된다(홍현미라, 2015, 2016). 첫 모임은 꼭 공식적일 필요는 없다. 즉, 마을의 파티나 티 타임, 가족 단위의 여행 등과 같은 분위기가 오히려 좋을 수 있다.

둘째, 협력에 대한 동기부여

다음 단계는 문제를 지닌 사람들이 서로 그들의 교제를 좀 더 발전시켜 나가기 위한 모임을 갖는 것에 정당한 이유를 찾는 부분이다. 이러한 논의를 통해 대상자는 그들의 상황과 문제, 욕구, 그리고 그들이 협력할 수 있는 관심사가 무엇인지에 관해 발견할 수 있다. 여기에서 사회복지사의 전략은 사람들이 서로가 필요하다는 것을 깨닫게 하는 것이다. 이를 통해 그들이 협력을 통해 무언가를 얻어 내고 더욱 구체적인 방법으로 성과를 얻어 내는 것을 지켜볼 수 있도록 한다. 사회복지사에게는 이것이 사람들 사이의 저항과 서로를 좀 더 가깝게 하고 협력을 발전시키는 것을 방해하는 관성을 극복하도록 돕는 것을 의미한다.

사람들이 '행동조직'을 형성해 나가도록 하기 위한 전략의 시작점은 그들이 특정 과제에 함께 참여하여 그 경험을 통해 주요한 무언가를 얻어 낼 수 있도록 이끄는 데 있다. 이를 통해 대상자는 시간과 에너지를 함께 나누며 성과를 얻어 내는 과정을 경험하게 되는 것이다. 사람들은 그들의 참여로 인한 '비용'이 적정한 수준일 때 그들의 참여를 통해 성과를 얻어 냈다는 것을 믿게 된다. 그래서 사람들로 하여금 이러한 과정을 경험하도록 하는 것은 매우 중요하다. 그리고 무엇보다 그들이 참여하려는 과제가 '참여할 만하다'는 이유를 갖게 해 주는 것이어야 한다.

(3) 사회복지사의 존재를 정당화하라

지속적으로 지역사회 및 대상자와의 관계를 유지하는 것은 지역사회복지를 실천하는 사회복지사가 사람들과의 지속적인 만남을 통해 보편적인 관심사를 찾아내고 이를 통해 더욱 많은 교제를 늘려 나가는 과정으로 이루어진다. 뿐만 아니라 사회복지사는 지속적인 협력이 이루어질 수 있는 발판을 만들어 나가야 한다. 이러한 협력은, 가령 '주고받음'의 관계를 통해 이루어지는 것이며, 사회복지사가 자신의 존재를 정당화하고 사회복지사와 대상자 양자가 주고받음을 함께 경험해야만 지역주민과의 교제가 지속될 수 있다.

'사회복지사는 대상자의 관심사에 무엇을 기여 할 수 있는가?' 이러한 질문에 사회복지사가 반드시 답해 줄 수 있어야 하고 긍정적인 방향으로 책임질 수 있도록 노력해야 한다. 사회복지사가 보통 대상자 집단에 기여하는 부분은 그들이 어떻게 보편적 관심사와 관련하여 만남을 가질 수 있는지에 대한 지식을 제공하는 것이다. 교제를 시작하고 관심사 및 주요 쟁점을 만들어 나가며 모임을 조직화하고 사업을 수행하는 것을 통해 보다 생산적이고 촉진적이며 발전적인 협력관계를 형성하여야 바람직한 지역사회가 만들어진다. 사회복지사는 촉진자로서의 역할을 담당하고 실천을 발전시키는 데 도움을 주며 사람들의 참여를 촉진시키고 사람들이 자원을 발견하는 데 도움을 주어야 한다. 즉, 사회복지사가 바람직한 조직을 만들고 그들의 목표를 위해 어떠한 역할을 해야 하는지 알고 있어야 한다. 이를 위해 두 가지 기술이 필요하다.

첫째, 상호적 대화

이때 사회복지사가 가져야 할 기술은 바로 작고 커다란 집단 사이에서 그리고 보다 조직화된 경로에서 사람들 간에 이루어지고 있는 사회적 상호 역할을 이해하는 것이다. 사회복지사는 대화를 발전시켜 나가고 지역주민이 서로에게 관심을 가지며 서로 듣고 응답하는 관계를 유지하도록 도울 수 있어야 한다. 대화의 시작은 다른 사람과 함께 이루어지는 것이고 그에 반응을 해야 하는 책임을 수반하는 과정이다.

사회복지사는 참여자가 어떻게 집단 내에서 사회적 상호 역할을 이끌어 나갈지 지도할 수 있는 능력을 갖추어야 한다. 모든 사람은 어떠한 상황에서 기여자가 될 수 있고, 실천의 일부분을 맡을 수 있다고 느끼며 그에 대한 책임감을 느낄 수 있다. 이는 각자 역할에 대한 업무를 분담하고 업무에 대한 개인적 책임을 수반하는 것이다. 이러한 상호적 대화를 이루기 위한 기술은 모든 집단 성원이 개인적 관계를 통해 각자의 능력과 재능을 향상시키는 데 도움을 줄 수 있다. 이와 동시에 사회복지사는 각 성원이 서로를 지지하고 격려하여 행동화하거나 새로운 과제를 수행할 수 있도록, 그리고 그들의 재능을 발전시켜 나갈 수 있도록 촉진하는 역할을 담당해야 한다. 이러한 과정에서 사회복지사는 과제 수행 시 자신이 혼자 담당하여 성원의 발전을 어렵게 만드는 일이 생기지 않도록 주의해야 하며, 그들이 과제를 수행해 나갈 수 있도록 지지하고 도움을 주어야 한다.

둘째, 정책에 관해 알기

사회복지사는 자원이 위치해 있는 곳과 그것을 활용하는 방법 그리고 정책 결정자에게 영향을 끼칠 수 있는 방법을 알고 클라이언트가 주요 쟁점에 관한 지원을 얻어 내도록 하기 위해 지배적 사회 조건과 정책, 권력구조에 대한 적절한 지식을 가지고 있어야 한다. 사회복지사는 지방 및 중앙 정부의 행정과 정책 결정권한이 조직되는 방식, 민주주의 원칙 및 정책에 관한 원리 등에 관한 지식을 습득해야 한다. 사회복지사의 경쟁력 중 한 부분은 바로 충분한 일반적 지식을 갖추는 것, 그리고 클라이언트 집단이 그들의 목표를 달성하기 위해 장 · 단기적 행동을 취하는 것에 관한 세부 지침을 알려 줄 수 있는 능력을 갖추는 것이다. 종종 사회복지사는 사회행동을 통해 정책에 영향력을 미치고자 하기 때문에 거시적 관점에서 정치적 지형을 파악하는 능력을 갖추어야 할 것이다.

사회복지사는 여론을 만들고 연대자를 늘리며 관심을 증폭시키기 위해 매스미디어를 다룰 수 있는 능력을 갖추어야 한다. 또한 집단 내의 갈등을 다룰 줄 알아야 하며, 외부의 적대적 입장을 보이는 집단의 공격에 대해 방어하는 능력도 필요하다. 사회복지사는 전략과 사업을 발전시켜 나가기 위해 집단에서 미리 경험해야 하는 부분이 무엇인지 알고 있어야 한다. 뿐만 아니라 집단과 일반 대중의 연결이 어떻게 이루어지고 있는지에 대해서도 귀 기울여야 한다. 즉, 사회의 일반적인 형세를 알고 그에 대처해 나갈 수 있는 능력이 필요하다. 무엇보다 사회복지사는 집단 내의 성원을 격려하고 그들의 과업수행을 촉진하며 강한 심리적 지지를 할 수 있는 역할을 담당해야 한다.

(4) 협력의 발판을 만들라

협력의 시작점은 모든 사람이 본질적으로 볼 수 있는 어떠한 것에 관해 주고받는 과정에서 무언가를 기여할 수 있도록 그들을 참여시키는 데 있다. 하지만 여기에는 좀 더 많은 것이 필요하다. 이러한 협력관계는 무엇보다 지역주민, 즉 클라이언트의 자발적 의지로 이루어지는 것이 중요하다. 그렇기에 이러한 관계에서 사회복지사가 그들을 지배하려 한다거나 경쟁적 태도를 보인다면 협력관계는 깨질 수밖에 없다. 그러므로 사회복지사는 겸손하며 사람을 섬기는 태도를 가지고, 성원이 사회복지사의 우월감이나 지배적 태도를 인식하지 않도록 만들어야 한다.

협력관계는 협력에 관한 구체적 사안을 가지고 있는 것을 전제로 했을 때 가능하다. 즉, 사회복지사와 집단이 명확한 목표를 가지고 무언가 구체적 사안에 관해 함께 협력해 나가는 것이 가장 바람직하다(홍현미라, 2015). 집단 성원이 목표를 세우는 과정과 함께 행동계획을 만들어 나가고, 어떻게 목표에 도달하는지, 그 과정에서 일의 분배는 어떻게 진행되는지, 소요시간 등을 정해 나가는 것이 좋다.

그러나 여기에서는 무엇보다 각각의 성원에게 구체적 과제를 분배하는 것이 매우 중요하게 다루어져야 할 것이다. 이는 분배가 참여하고 있는 모든 집단 성원이 동등하게 대우받고 존엄성을 지니며 책임감을 가지고 있다는 인식을 심어 주기 때문일 것이다.

지역사회 개입기술 사례 **S시의 복지생태계 구축하기 사례**

S시에서는 복지지원체계가 부족한 지역을 선정하고 그곳에서 복지생태계를 구축하고자 하는 사회복지실천을 몇 년간 진행하였다. 이 실천에서 가장 먼저 요구된 지역사회복지 실천기술은 지역사회 개입기술이었다.

… 사람과 환경을 알아 가라

지역사회에 개입하기 위하여 본 사례에서는 선정된 지역에 새로 채용한 사회복지사들이 지역사회에 머물기 위한 공간을 먼저 찾았다. 그리고 그곳에 사회복지 사무소 역할을 할 수 있도록 사회복지사들을 상주시켰다. 이러한 과정을 '지역사회 아웃-리치(community out reach)'라 한다. 이는 사회복지 욕구가 있는 지역을 발견하고 그곳에 서비스 제공 실천을 위한 사무소를 설치하는 것을 말한다. 이곳에서 일하게 된 사회복지사들은 '사람과 환경을 알아 가기' 위해서 지역사회의 이동하는 인구를 관찰하고 지역에 오래 거주한 주민들을 중심으로 만나면서 지역 토착 지도자를 찾아가기 위한 노력을 하였다. 이러한 과정을 통해 마을 단위의 지역사회를 알아가고자 하는 실천을 하였다.

… 접촉을 만들어 가라

첫째, 네트워크 만들기

본 사례에서 사회복지사들은 자신의 지역사회의 네트워크를 찾는 것을 시작으로 네트워크를 만들고자 하였다. 제일 먼저 사회복지와 관련 있는 관공서(구청, 동 복지센터, 통장 모임 등)는 물론 사회서비스 제공 기관인 어린이집, 노인정, 사회복지관과 같은 사회서비스 기관 등을 방문하면서 자신들의 실천 프로젝트인 '복지생태계 구축'을 알리고 그 실천을 하기 위한 사무소와 사회복지사들의 존재를 알려 나갔다.

둘째, 협력에 대한 동기부여

사회복지사들은 가가호호 방문과 통장회의 및 지역행사 등에 참여하면서 지역사회에 생태모임과 같은 다양한 비영리 조직을 찾아내고 그들의 당면한 문제 사정 및 인력구조, 자원봉사자 파악 그리고 그들의 독자적인 문화 등을 파악해 나갔다. 이러한 조사(search) 및 사정(assessment)을 통해 지역사회에서 만들어 내야 하는 협력 실천을 구상하고 그러한 협력 실천에 참여하였을 때 각 단위에서 얻게 되는 이득에 대한 논의와 그러한 이득의 선순환 관계를 만들기 위한 실천을 진행하였다. 가령, 구청에서 공터를 제공하고 어린이집 프로그램을 통해 부모-자녀 텃밭 가꾸기를 진행하고, 텃밭의 수확물을 가지고 노인정 어르신과의 식사모임을 추진하였으며, 이러한 과정과 성과는 생태보존 시민 모임에서 기록하고 책자를 발간하여 일반 시민들이 공유할 수 있도록 하였다.

··· 사회복지사의 존재를 정당화하라(첫째, 상호적 대화, 둘째, 정책에 관해 알리기)

사회복지사의 존재를 정당화하는 두 가지 과정, 즉 상호적 대화와 정책 알리기는 위에서 제시한 실천을 만들어 내기 위한 필수 조건이었다. 지역주민들의 참여와 관공서, 민간사회서비스 단체 및 비영리 단체와의 접촉 및 네트워크를 만들어 내기 위해 끊임없는 접촉과 대화 그리고 지역에 상주하도록 한 실천이 이러한 결과를 만들어 내도록 하였다.

2) 지역사회 자원동원 기술

지역사회 자원을 동원하는 것은 지역사회복지의 핵심적 요소로 지역사회복지실천을 위한 중요한 기술이다. Ronnby(1996)의 내용을 정리해 보면 다음과 같다.

(1) 클라이언트 욕구사정

지역사회를 기반으로 하여 실천하는 사회복지사가 제일 먼저 해야 할 것은 자신이 만나야 할 욕구집단이 누구인지, 또 그들이 어떠한 서비스를 받기를 원하는지 정의하는 것이다. 이러한 클라이언트 집단과 그들의 욕구에 대한 정의가 내려지면 그들에 대한 개입 방향을 설정하는 작업을 시작해야 한다. 지역사회 개입에서 특히 조직화 영역은 지역사회 내에서 억압과 피해를 당하고 있는 소수자를 대상으로 하기 때문에 클라이언트 집단을 정의하는 것은 매우 중요하다.

(2) 지역사회 분석

시작 단계에서 중요한 것은 지역사회 조건에 대한 일반적 사항과 보다 세밀하고 자세한 정보를 보유하는 것에서부터 시작된다는 것이다. 지역사회복지 실천에서 지역사회에 대한 정보를 갖게 되는 것은 지역사회복지실천을 정당화할 수 있는 작업이다. 따라서 지역사회 분석은 시작 단계에서 매우 중요하다. 이러한 분석은 자원동원, 행동, 변화의 조건을 이해하는 데 매우 큰 역할을 할 수 있기 때문이다.

지역사회 분석의 내용으로는 다음을 파악하는 것이 유용하다. 첫째, 지역문화 및 지역주민의 삶의 방식을 파악한다. 둘째, 지역의 관습과 관례를 파악한다. 셋째, 지역사회의 가치관이나 규범을 안다. 넷째, 지역사회 내 존재하는 다양한 사회관계망을 파악한다. 다섯째, 지역사회 내의 권력구조를 파악하여 그 안에 존재하는 사회적 지위에 관한 부분을 본다. 마지막으로, 지역사회 내의 조직화 영역을 분석한다.

(3) 지역사회 자원 분석

지역사회 자원에 대한 분석은 다시 물적 자원, 인적 자원, 환경과의 관계의 세 부분으로 나뉠 수 있다. 첫째, 물적 자원 분석 내용으로는 그 지역사회의 지리적 조건과 기후를 보아야 한다. 둘째, 천연 자원으로 무엇이 있는지를 보아야 한다. 셋째, 서비스 기관에 대한 분석을 해야 한다. 즉, 건물이나 설비 등을 살펴보아야 한다. 넷째, 사회 기본 시설과 의사소통 수단에 대한 조사 · 분석을 해야 한다. 다섯째, 재정적 자원에 관한 것이다. 즉, 자본 정도와 재정수단에 대해서 알아야 한다.

인적 자원을 분석하기 위해서는 지역사회 구성원에 대해서 알아야 하는 것은 물론 지역사회 내 구성원의 헌신성과 동료의식을 파악해야 한다. 또한 지역사회의 결속력이나 연대의식, 그리고 경쟁의식도 인적 자원을 파악하는 데 있어 알아야 할 요소다. 무엇보다 지역사회의 지도자를 파악하는 것이 지역사회 문제해결에서 중요한 요소로 간주되어야 한다.

지역사회 자원 분석의 세 번째 측면은 환경과의 관계를 파악하는 것이다. 즉, 지역사회 내의 의사소통에 관한 내용, 정보의 흐름과 관계망에 대한 경로도 파악해야 한다. 또한 지역사회 내의 집단 간 구조에 대해 파악해야 하고, 나아가 각 구조의 관계 종류에 대해서도 알아야 한다. 예를 들어, 그 관계가 호의적인지 혹은 의존적인지, 다른 측면에서는 동정적인지 혹은 적대적인지 등을 파악해야 한다.

지역사회 자원동원 기술 사례 일본의 마을 만들기 사례

본 프로젝트는 일본의 마을 만들기의 한 사례다. 10여 년 전부터 일본 사회에 만연해 있는 사회문제인 청년들의 고립, 일명 '히키코모리'라 불리는 은둔형 청년에 대한 심각성은 일본 사회 모두 공감하는 사회문제다. 본 사례는 이러한 사회문제에 개입한 실천 사례다.

클라이언트 욕구사정

본 사례는 지방자체 단체와 민간사회서비스 단체 및 시민사회 단체 그리고 지역사회 주민과 지역사회의 기업 등이 협력하여 진행하였다. 제일 먼저 실천한 것은 지역사회의 은둔형 청년 사례를 발굴하는 것이었다. 각 가정의 참여를 독려하고 자신의 가정과 이웃에 은둔형 청년 사례를 조사하여 클라이언트 목록을 만들고 그들의 욕구사정을 시작하였다. 욕구사정 결과 청년들은 취업을 원했고 취업을 통해 다시 사회에 진출하여 사회관계 맺기를 원했다.

… 지역사회 분석

본 사례의 마을은 매우 오래전 형성된 마을로 숲이 우거져 있고, 기후는 추운 겨울이 긴 지방이다. 그리고 오래된 지역인 만큼 지자체의 지역사회개발 의지가 높았고 토착 주민들 또한 지역 애착이나 연대감이 높은 특징을 보이고 있었다. 또한 작은 단위의 마을들로 형성된 지방이라 이웃 주민들끼리 잘 알고 지내는 전형적인 지방의 산림 마을이라는 특성을 지닌 사례다.

… 지역사회 자원 분석

본 사례에서 물적 자원으로 분석된 것은 산림이 우거진 자연환경, 그리고 지방자치단체에서 본 사회문제 해결을 위한 재정지원 의지를 보인 점, 무엇보다 이 지역에는 산림을 기반으로 한 제조업 기업들이 상당수 존재하고 있었다는 것이었다.

다음으로는 인적 자원 분석인데, 우선 관련 사업을 담당한 공무원과 본 사례 프로젝트에 참여할 다수의 가구들이 있었고 제조업체들의 대표 및 직원들 그리고 사회서비스 제공기관 직원 및 시민들로 구성된 자원봉사자들이 인적 자원으로 분석되었다.

… 환경과의 관계 파악

일단 마을 만들기 정책에 대해서 지자체의 의지가 있고 위에서 분석한 각 단위의 단체들에서 은둔형 청년 문제를 해결하고자 하는 의지가 높아서 의사소통이나 정보의 흐름 및 관계망을 연결하는 협력을 만들어 내는 것에서는 모두 동의하였다.

이 사례에서 결과적으로 은둔형 청년 문제를 해결하기 위한 프로젝트를 성과의 측면에서 보다 자세히 설명하면 다음과 같다. 첫째, 목록화시킨 클라이언트를 제조업체에서 직원으로 고용하였다. 둘째, 이들 제조업체가 한 사업은 추위를 막아 줄 스토브를 제작하는 것이었다. 셋째, 지자체를 통해 스토브에 사용될 땔감을 위한 벌목사업을 추진하여 지역사회의 고용률을 높이고자 하였다. 넷째, 본 사례에 참여한 가구에서는 스토브와 땔감을 소비하였다. 그리고 마지막으로, 지역주민들은 은둔형 청년들의 사회관계를 마을 단위에서 회복할 수 있도록 다양한 관계 및 모임을 만들고 청년들의 참여를 이끌어 내도록 하였다.

3) 지역사회 조직화 기술

집단 성원이 점차 서로 간에 상호작용을 해 나가고 구체적인 과업을 수행해 나가게 되었을 때, 그들의 지역사회 내 경험은 더욱 강화될 것이다. 집단의 느낌과 분위기는 집단 성원의 개인적인 참여와 지속적으로 과업을 수행해 나가도록 하는 데 매우 중요하다. 따라서 집단의 분위기가 지배적이거나 억압적이지 않게끔 유지하는 것이 필요하다(Ronnby, 1996).

(1) 창조적 분위기로 발전시키라

사회복지사의 과업은 집단에서 모든 성원이 그들의 능력을 발산시킬 수 있는 창조적인 분위기를 발전시켜 나가는 것이다. 이를 위한 조건은 대체로 안전하고 즐거운 분위기에서 집단이 유지되고 모든 성원의 생각과 관점이 긍정적으로 평가되는 민주적인 분위기가 정착되었을 때 성공적일 수 있다. 비판은 목표를 향해 가는 데 있어 생산적 역할을 담당할 수 있다. 그런데 그것은 단지 누군가에 대한 비판으로 그치는 것이 아니라 더욱 긍정적 발전을 이루어 나갈 수 있도록 진지한 논의를 이끌어 내는 비판이 되어야 한다.

창조성은 보통 참여와 특정 정도의 집중을 요구하며 전적인 논의를 위한 시간을 요구하기도 한다. 이런 논의에서는 집단 내의 욕구나 관심사와 관련된 질문이 이루어져야 할 것이다. 서로의 의견에 귀 기울이는 대화 분위기를 만들어 내는 것을 통하여 다양한 생각과 관점이 일치될 수 있다. 바람직한 집단 토의에는 다음의 원칙이 적용될 수 있다(Ronnby, 1996; 홍현미라, 2015, 2016).

- 성원은 반드시 토의해야 한다. 이는 서로에게 알리는 것이 아니다.
- 모든 성원이 다른 사람의 의견을 경청해야 한다.
- 토의는 모든 성원이 참여할 수 있는 방법으로 이루어져야 한다.
- 모든 성원은 토의에서 의견 제출권을 가진다.
- 모든 성원이 관심 및 노력을 기울일 때 의견 제출권을 가진다.
- 모든 성원은 의견을 말하는 것이 허락되어야 한다.
- 모든 성원의 경쟁은 중요하다.
- 경쟁 및 의견에 대한 반론이 누군가에 대해 집중적으로 이루어져서는 안 된다.
- 모든 성원은 토의 전반을 이해해야 한다.
- 토의는 공개적이어야 한다.
- 어떠한 관점이나 논의도 금지되어서는 안 된다.

이들 지침 중에서 맨 마지막 지침에 대해서는 다시 한번 생각해 볼 필요가 있다. 그것은 책임 있는 논의를 요구하는 경우, 논쟁을 불러일으킬 만한 사안인 경우에 해당된다. 일반적으로 기존의 해결책을 결합함으로써 새로운 대안이 생겨나고, 여러 생각의 결합은 새로운 방법을 제기하기도 하여 결국 새로운 전략으로 발전시켜 나가는 과정에 이르게 된다. 이런 집단 토의는 참여자에게 동기를 부여하고 이후의 여러 모임에 걸쳐 그들의 생각을 통해 정당한 이유를 찾을 수 있는 성과를 만들어 내기도 한다.

창조적 모임은 다음의 과정을 통해 조직화될 수 있다. 첫째, 구체적인 문제나 질문을 만들고 그것을 세분화한다. 둘째, 집단 내에서 질문과 관련된 지식이나 경험을 모은다. 셋째, 문제해결을 위해 모든 생각을 발표하고 어떠한 생각을 결합한 것인지를 논의한다. 넷째, 결과를 요약한다. 다섯째, 제안된 생각에 대한 우선순위를 정하기 위해 사람들의 의견 수로 환산한다. 여섯째, 다음 번 모임에서는 이번에 결정된 사안을 어떻게 수행할 것인지에 관한 계획 및 논의를 한다.

이러한 종류의 모임은 준비가 필요하고 확고한 리더십이 있어야 한다. 그래서 모든 사람이 그들의 의견을 말할 수 있는 기회를 가지도록 하고 모두가 질문에 대한 쟁점을 유지하도록 해야 한다.

(2) 집단을 발전시키라

사회복지사가 조직화 기술을 사용할 때 집단을 발전시키는 것은 매우 중요하다. 집단을 발전시키기 위해서는 제일 먼저 능동적 참여를 이끌어 내야 한다. 이 과정에서 사회복지사가 일방적으로 이끌어 나가서는 절대 안 된다. 우선 사회복지사는 집단 성원의 일상생활에 관심을 가져야 한다. 그들의 근심걱정은 무엇인지, 그들의 즐거움이나 꿈이나 흥미는 무엇인지, 그들의 주요 관심사는 무엇인지 등에 대해 사회복지사는 알고자 노력해야 한다. 이러한 노력과정에서 사회복지사는 집단 성원에 대해 솔직하고 개방적인 태도를 취해야 한다. 또한 사회복지사는 집단 성원 개개인이 그들의 의견을 구성할 수 있도록 조력해야 한다. 그들이 가지고 있는 의견을 현명한 방법으로 다룰 줄 안다면 그들 자신이 행동 단계에 대한 해답까지 가질 수 있게 된다. 이것이 바로 자원동원 과업의 시작 단계다. 집단 자체가 무엇을 원하고 무엇을 할 수 있는지에 대해 인식하게 되는 것이다. 그러고 나서 집단은 지속적인 대화와 토의를 통해 변화를 이루어 나가기 위해서 어떠한 기회를 만들어 나갈 것인지에 관한 결정을 할 수 있게 된다.

사회복지사가 집단 성원에게 질문 사항이 무엇인지에 관해 생각해 보도록 요청하는 역할을 담당하는 것은 그들이 직접 만들어진 프로그램을 통해 집단 성원에게 전달하고 제안하는 것보다 훨씬 유익한 방법이 될 수 있다. 사회복지사는 문제를 인식하도록 하는 기술을 통해 무엇에 관해 토의할 것인지 그리고 결정을 위해 중점적으로 집중할 것은 무엇인지에 관한 의견을 모을 수 있다. 그러나 여기에서 참여자가 과정을 잊어버리거나 집단이 이미 정해진 사항에 대해 불확실성을 보이게 될 수도 있다. 하지만 또한 문제를 인식하는 과정 중 하나일 수 있고, 이와 같은 상황을 통해 집단 성원은 보다 능동적인 참여로 나아갈 수 있게 될 것이다.

사회복지사는 집단 성원과의 관계가 증진된 후에 그들의 통제에 대한 우려를 가질 필요가 없다. 사회복지사는 이 단계에서 토의 시보다 적극적으로 자신의 관점을 제시할 수 있다. 가령, 상황이 비정상적인 결정을 내리는 방향으로 흘러가거나 토의가 잘못된 방향으로 진행되고 있다면 사회복지사가 자신의 의견을 제시할 수 있다. 의견을 낼 때는 특정 사안에 관해 말하는 것이 현명하며, 특히 사회복지사의 의견이 어떠한지에 관해 집단 성원이 요청해 올 경우 현명한 의견 제시가 이루어져야 한다. 그렇지 않으면 결국 사회복지사와 집단 성원 간 신뢰감 형성은 이루어지기 힘들 것이다. 초기 단계에서는 지역사회복지사가 자신의 역할을 설명하고 집단 성원이 자신에게 바라는 역할이 무엇인지에 관해 아는 것이 바람직하다.

집단 내의 결정 사안이 너무 많다면 집단을 나누어 소집단 형식으로 진행하는 것이 바람직하다. 그렇게 하면 모든 성원이 계획에 쉽게 참여할 수 있고 적극적인 역할을 담당할 수 있기 때문이다. 책임감을 갖게 되는 것은 매우 중요한 일이며, 이는 자원을 늘리는 데 확실한 방법이 될 수 있다. 자발적 참여와 책임감을 갖게 하기 위한 좋은 방법은 집단 성원 스스로가 자신의 의견을 표현하게 하는 것이다. 이는 소집단에서 더욱 쉽게 이루어질 수 있고, 각 소집단이 지니고 있는 문제에 대해 책임감을 가질 수 있는 결과를 낳을 수 있다. 또한 이러한 과정에서는 모든 사람이 동등하게 대우되어야 할 것이다.

(3) 집단 성원의 역량 강화

집단 성원의 역량 강화를 위해 전략과 구체적 질문에 대한 자원동원에 관하여 논의할 때 모임은 다음 질문에 대한 해답을 찾기 위한 의제에 따라 계획될 수 있다. '문제가 무엇인가', '현재 우리는 어떻게 이를 견뎌 나가고 있는가', '무엇을 해야 하는가', '무엇을 할 수 있는가', '어떻게 앞으로 해 나갈 것인가', '우리의 제안에 대해 어떠한 수단과 자원을 가지고 있는가', '이러한 것을 어떻게 이용할 것인가', '어떠한 새로운 자원이 동원될 수 있는가', '누가 함께 동반자로 참여해 줄 수 있는가', '부딪혀야 할 저항은 무엇인가', '어려움은 무엇인가', '누가, 무엇을, 어떻게, 언제 할 것인가', '기대하고 있는 결과는 무엇인가', '시간 설정은 어떠한가'. 이러한 질문에 대한 해답을 찾아가는 과정을 통해 목표 행동 계획을 만들어 보자.

첫째, 자원동원을 하라.

성공적 자원동원 과업수행을 위해서는 몇 가지 요소가 있다. 사람들은 심각한 문제를 경험하게 될 때 무엇을 해야 할지 난감할 때가 있다. 문제해결에 대한 무력감이나 위기의식이 찾아오기도 한다. 그러나 이러한 상황을 변화시켜 나갈 수 있는 희망이 있음을 알아야 한다. 누군가가 더 이상 구체적으로 무엇을 해야 할지, 무엇을 선택해야 할지 알 수 없다면 이러한 상황에서는 더 이상의 행동이 이루어지지 못할 것이다. 설령 행동이 이루어진다 하더라도 비계획적이거나 임의적이거나 혼돈 상태에 이르게 될지도 모른다. 사람들은 그들이 전적인 마음으로 스스로 동기부여 하기 위해서는 성공을 경험해야 한다. 이럴 때 사회복지사는 사람에게 기회를 제공할 수 있는 역할을 하게 된다. 사회복지사는 변화과정에 대한 통찰력과 경험을 지니고 있기 때문이다. 사회복지사는 사람들이 자신에게 능력이 있다는 믿음을 가지도록 격려해야 하며, 내재되어 있는 힘을 동원하거나 이용 가능한 자원을 어떻게 사용할 수 있는지를 이해하도록 이끌어야 한다. 주장과 행동에는 위험이 따를 수 있기 때문에 사람들은 용기를 지니고 있어야 하며, 행동화에 대한 의지와 발생하는 결과에 대해 희생할 준비가 되어 있어야 한다. 물리적 혹은 정신적 역량 강화를 경험한 사람, 그리고 행동화하거나 다른 이들에게 영향력을 행사해 본 경험을 가진 사람은 용기를 갖는 것이 쉬운 것임을 깨닫게 된다. 그런데 이러한 용기와 역량 강화는 집단 내 연대의식에 의존되어 있기 때문에 많은 사람이 용기와 역량 강화를 갖추고 있을수록 그것을 가지는 것이 용이할 것이다. 예를 들어, 한 집단이 시민불복종권으로서 행동을 수행해 나간다면 그들의 행동을 정당화할 수 있는 이데올로기와 도덕성이 필요하게 될 것이다. 투쟁에 대한 전통과 정당한 의견 제시에 대한 모델은 행동화의 조건을 만드는 데 또 다른 요소가 될 수 있다.

둘째, 가능성을 믿으라.

인간행동학의 첫 시발점은 사람은 오직 자신이 그것을 성취할 수 있다고 믿을 만큼 적절한 정도의 비용과 노력을 요구하는 때에만 전쟁에 참여한다는 사실이었다. 다시 말해, 사람은 오직 가장 현명한 선택을 한 경험을 했을 때, 그리고 상대적으로 용이하게 성공했다고 보일 때 역사를 만들게 된다. 이러한 관점에서 사회복지사의 일은 집단 성원으로 하여금 '그들이 도달할 수 있는 세상'을 볼 수 있도록 돕는 데 있다. 다시 말하면, 클라이언트 자신의 경험, 지식, 능력, 가능한 자원 등의 제한점을 극복하고 그들이 볼 수 있는 상황이 도래할 수 있음을 가능하게 만드는 것이다. 이것은 사회복지사가 현재 클라이언트 집단이 지니고 있는 문제 상황과 관련해 얼마만큼의 변화를 가져올 수 있게 하는지와 관련되는 것이다. 바람직한 사회복지사는 클라이언트 집단이 목표에 도달하기 위해, 그리고 그들의 능력을 개발시키고 그들의 상황을 가장 효과적인 방법으로 이용하기 위해 어떠한 길로 가야 할 것인지에 관한 지식을 갖고 있는 사람이다.

지역사회 조직화 기술 사례 B시의 '반송 희망세상 만들기' 사례

본 사례는 B시의 반송마을이라는 지역에서 실천한 사례다. 반송마을은 한국전쟁 이후 빈민들이 정착해서 형성된 도시 빈곤층 지역이라 할 수 있다. 이들은 대부분 하청 노동직에 종사하여 장시간 근로하며 「근로기준법」상의 보호를 받기 힘든 근로조건에 놓여 있었다. 그들의 작업장 또한 저소득층 밀집 지역인 연립다세대 주택의 반지하이거나 영세한 작업장으로 거주 지역과 혼재되어 형성되었다.

창조적 분위기로 발전시키라

본 사례에서 지역사회 문제를 해결하기 위해 상주한 실천가에게 제일 먼저 해결되어야 할 사회문제는 이들 노동자들의 어린 자녀들의 보호와 양육을 돕는 것이었다. 그래서 제일 먼저 만든 모임은 양육 지원이 필요한 젊은 엄마들 모임을 만들었다. 실천가는 이들과 정기적으로 만나 양육 공동체인 자조집단(self-help group)을 만들고 자신들의 어려움을 토의하고 공감하며, 지역사회의 문제를 찾고 또 문화적 활동도 함께하며 다양한 관심과 의견을 모아 나가며 성장하였다.

집단을 발전시키라

이들 자조 집단이 시발점이 되어 각종 다양한 활동을 통해 반송마을 '희망세상 만들기'라는 집단을 만들게 되었다.

집단 성원의 역량 강화

첫째, 자원동원을 하라

'희망세상 만들기'의 가장 큰 수확 중의 하나는 이 지역에 어린이 도서관을 건립한 것이다. 건축학 전문가의 재능기부로 도서관 설계가 완성되었고, 도서관 건립에 필요한 자원동원을 위해 '1만원 벽돌 사기' 기부 운동을 대대적으로 벌였다. 벽돌 한 장에 만원 기부 방식인 것이다. 이러한 창의적인 기부 방식도 앞서 언급한 본 사례의 창조적 분위가 발전 결과로 평가할 수 있다. 이뿐 아니라 본 사례 조직은 노-노 케어(老-老 care), 사회복지 수급 대상자 밑반찬 배달 사업, 마을 카페 운영 등 다양한 활동을 전개해 나갔다.

둘째, 가능성을 믿어라

희망세상 만들기의 활용 정점은 이 지역에서 조직 활동의 결과물로 구의원에 출마하여 정치 및 정책 의사결정 과정에서 참여하고자 하였다는 것이다.

이상 열거한 B시의 반송마을의 '희망세상 만들기' 조직화 사례는 우리나라 지역사회복지실천의 대표적 사례로 평가할 수 있다.

참고문헌

강시현(2022). 정신증의 인지행동치료. *Korean Journal of Schizophrenia Research, 25*(1), 10-16.

강진령(2005). 집단상담의 실제. 서울: 학지사.

강철희, 정무성(2006). 지역사회복지실천론. 경기: 나남출판.

국립정신건강센터(2020). 마음성장 프로그램 '토닥토닥' 자조모임 가이드북.

권정혜(2023). 인지행동치료 원리와 기법. 서울: 학지사.

김기태(2005). 위기개입론(제3판). 서울: 대왕사.

김기태, 김수환, 김영호, 박지영(2006). 사회복지실천론. 경기: 양서원.

김나진, 진주은(2019). 인지행동치료프로그램 효과에 대한 메타분석. 인문사회 21, 10(4), 1663-1676.

김성이, 오정수, 전광현, 황성철(1997). 비교지역사회복지: 사회복지관과 재가복지의 국제비교. 서울: 동인.

김수정, 장수미, 오창순(2023). 인간행동과 사회환경. 서울: 학지사.

김연수, 김경희, 김진숙, 최명민(2022). 의료사회복지론. 서울: 신정.

김연옥, 유채영, 이민정, 최해경(2005). 가족복지론. 경기: 나남출판.

김영숙, 김욱, 엄기욱, 오만록, 정태신(2003). 사회복지프로그램 개발과 평가. 서울: 교육

과학사.
김영종, 홍현미라, 이현주, 이혜원, 이민영, 진재문(2008). 사회복지 네트워킹의 이해와 적용. 서울: 학지사.
김용석, 손동균(2008). 임상실천 평가를 위한 단일체계설계의 적용: 우울증 감소를 위한 인지행동치료에 대한 평가를 중심으로. 한국사회복지학, 60(2), 175-209.
김유숙(2002). 사회구성주의 가족치료. 한국가족치료학회지, 10(1), 1-23.
김은영(2007). 해결중심단기치료의 국내 연구동향 분석: 1998-2006. 한국가족치료학회지, 15(1), 1-18.
김익균(2003). 가족복지론. 서울: 교문사.
김인수, 김주아(1998). 무엇이 좋아졌습니까?. 서울: 동인.
김정진(2019). 사회복지실천기술론(2판). 서울: 학지사.
김종옥, 권중돈(1997). 집단사회사업방법론. 서울: 홍익재.
김진아, 최현실(2020). 가족치료사를 위한 CBFT 기반의 디지털치료도구로서의 모바일 앱 개발: 탐색적 연구. 가족과가족치료, 28(4), 471-501.
김현경(1991). 퇴원한 정신분열증 환자의 심리사회적 재활에 관한 사례연구: Florence Hollis의 이론을 中心으로. 이화여자대학교 대학원 석사학위논문.
김현미(1999). 해결중심 단기 가족치료 이론에 관한 고찰. 부산대학교 논문집, 201-212.
김혜란, 홍선미, 공계순(2006). 사회복지실천기술론(개정 2판). 경기: 나남출판.
김혜란, 홍선미, 공계순, 박현선(2022). 사회복지실천기술론. 서울: 학지사.
김혜영, 석말숙, 최정숙, 김성경(2010). 사회복지실천론. 경기: 공동체.
김혜영, 석말숙, 최정숙, 김성경(2020). 사회복지실천론(3판). 경기: 공동체.
대전복지재단(2016). 희망틔움센터 업무 매뉴얼.
류현수, 김주아(2009). 가족상담 및 치료. 서울: 동문사.
박세정, 정왕용, 이동춘, 박연희, 이장희, 정영일, 손순용(2008). 사회복지실천기술론. 서울: 창지사.
박예진, 이성규(2022). 동기강화상담의 효과성에 관한 체계적 문헌고찰과 메타분석. 복지상담교육연구, 11(1), 329-353.
배점모(2004). 문제청소년이 있는 가족의 문제해결을 위한 사회복지 실천을 위한 인터뷰 사례: 해결중심 가족치료모델을 중심으로. 전북행정학보, 18(2), 143-163.
백은령(2006). 사회복지실천론. 경기: 대왕사.

보건복지가족부(2009a). 보건복지가족통계연보.

보건복지가족부(2009b). 사회복지관 운영관련 업무처리 요령 안내.

보건복지가족부(2010). 사회복지관 운영관련 업무처리 요령 안내.

보건복지부(2023). 정신건강사업 안내.

성숙진 역(2000). 상담의 필수기술: 효과적 의사소통을 위한 사례중심 접근법. 경기: 나남출판.

성정현, 여지영, 우국희, 최승희(2004). 가족복지론. 경기: 양서원.

송성자(1999). 한국 사회복지실천이론의 적용과 개발과제. 1999년 한국사회복지학회 추계학술대회 자료집, 55-82.

송성자(2000). 해결중심치료의 한국적 적용에 관한 연구: 한국가족에 대한 해결중신치료 언어게임 개념의 적용. 한국가족치료학회지, 8(1), 87-112.

송성자(2001). 가족문화와 가족치료. 한국가족치료학회지, 9(1), 1-20.

송성자(2003). 강점관점과 해결중심치료 접근법을 통합한 가족치료 접근법 개발에 관한 연구. 한국가족치료학회지, 11(2), 1-27.

송성자 외(2003). 강점관점의 사회복지 실천을 위한 해결지향적 질문기법. 한국가족치료학회지, 11(2), 1-27.

신수경, 조성희(2015). 중독과 동기면담의 실제. 서울: ㈜시그마프레스.

신용하, 장경섭(1996). 21세기 한국의 가족과 공동체문화. 서울: 지식산업사.

양옥경(2000). 한국 가족개념에 관한 질적 연구. 한국가족복지학, 6, 69-99.

양옥경(2005). 가족과 사회복지. 서울: 이화여자대학교 출판부.

양옥경, 김미옥, 김미원, 김정자, 남경희, 박인선, 신혜령, 안혜영, 윤현숙, 이은주, 한혜경(2004). 사회복지 윤리와 철학. 서울: 나눔의 집.

양옥경, 김민영(2003). 가족관계척도 활용을 위한 타당도 연구. 한국사회복지학, 54, 5-33.

양옥경, 김정진, 서미경, 김미옥, 김소희(2010). 사회복지실천론(3판). 경기: 나남출판.

양옥경, 김정진, 서미경, 김미옥, 김소희(2018). 사회복지실천론(개정 5판). 경기: 나남출판.

엄명용, 김성천, 오혜경, 윤혜미(2006). 사회복지실천기술의 이해. 서울: 학지사.

엄명용, 노충래, 김용석(2011). 사회복지실천기술의 이해(2판). 서울: 학지사.

엄명용, 노충래, 김용석(2020). 사회복지실천기술의 이해(4판). 서울: 학지사.

여성부(2008). 성매매방지종합대책 2008년 상반기 추진실적 및 성매매방지법 시행 4년 성과 주요 통계.

여성부(2009). 2009년 상반기 가정폭력 · 성폭력 보호시설 및 상담소 등 운영실적 보고.
오정수, 류진석(2009). 지역사회복지론(3판). 서울: 학지사.
윤소현, 신성만(2015). 성인 알코올중독 집단상담 프로그램의 효과에 관한 메타분석: 보호요인과 위험요인에 영향을 미치는 구성 요소와 접근 방법 중심. 알코올과 건강행동연구, 16(2), 89-109.
이봉주, 김기덕(2014). 사회복지프로그램 개발과 평가. 서울: 신정.
이시형, 이세용, 정현희, 박현선(1997). 부모-자녀관계와 청소년기 심리사회적 적응. 삼성생명 사회정신건강연구소 연구보고서(제97-7호).
이여봉(2006). 가족안의 사회 사회 안의 가족. 경기: 양서원.
이여봉(2019). '가족 패러다임 변화에 관하여'. 「가족복지고유성에 대한 재해석과 새로운 길 찾기」. 2019 한국가족사회복지학회 춘계학술대회자료집, 27-34.
이영분, 김기환, 윤현숙, 이원숙, 이은주, 최현미, 홍금자(2001). 사회복지실천론. 서울: 동인.
이영선, 이영선, 김경민, 김래선, 유춘자, 이현숙, 전소연, 조은희, 차진영(2012). 학교폭력 및 청소년상담 위기개입 매뉴얼. 서울: 한국청소년상담복지개발원.
이영호(2008). 사회복지실천기술론. 경기: 공동체.
이원숙(2016). 가족복지론(4판). 서울: 학지사.
이윤로(2007). 사회복지실천기술론(2판). 서울: 학지사.
이현림(2008). 상담이론과 실제. 경기: 양서원.
이현주(2011). 사회복지실천 평가에서 목표달성척도의 적용에 관한 연구. 정신보건과 사회사업, 39, 120-154.
이화여자대학교 사회사업학과 편(1993). 집단사회사업 실천방법론. 서울: 동인.
이효재(1983). 가족과 사회. 서울: 경문사.
장수미(2004). 음주문제를 가진 가정폭력가해자 폭력행동감소 프로그램의 개발과 효과: 동기증진치료의 활용을 중심으로. 한국사회복지학, 56(1), 103-126.
장수미(2016). 사회복지실천에서 동기화면접의 적용과 함의. 한국사회과학연구, 38(1), 113-127.
장수미, 이선민, 문용준(2006). 성폭력이 의심되는 여아의 위기개입. 정신보건과 사회사업, 22집, 287-303.
정무성(2005). 사회복지프로그램 개발과 평가. 경기: 양서원.

정문자, 송성자, 이영분, 김유순, 김은영(2008). 해결중심단기치료. 서울: 학지사.

정문자, 송성자, 이영분, 김유순, 김은영, 어주경(2006). 해결중심가족치료 사례집. 서울: 학지사.

정순둘(2006). 사회복지사들의 조사연구활용에 관한 연구. 한국사회복지학, 58(2), 251-271.

정순둘, 김고은, 김미영, 김은정, 김지혜, 박근혜, 박향경, 박현정, 박현주, 우재희, 이혜숙, 홍나미(2011). 임상사회복지이론. 서울: 학지사.

조휘일, 이윤로(1999). 사회복지실천론. 서울: 학지사.

조홍식, 김연옥, 황숙연, 김융일(2009). 사회복지실천론(개정 3판). 경기: 나남출판.

조홍식, 김인숙, 김혜란, 김혜련, 신은주(2017). 가족복지학(5판). 서울: 학지사.

최선희, 최정숙, 박화옥(2008). 가족사회복지실천의 개념과 모델. 2008년 한국사회복지학회 한국가족사회복지학회 추계공동학술대회 자료집(한국가족사회복지 어디로 갈 것인가?: 전망과 과제), 93-111.

최성재, 김미혜, 서혜경, 양철호, 이성국, 이수한, 장현(2002). 지역사회에서의 노인학대 실태조사. 서울: 국가인권위원회.

최일섭, 류진석(2003). 지역사회복지론(개정판). 서울: 서울대학교 출판부.

최재성(1998). 사회복지기관 평가모델개발의 방향과 과제. 연세사회복지연구, 5, 265-290.

최정숙, 강학중, 김태진, 이의수(2006). 아버지가 행복한 일터만들기 교육프로그램. 여성가족부 중앙건강가정 지원센터.

최태수(2020). 해결중심상담치료의 효과에 관한 질적 사례연구. 한국복지상담실천학회지, 1, 139-164.

최해경(2009). 사회복지실천론. 서울: 학지사.

최현미(1997). 원가족 척도 연구: 결혼초기부부를 중심으로. 이화여자대학교 대학원 박사학위논문.

통계청(2011). 2010 한국의 사회지표.

통계청(2013). 2012년 생명표.

통계청(2014). 2013년 혼인, 이혼 통계자료 보도자료.

통계청(2022). 2021년 생명표 보도자료.

통계청(2023). 2022년 혼인 · 이혼 통계자료 보도자료.

하형미, 장수미(2022). 동기강화상담 기반 중독행동 개입프로그램에 관한 체계적 문헌고찰. **사회복지실천과 연구, 70**(1), 71-107.

한국사회복지협의회(2009). 사회복지시설 평가의 효과성 증진을 위한 평가제도 개선방안 연구—평가전담기구 설치를 중심으로—.

한국행동요법학회(2001). **행동요법**. 경기: 양서원.

한재은, 정순둘, 김고은(2011). 재난피해자들의 정신건강 증진을 위한 위기개입모델 비교 연구. **한국위기관리논집, 7**(3), 49-70.

홍선미(2003). 사회복지실천이론의 실체와 의미. **2003년 한국사회복지학회 추계학술대회 자료집**.

홍선미(2004). 사회복지 실천의 지식기반과 학문적 특성에 관한 연구. **한국사회복지학, 56**(4), 195-214.

홍현미라(2015). 영유아발달을 위한 지역사회중심의 서비스전달체계 구축실천 사례연구: '포괄적 지역사회계획(CCIs)' 모델 적용. **한국사회복지행정학, 17**(48), 115-134.

홍현미라(2016). 아동중심의 지역사회개발 실천연구: '포괄적 지역사회계획(CCIs)' 관점 적용. **한국아동복지학, 55**, 57-86.

황성동(2015). **알기 쉬운 사회복지조사방법론**. 서울: 학지사.

Addams, J. (1893). *Philanthropy and social progress: Seven essays* (Vol. 46). Crowell.

American Psychiatric Association [APA]. (1994). *Diagnostic statistical manual of mental disorders* (4th ed.). Washington, DC: American Psychiatric Association.

Anderson, R. E., & Carter, I. (1990). *Human behavior in the social environment: A social systems approach* (4th ed.). New York: Aldine de Gruyter.

Anguilera, D. (1998). *Crisis intervention: Theory and methodology* (8th ed.). New York: Mosby.

Baker, A., Hiles, S., Thornton, L., Hides, L., & Lubman, D. (2012). A systematic review of psychological interventions for excessive alcohol consumption among people with psychotic disorders. *Acta Psychiatr Scand, 126*, 243-255.

Bard, M., & Ellison, K. (1974). Crisis intervention and investigation of forcible rape. *Police chief, 41*(5), 68-74.

Barker, R. (1987). *The social work dictionary*. Silver Springs, MD: National

Association of Social Workers.

Barwick, M., Peters, J., & Boydell, K. (2009). Getting to uptake: Do communities of practice support the implementation of evidence-based practice?. *Journal of the Canadian Academy of Child and Adolescent Psychiatry, 18,* 16-29.

Beck, A., Rush, J., Show, B., & Emery, G. (2005). **우울증의 인지치료**(원호택, 박현순, 신경진, 이훈진, 조용래, 신현균, 김은정 공역). 서울: 학지사. (원저는 1997년 출간)

Berg, I. K., & De Jong, P. (1996). Solution-building conversations: Co-constructing a sense of competence with clients. *Families in Society, 77*(6), 376-391.

Berg, I. L., & Miller, S. D. (1995). **해결중심적 단기가족치료**(가족치료연구모임 역). 서울: 하나의학사.

Bertolino, B., & Schultheis, G. (2005). *Therapist's notebook for families: solution-oriented exercises for working with parents, children, and adolescents.* **해결중심 면접의 도구들**. 서울: 시그마프레스. (원저는 2000년 출간)

Biestek, F. P. (1957). *The casework relationship.* Chicago: Loyola University Press.

Bloom, M. J., Fisher, J., & Orme, J. G. (2007). **책임성 있는 전문가를 위한 길잡이 실천평가**(김용석, 고은숙, 권구영, 박경애, 손현미, 장정연, 정은하, 진혜경, 한상미, 홍지영 공역). 서울: 시그마프레스. (원저는 2006년 출간)

Bloom, M. J., Fisher, J., & Orme, J. G. (2009). *Evaluating Practice: Guidelines for the Accountable Professional* (6th ed.). Pearson.

Brager, G., Specht, H., & Torczyner, J. L. (1987). *Community organizing* (2nd ed.). New York: Columbia University Press.

Brammer, L. M. (1985). *The helping relationship: process and skills* (3rd ed.). Upper Saddle River, NJ: Prentice Hall.

Caplan, G. (1961). *An Approach to Community Mental Health.* New York: Grune and Stratton.

Carter, B., & McGoldrick, M. (1999). *The expanded family life cycle: Individual, family, and social perspectives* (3rd ed.). Boston: Allyn & Bacon.

Caspi, J. (2012). *Sibling Aggression: Assessment and Treatment.* New York: Springer Publishing Company.

Chess, W., & Norlin, J. (1991). *Human Behavior and the Social Environment: A Social Systems Model*. Boston: Allyn and Bacon.

Coleman, J. C. (1993). *Abnormal psychology and modern life* (9th ed.). Glenview, IL: Scott, Foresman & Co.

Collins, D. (1990). Identifying dysfunctional counseling skill behaviors. *Clinical Supervisor, 8,* 67-79.

Collins, D., Jordan, C., & Coleman, H. (2010). *An introduction to family social work* (3rd ed.). Belmont, CA: Brooks/Cole.

Compton, B. R., Galaway, B., & Cournoyer, B. (2005). *Social Work Processes.* Brooks/Cole Publishing.

Conte, H., & Plutchik, R. (1995). *Ego defense: Theory and measurement.* New York: Willy & Sons.

Cooper, M., & Lesser, J. (2022). *Clinical social work practice: An integrated approach* (6th ed.). New York: Pearson.

Council on Social Work Education [CSWE]. (1959). *The social group work method in social work education.* New York: Council on Social Work Education.

Council on Social Work Education [CSWE]. (2001). *Educational Policy and Accreditation Standards.* New York: Council on Social Work Education.

Cournoyer, B. (2002). **사회복지실천기술 연습**(김인숙, 김용석 공역). 경기: 나남출판. (원저는 2000년 출간)

Cournoyer, B. (2008). *The social work skills workbook* (5th ed.). Belmont, CA: Thomson Brooks/Cole.

Dattilio, F. M., & Jongsma, A. E. (2006). **가족치료 및 상담 치료계획서**(신선인 외 공역). 서울: 신정. (원저는 2000년 출간)

De Jong, P., & Berg, I. K. (1999). **해결을 위한 면접**(노혜련, 허남순 공역). 서울: 학문사.

de Shazer, S., Dolan, Y., Korman, H., Trepper, T., McCollum, E., & Berg, I. K. (2011). **해결중심가족치료의 오늘 기적 그 이상의 것**(한국단기가족치료연구소 역). 서울: 학지사. (원저는 2007년 출간)

Dorfman, R. A. (2015). *Clinical social work: The development of a discipline. In Paradigms of clinical social work* (pp. 31-68). Routledge.

Dunham, A. (1958). *Community welfare organization: Principles and practice*. New York: Thomas Y. Crowell Company.

Duvall, E. M. (1977). *Marriage and family development*. Philadelphia: J. B. Lippincott.

Easton, C. J., Mandel, D. L., Hunkele, K., Nich, C., Rounsaville, B. J., & Carroll, K. M. (2007). A Cognitive Behavioral Therapy for Alcohol Dependent Domestic Violence offenders: An integrated substance abuse-domestic violence treatment approach(SADV). *The American Journal on Addictions, 16*(1), 24-31.

Epstein, L. (1992). *Brief treatment and a new look at the task-centered approach*. Boston, MA: Allyn and Bacon. 서울특별시립동부아동상담소 역(1999). **단기치료와 과제중심접근의 새로운 관점**. 서울: 서울특별시립동부아동상담소.

Epstein, L., & Brown, L. B. (2002). *Brief treatment and a new look at the task-centered approach*. Boston: Allyn & Bacon.

Epstein, N. B., Baldwin, L. M., & Bishop, D. S. (1983). The McMaster family assessment device. *Journal of Marital and Family Therapy, 9*(2), 171-180.

Franklin, C. (2001). Coming to terms with the business of direct practice social work. *Research on social work practice, 11*(2), 235-244.

Germain, C., & Gitterman, A. (1980). *The Life Model of Social Work Practice*. New York: Columbia University Press.

Giddens, A. (1992). *Modernity and Self-Identity: Self and Society in the Late Modern Age*. Cambridge: Polity.

Gitterman, A. (1999, May). The president's pen. *Social Work With Groups Newsletter, 15*(1), 1-3.

Gittins, D. (1993). *The Family in Question: Changing Households and Familiar Ideologies*. Bloomsbury Publishing PLC.

Goldenberg, I., & Goldenberg, H. (1985, 2000). *Family therapy: An overview* (4th & 5th ed.). Monterey, CA: Brooks/Cole.

Goldstein, E. G. (1984). *Ego Psychology and Social Work Practice*. New York: Free Press.

Goldstein, E. G. (1991). *Ego Psychology and Social Work Practice* (2nd ed.). New

York: Free Press.

Goldstein, E., & Noonan, M. (2005). **사회복지실천을 위한 통합적 단기개입**(이선혜, 정슬기, 서진환 공역). 서울: 학지사. (원저는 1999년 출간)

Good, T. L., & Brophy, J. E. (2008). *Looking in classrooms* (10th ed.). Boston, MA: Pearson/Allyn & Bacon.

Gunter, P. L., Shores, R. E., Jack, S. L., Denny, R. K., & DePaepe, P. A. (1994). A case study of the effects of altering instructional interactions on the disruptive behavior of a child identified with severe behavior disorder. *Education and Treatment of Children, 17,* 435-444.

Hardcastle, D. A., Wenocur, S., & Powers, P. R. (2004). *Community practice: Theories and skills for social workers.* New York: Oxford University Press.

Hartman, A., & Laird, J. (1988). *Family-Centered Social Work Practice*. New York: Free Press.

Hepworth, D. H., & Larsen, J. A. (1993). *Direct social work practice: Theory and skills* (4th ed.). Pacific Grove, CA: Brooks/Cole Publishing Company.

Hepworth, D. H., Rooney, R. H., & Larsen, J. (1997). *Direct social work practice: Theory and skills*. Pacific Grove, CA.: Brooks/Cole Publishing.

Hepworth, D. H., Rooney, R. H., Rooney, G. D., Strom-Gottfried, K., & Larsen, J. A. (2010). *Direct social work practice: Theory and skills* (8th ed.). Pacific Grove, CA: Brooks/Cole.

Herz, M. I. (1984). Recognizing and preventing relapse in patients with schizophrenia. *Hospital & Community Psychiatry, 35*, 344-349.

Hohman, M. (2014). **동기면담과 사회복지실천**(이채원, 김윤화, 김은령, 임성철 공역). 서울: 학지사. (원저는 2012년 출간)

Homan, M. S. (1994). *Promoting community change*. Pacific Grove, CA: Brooks/Cole Publishing Company.

Hudson, W. W. (1997). *The WALMYR assessment scales scoring manual*. Tallahassee, FL: WALMYR Publishing Company.

James, A. (2004). The McDonaldization of Social Work-or "Come back Florence Hollis, all is (or should be) forgiven". *Reflecting on social work-Discipline and profession*,

37-54.

James, R., & Gilliland, R. (2008). 위기개입(개정판)(한인영, 장수미, 최정숙, 박형원, 이소래, 이혜경 공역). 경기: 나눔의 집. (원저는 2006년 출간)

Johnson, L. C., & Yanca, S. J. (2004, 2007, 2010). *Social work practice: A generalist approach* (8th, 9th, & 10th ed.). Boston: Allyn & Bacon.

Kagle, J. D., & Kopels, S. (2008). 사회사업기록(제3판)(홍순혜, 한인영 공역). 서울: 시스마프레스. (원저는 1997년 출간)

Khinduka, S. K. (1987). Community development: Potentials and limitations. In F. M. Cox, J. L. Erlich, J. Rothman, & J. E. Tropman (Eds.), *Strategies of community organization: Macro practice* (4th ed.). IL: F. E. Peacock Publishers.

Kim, J. S. (2007). Examining the effectiveness of solution-focused brief therapy: a meta-analysis. *Research on Social Work Practice, 18*(2), 107-116.

Kirst-Ashman, K. K., & Hull, Jr., G. H. (1999). *Understanding generalist practice.* Chicago: Nelson-Hall Publishers.

Knowles, H., & Knowles, M. S. (1972). *Introduction to groups dynamics* (rev. ed.). New York: Association Press.

Levounis, P., Arnaout, B., & Marienfeld, C. (2017). *Motivational Interviewing for Clinical Practice*. 신성만, 조정민, 김주은, 신종호, 조용혁, 박지훈, 허은실 공역 (2022). 정신건강 임상에서의 동기강화상담. 서울: 학지사.

Lowenberg, F., & Dolgoff, R. (1985). *Ethical decisions for social work practice.* Itasca, IL: Peacock Pub.

Lum, D. (1992). *Social work practice and people of color: A process-stage approach.* Pacific Grove, CA: Brooks/Cole.

Lundahl, B., Kunz, C., Brownell, C., Tollefson, D., & Burke, B. (2010). A Meta-Analysis of Motivational Interviewing: Twenty-Five Years of Empirical Studies. *Research on Social Work Practice, 20*(2), 137-160.

Lyon, L. (1987). *The community in urban society.* Philadelphia: Temple University Press.

MacDonald, D. K. (2016). "The Six Step Model of Crisis Intervention" retrieved on August 17, 2023 from http://dustinkmacdonald.com/six-step-model-crisis-intervention

Marsh, P., & Doel, M. (2005). *The Task-Centred Book*. New York: Routledge.

Mastropieri, M. A., & Scruggs, T. E. (2007). *Effective instruction for special education* (3rd ed.). Austin, TX: Pro-Ed.

Mattessick, P., & Monsey, B. (1997). *Communing building: What makes it work-A review of factors influencing successful communing building*. Amherst H. Wilder Foundation.

McGoldrick, M., & Gerson, R. (1992). **가족분석가계도**(이영분, 김유숙 공역). 서울: 홍익재. (원저는 1985년 출간)

McGoldrick, M., Giordano, J., & Garcia-Preto, N. (1996). Overview: Ethnicity and family therapy. *Ethnicity and family therapy, 2*, 1-27.

McKenry, P. C., & Price, S. J. (Eds.). (2000). *Families and change: Coping with stressful events and transitions* (2nd ed.). Thousand Oaks, CA: Sage Publications.

McMillan, D. W., & Chavis, D. M. (1986). Sense of community: A definition and theory. *Journal of Community Psychology, 14*(1), 6-23.

Meyer, R. A., Williams, R. C., Ottens, A. J., & Schmidt, A. E. (1991). unpublished manuscript. Northern Illinois University, DeKalb, Illinois.

Middleman, R., & Wood, G. (1990). *Skills for direct practice in social work*. New York: Columbia University Press.

Miley, K. K., O'Melia, M., & DuBois, B. L. (1995). *Generalist social work practice: An empowerment approach*. Boston: Allyn & Bacon.

Miller, W., & Rollnick, S. (2015). **동기강화상담: 변화 준비시키기**(신성만, 권정옥, 이상훈 공역). 서울: 시그마프레스. (원저는 2002년 출간)

Murdock, G. P. (1949). *Social structure*. New York: MacMillan.

Myer, R. A., & James, R. (2006). **위기개입 워크북**(한인영, 장수미, 최정숙, 박형원, 이소래 공역). 서울: 시그마프레스. (원저는 2005년 출간)

Myer, R. A., Williams, R. C., Ottens, A. J., & Schmidt, A. E. (1992). Crisis assessment: A three dimensional model for triage. *Journal of Mental Health Counseling, 14*, 137-148.

Naar-King, S., & Suarez, M. (2014). **청소년을 위한 동기강화상담**(신성만, 권정옥, 신정

미, 김은미, 김민정 공역). 경기: 교보문고. (원저는 2011년 출간)

Netting, F. E., Kettner, P. M., & McMurtry, S. (1998). *Social work macro practice*. New York: Longman.

Nichols, M. P., & Schwartz, R. C. (1998, 2007). *Family therapy: Concepts and methods* (4th & 8th ed.). Boston: Allyn & Bacon.

Nichols, M. P., & Schwartz, R. C. (2002). **가족치료: 개념과 방법**(김영애, 정문자, 송성자, 제석봉, 심애자, 김정택, 심혜숙, 정석환, 김계현, 이관직 공역). 서울: 시그마프레스.

Norcross, J. C., Kathleen, M., & Prochaska, G. (1989). The boulder and/or the vail model: Training preferences of clinical psychology. *Journal of Clinical Psychology, 45*(5), 822-828.

Northen, H., & Kurland, R. (2001). *Social work with groups* (3rd ed.). New York: Columbia University Press.

Olson, D. H., Russell, C. S., & Sprenkle, D. H. (1983). Circumplex Model of Marital and Family Systems: VI. Theoretical update. *Family Process, 22,* 69-83.

Palmer, S., Glass, T., Palmer, J., Loo, S., & Wegener, S. (2004). Crisis intervention with individuals and their families following stroke: A model for psychosocial service during inpatient rehabilitation. *Rehabilitation psychology, 49*(4), 338-343.

Parad, H. J. (1971). Crisis Intervention. In R. Morris (Ed.), *Encyclopedia of Social Work* (vol. 1. pp. 196-202). NY: National Association of Social Workers.

Parad, H. J., & Parad, L. G. (1990). Crisis intervention: An introductory overview, In H. J. Parad & L. G. Parad (Eds.), *Crisis intervention book 2: The practitioner's sourcebook for brief therapy* (pp. 3-68). Milwaukee, Wl: Family Service America.

Payne, M. (1991). *Modern Social Work Theory: A critical introduction*. London: Macmillan.

Payne, M. (2005). *Modern Social Work Theory* (3rd ed.). Basingstoke: Palgrave Macmillan.

Polansky, N. (1991). *Integrated ego psychology* (2nd ed.). New York: Aldine.

Poplin, D. E. (1979). *Communities: A survey of theories and methods of research.* New York: MacMillan Publishing Co.

Popple, K. (1995). *Analysing community work: Its theory and practice.* Buckingham: Open University Press.

Prochaska, J., & DiClemente, C. (1982). Transtheoretical therapy: Toward a more integrative model of change. *Psychotherapy: Theory, Research, and Practice, 19*(3), 276-288.

Rapopprt, L. (1970). *Crisis Intervention As a Mode of Brief Treatment: Theories of Social Casework*. Chicago: University of Chicago Press.

Reamer, F. G. (2000). *Social work values and ethics.* New York: Columbia University Press.

Reamer, F. G. (2005). Documentation in social work: Evolving ethical and risk-management standards. *Social Work, 50(*4), 325-334.

Reid, W. J. (1992). *Task Strategies*. New York: Columbia University Press.

Reid, W. J. (1996). Task-centered social work. In F. J. Turner (Ed.), *Social Work Treatment* (4th ed.). New York: Free Press.

Reid, W. J. (1998). Research on task-centered practice. *Social Work Research, 21*(3), 132-137.

Richmond, M. E. (1975). *Social diagnosis.* New York: Russell Sage Foundation.

Richmond, M. E. (2017). *Social diagnosis*. Russell Sage Foundation.

Roberts, A. R. (2005). *Crisis Intervention Handbook: assessment, Treatment, and Research* (3rd ed.). New York: Oxford University Press.

Rollinick, S., & Miller, W. (1995). What is Motivational Interviewing?. *Behavioral and Cognitive Psychotherapy, 23*(4), 325-334.

Ronnby, A. (1996). *Mobilizing local communities.* England: Avebury.

Rooney, G. D. (1997). Concerns of employed women: Issnes for employee assistance programs. In A. Daly (Ed.), *Work force diversity: Issues and perspectives in the world of work* (pp. 314-330). Washington, DC: NASW Press.

Ross, M. G. (1955). *Community organization: Theory and principles.* New York: Harper and Brothers.

Rothman, J., Erlich, J. L., & Tropman, E. (2001). *Strategies of Communing Intervention* (6th ed.). Itasca, IL: E. Peacock Publishers.

Rubin, A., & Babbie, E. R. (2010). *Research Methods for Social Work* (7th ed.). CA: Brook/Cole Publishing Company.

Rubin, H. J., & Rubin, I. (1986). *Community organizing and development.* Columbus, OH: Merrill Publishing Company.

Saleeby, D. (2002). *The strengths perspective in social work practice* (3rd ed.). New York: Longman.

Schumm, W. R., Paff-Bergen, L. A., Hatch, R. C., Obiorah, F. C., Copeland, J. M., Meens, L. D., & Bugaighis, M. A. (1986). Connurrent and discriminant validity of the kansas marital satisfaction scale. *Journal of Marriage and the Family, 48,* 381-387.

Sheafor, B. W., & Horejsi, C. R. (2008). *Technique and guidelines for social work practice* (8th ed.). Boston: Allyn & Bacon.

Sheafor, B. W., Horejsi, C. R., & Horejsi, G. A. (1998). **사회복지실천 기법과 지침**(서울대학교 사회복지실천연구회 역). 서울: 나남출판. (원저는 1997년 출간)

Sheafor, B. W., Horejsi, C. R., & Horejsi, G. A. (2005). **사회복지실천 기법과 지침(개정판)**(남기철, 변귀연, 양숙미, 정선욱, 조성희, 최승희 공역). 경기: 나남출판. (원저는 2003년 출간)

Shulman, L. (2006). *The skills of helping: individuals, families, groups and communities* (5th ed.). Belmont, CA: Thompson.

Simpson, R. L., Peterson, R. L., & Smith, C. R. (2011). Critical educational program components for students with emotional and behavioral disorders: Science, policy, and practice. *Remedial and Special Education, 32,* 230-242.

Spanier, G. B. (1976). Measuring dyadic adjustment: New scales for assessing the quality of marriage and similar dyads. *Journal of Marriage and the Family, 38,* 15-28.

Sutton, C. (2007). **사회복지와 심리학**(정명숙 역). 서울: 시그마프레스. (원저는 1994년 출간)

Tillitski, C. J. (1990). A meta-analysis of estimated effect sizes for group versus individual versus control treatments. *International Journal of Group Psychotherapy, 40*(2), 215-224.

Tolson, E. R., Reid, W. J., & Garvin, C. D. (1994). *Generalist Practice-A Task-Centered Approach.* New York: Columbia University Press.

Tomm, K. (1988). Interventive interviewing: Part III. Intending to ask lineal, circular, reflexive and strategic questions? *Family Process, 27,* 1-15.

Toseland, R. W., & Rivas, R. F. (2009). *An introduction to group work practice* (6th ed.). Needham Heights, MA: Allyn & Bacon.

Trepper, T. S., McCollum, E. E., De Jong, P., Korman, H., Gingerich, W., & Franklin, C. (2008). *Solution focused therapy treatment manual for working with individuals*. Research Committee of the Solution Focused Brief Therapy Association.

Vandiver, V. L., & Cocoran, K. (2002). Guidelines for establishing treatment goals and treatment plans with Axis I disorders: sample treatment plan for generalized anxiety disorder, In A. R. Roberts & G. J. Greene (Eds.), *Social Workers' desk reference* (pp. 297-304). NY: Oxford University Press.

Walker, H. M., Ramsey, E., & Gresham, F. M. (2004). *Antisocial behavior in the school: Evidence-based practices* (2nd ed.). Belmont, CA: Thomson/ Wadsworth.

Walsh, F. (2002). *A family resilience framework: Innovative practice application Family Relations, 51,* 130-137.

Walsh, F. (Ed.). (1993). *Normal family process.* New York: Guilford Press.

Weil, M. (2005). *The Handbook of community practice.* Thousand Oaks, CA: Sage.

Weil, M., & Gamble, D. N. (1995). Community practice models. In R. L. Edwards (Ed.), *The encyclopedia of social work* (19th ed., pp. 577-593). Washington, DC: NASW Press.

Woods, M., & Hollis, F. (1990). *Case work: A psychosocial therapy*. New York: McGraw-Hill.

Wykes, T., Steel, C., Everitt, B., & Tarrier, N. (2008). Cognitive behaviour therapy for schizophrenia: effect sizes, clinical models and methodological rigour.

Schizophrenia Bulletin, 34, 523.

Yalom, I. D. (2005). *The theory and practice of group psychotherapy* (5th ed.). New York: Basic Books.

Yassen, J., & Harvey, M. R. (1998). Crisis assessment and interventions with victims of violence. In P. M. Kleespies (Ed.), *Emergencies in mental health practice* (pp. 117-143). New York: Guilford.

지역아동정보센터 http://www.icareinfo.info

한국사회복지사협회 http://www.welfare.net

한국정신건강사회복지사협회 http://www.kamhsw.or.kr

https://socialwork.buffalo.edu/admissions/is-social-work-right-career-for-me/list-of-essential-skills-in-social-work.html

https://www.socialworkers.org/LinkClick.aspx?fileticket=YOg4qdefLBE%3D&portalid=0)

찾아보기

인명

내용

저자 소개

장수미(Jang, Soo Mi)

전 서울적십자병원 의료사회사업실장

한국정신건강사회복지학회 회장

현 청주대학교 사회복지학과 교수

〈저서〉

사회복지실천론(공저, 학지사, 2021)

의료사회복지론(공저, 학지사, 2021)

최정숙(Choi, Jung Sook)

전 이화여자대학교 종합사회복지관 가족복지팀 사회복지사

한국가족사회복지학회 회장

한국사회복지실천연구학회 회장

현 단국대학교 행정법무대학원 사회복지학과 교수

〈저서〉

가족복지론(공저, 학지사, 2020)

사회복지실천론(공저, 공동체, 2020)

박형원(Park, Hyung Won)

전 이화여자대학교 종합사회복지관 부장

현 서울사이버대학교 사회복지대학 교수

한국사회복지실천연구학회 이사

〈저서〉

사회복지실천론(공저, 학지사, 2021)

가족복지론(공저, 학지사, 2020)

김주현(Kim, Ju Hyun)

전 이화여자대학교 종합사회복지관 사회복지사

한국사회복지질적연구학회 회장

현 경희사이버대학교 사회복지학과 교수

〈저서〉

가족복지론(공저, 학지사, 2020)

홍현미라(Hong, Hyun Mee Ra)

전 노동부 사회적기업인증위원회 위원
　한국사회복지질적연구학회 회장

현 전주대학교 사회복지학과 교수
　한국지역사회복지학회 이사

〈저서〉

사회복지 질적 연구방법론의 실제(공저, 학지사, 2008)

지역사회복지론(공저, 학지사, 2010)

이혜경(Lee, Hye Kyung)

전 (대전)대덕구 정신건강복지센터 팀장

현 건양대학교 사회복지학과 교수
　한국정신건강사회복지학회 이사
　한국사회복지실천연구학회 이사

〈저서〉

가족복지론(공저, 학지사, 2020)

정신건강론(공저, 동문사, 2021)

이영선(Rhee, Young Sun)

전 국립암센터 사회복지사
　조선대학교 사회복지센터 센터장
　호스피스 완화의료학회 이사

현 조선대학교 행정복지학부 교수
　한국건강학회 이사

〈저서〉

가족복지론(공저, 학지사, 2020)

의료사회복지론(공저, 학지사, 2021)

정신건강론(공저, 신정, 2022)

사회복지실천기술론 3판

Skills and Techniques for Social Work Practice (3rd ed.)

2010년 8월 25일 1판 1쇄 인쇄
2016년 2월 25일 1판 8쇄 발행
2017년 3월 20일 2판 1쇄 발행
2023년 10월 20일 2판 9쇄 발행
2024년 1월 30일 3판 1쇄 발행

지은이 • 장수미 · 최정숙 · 박형원 · 김주현 · 홍현미라 · 이혜경 · 이영선

펴낸이 • 김진환

펴낸곳 • ㈜ 학지사
04031 서울특별시 마포구 양화로 15길 20 마인드월드빌딩
대표전화 • 02-330-5114 팩스 • 02-324-2345
등록번호 • 제313-2006-000265호

홈페이지 • http://www.hakjisa.co.kr
인스타그램 • https://www.instagram.com/hakjisabook

ISBN 978-89-997-3035-1 93330

정가 22,000원